beck'sche reihe

bsr

Die Geschichte der Grünen von einer «Anti-Parteien-Partei» hin zu einer staatstragenden Säule der Berliner Republik ist ohne Beispiel. Hervorgegangen aus der Friedens- und Umweltbewegung, gelang ihr bereits drei Jahre nach ihrer Gründung der Einzug in den Deutschen Bundestag. Das vorliegende Buch zeichnet die Geschichte der Grünen von ihren Anfängen bis in die jüngsten Entwicklungen hinein nach. Es beschreibt die innerparteilichen Machtkämpfe zwischen Fundis und Realos, die sukzessive Abkehr vom Ideal der Basisdemokratie, die zunehmende Entradikalisierung der politischen Programmatik der Grünen und schließlich den Aufstieg Joschka Fischers zur unumstrittenen Führungsfigur der Partei. Die Autoren diskutieren auf der Basis eines breiten empirischen Materials die Frage, ob die Abkehr der Partei von einer systemkritischen Position hin zu einer staatstragenden Regierungspartei Bedingung des parlamentarischen Überlebens oder doch vielmehr Ausdruck einer gegenwärtigen Krise der Grünen ist.

Jürgen W. Falter ist Professor für Politikwissenschaft an der Universität Mainz und gehört zu den renommiertesten deutschen Wahlforschern. Bei C. H. Beck erschien von ihm zuletzt *Hitlers Wähler* (1991) und *Wer wählt rechts?* (1994).

Markus Klein ist wissenschaftlicher Mitarbeiter am Zentralarchiv für Empirische Sozialforschung der Universität Köln. Zuletzt erschien von ihm (zus. mit W. Bürklin): *Wählen und Wahlverhalten* (1998).

Markus Klein
Jürgen W. Falter

Der lange Weg der Grünen

Eine Partei zwischen
Protest
und
Regierung

Verlag C. H. Beck

Mit 1 Tabelle und 39 Abbildungen

Originalausgabe

Gesamtherstellung: Druckerei C. H. Beck, Nördlingen
Umschlagentwurf: + malsy, Bremen
Printed in Germany
ISBN 3-406-49417-X
www.beck.de

Inhalt

Prolog:

Die Grünen nach der Bundestagswahl 2002

Erst spät in der Nacht des 22. September 2002 stand es endgültig fest: Die rot-grüne Bundesregierung hatte sich nach vier durchaus wechselhaften Jahren an der Macht noch einmal knapp behaupten können. Als sich die Hochrechnungen der Meinungsforschungsinstitute endlich stabilisierten und sich Rot-Grün seiner Mehrheit sicher sein konnte, präsentierten sich in der SPD-Parteizentrale Gerhard Schröder und Joschka Fischer Arm in Arm der Presse. Es war ein durchaus symbolträchtiges Bild, das da zu später Stunde in deutschen Wohnzimmern über die Bildschirme flimmerte. Denn anders als bei der Bundestagswahl 1998, bei der der Wahlsieg eindeutig der SPD und insbesondere ihrem Kanzlerkandidaten Gerhard Schröder zugerechnet werden konnte, wäre bei der Bundestagswahl des Jahres 2002 der Machterhalt ohne den kleineren Koalitionspartner kaum möglich gewesen. Bündnis 90/Die Grünen erzielten mit 8,6 Prozent der Zweitstimmen das beste Bundestagswahlergebnis ihrer über zwanzigjährigen Geschichte; sie konnten die Stimmenverluste der SPD dadurch nahezu kompensieren. Als Gerhard Schröder zu mitternächtlicher Stunde seinen Vizekanzler vor laufenden Fernsehkameras umarmte und herzte, schien er sich dessen sehr wohl bewußt gewesen zu sein.

Kein Wunder also, daß unmittelbar nach der Bundestagswahl bei den Grünen eitel Sonnenschein herrschte. Mit dem guten Wahlergebnis war ihr Gewicht innerhalb der Regierungskoalition deutlich gestiegen, was sich unter anderem darin niederschlug, daß manch einer ein viertes Ministeramt für die Grünen forderte. Man feierte die Tatsache, daß das erste Mal in der Geschichte der Bundesrepublik ein grüner Politiker direkt in den Deutschen Bundestag gewählt wurde – obwohl oder vielleicht auch gerade weil es der unbequeme Querdenker Christian Ströbele war. Die Presseberichterstattung über die Partei war überaus freundlich und auch bei den Koalitionsverhandlungen unterlief den Grünen kein gravierender Fehler. Und so fühlte sich die Parteiführung denn auch ausgesprochen siegesgewiß, als sie auf dem ersten Parteitag der Grünen nach der Bundestagswahl den Delegierten die Abschaffung der Trennung von Amt und Mandat vorschlug. Claudia Roth und Fritz Kuhn sollten ihre neu errungenen Bundestagsmandate antreten können, ohne gleichzeitig den Parteivorsitz abgeben zu müssen. Und beinahe wäre es auch so gekommen, wie von den Parteioberen gewünscht. Die für die Änderung der Parteisatzung der Grünen notwendige Zwei-Drittel-Mehrheit wurde nur knapp verfehlt.

Doch die Niederlage der Parteiführung in der Frage der Aufhebung der Trennung von Amt und Mandat war mehr als nur eine bloße Abstimmungsniederlage in Satzungsfragen. Es schien, als bäume sich – vielleicht ein letztes Mal – die Seele der Partei auf. Wie viel hatte man im Laufe der Jahre nicht bereits an ehemals «urgrünen» Prinzipien über Bord geworfen. Das Konzept der Anti-Parteien-Partei, das Rotationsprinzip, das imperative Mandat, die zeitliche Beschränkung der Amtsdauer von Mandatsträgern und die Begrenzung ihrer Einkünfte – alles bereits seit Jahren vergessen. Und waren nicht auch viele der ursprünglichen politischen Ziele der grünen Partei, angefangen beim sofortigen Ausstieg aus der Kernenergie, über die Verkehrswende, bis hin zur Absage an militärische Interventionen der Bundeswehr im Ausland im Laufe ihrer Regierungsbeteiligung bis zur Unkenntlichkeit verwässert worden? Und dann unmittelbar vor der Bundestagswahl die Entscheidung,

Joschka Fischer auch formell zum Spitzenkandidaten der Grünen zu küren – eine vor noch nicht allzu langer Zeit undenkbare Vorstellung. Und jetzt auch noch die Abschaffung der Trennung von Amt und Mandat? Es scheint, als ob einigen Delegierten bei dieser Frage klar wurde, welch langen Weg die Grünen seit ihrer Gründung im Jahr 1980 zurückgelegt haben und als ob ihnen bei diesem Gedanken leicht schwummrig geworden wäre.

Genau diesen langen Weg der Grünen, der sie innerhalb von nur zwei Jahrzehnten aus der außerparlamentarischen Opposition in die Regierung geführt hat, wollen wir im vorliegenden Buch nachzeichnen. Wir tun dies nicht aus einer abstrakten Chronistenpflicht heraus, sondern weil wir glauben, daß sich die grüne Partei und die Motive ihrer Wähler nur in Kenntnis dieser Geschichte adäquat verstehen lassen. Wir werden daher im folgenden nach den Entstehungsursachen der Grünen fragen, einen kleinen Streifzug durch die Geschichte der Partei unternehmen, die mittlerweile fast schon vergessenen innerparteilichen Flügelkämpfe zwischen Fundis und Realos noch einmal Revue passieren lassen und einen kurzen Blick auf die Zusammensetzung, die Veränderung sowie die Einstellungen der Mitglieder der grünen Partei werfen. In Anlehnung an den Titel eines Buches von Joschka Fischer, in dem dieser seinen persönlichen Lebensweg als langen Lauf zu sich selbst charakterisiert, steht dabei hinsichtlich der grünen Partei die Frage im Raum, ob der lange Weg der Grünen diese letztlich «zu sich selbst» geführt hat, oder ob sie sich mittlerweile nur noch in der Farbe des Parteilogos von ihren politischen Konkurrenten im Parteiensystem der Bundesrepublik Deutschland unterscheiden. Wir werden diese Frage auch durch eine Analyse der Veränderungen der innerparteilichen Organisationsstrukturen und der Programmatik der Grünen zu beantworten versuchen.

Doch genau so sehr wie dieses Buch von der Vergangenheit der grünen Partei handelt, so sehr handelt es auch von ihrer Zukunft. Denn anders als der Wahlerfolg der Grünen bei der

Bundestagswahl 2002 vermuten lassen könnte, sehen wir die gegenwärtige Situation und die Zukunftschancen der Grünen durchaus kritisch. Das gute Wahlergebnis, das die Grünen am 22. September 2002 erzielen konnten, täuscht darüber hinweg, daß die Partei zuvor über vier Jahre hinweg bei allen Wahlen – zum Teil deutliche – Stimmeneinbußen hinnehmen mußte. Wir werden daher im zweiten Teil des Buches untersuchen, wie sich die Veränderungen und Metamorphosen der Grünen auf ihre Unterstützung durch die Wähler ausgewirkt haben. Wir beginnen dabei mit einer Analyse der Ergebnisse aller Landtags-, Bundestags- und Europawahlen, an denen sich die Grünen bis zum 22. September 2002 jemals beteiligt haben. Wir werden untersuchen, ob die Wahlergebnisse der Grünen über die Zeit hinweg einem erkennbaren Trend unterliegen oder nicht. Sodann machen wir uns die Tatsache zunutze, daß die Grünen zu einer Zeit gegründet wurden, als die Dauerbeobachtung der bundesrepublikanischen Gesellschaft durch repräsentative Meinungsumfragen gerade begonnen hatte. Es ist daher möglich, den langen Weg der grünen Partei nahezu lückenlos mit den Mitteln der Demoskopie zu dokumentieren. Wir werden dabei im wesentlichen auf die sog. «Politbarometer» zurückgreifen, die von der Mannheimer Forschungsgruppe Wahlen im Auftrag des ZDF seit 1977 allmonatlich durchgeführt werden. Seit der Gründung der Grünen im Jahr 1980 stehen uns aus dieser Quelle nahezu 300 000 Interviews für die Analyse zur Verfügung. Darüber hinaus werden wir uns der Allgemeinen Bevölkerungsumfrage der Sozialwissenschaften (ALLBUS) bedienen, die seit 1980 in einem Zweijahresrhythmus durchgeführt wird und in deren Rahmen bislang knapp 40000 Interviews realisiert wurden. Noch nie zuvor wurde der Wählerrückhalt der Grünen auf einer solch breiten Datenbasis empirisch untersucht. Der Schwerpunkt unserer demoskopischen Analysen wird dabei auf der Beantwortung der scheinbar so einfachen Frage «Wer wählt die Grünen und warum?» liegen. Wir wollen wissen, wie sich die Wählerschaft der Grünen hinsichtlich zentraler Merkmale der Sozialstruktur zusammensetzt, welche sozialen Gruppen besonders stark zur Wahl der Grünen neigen und welche politischen Einstellungen und Wertorientierungen die Wähler der Grünen haben. Insbesondere aber wollen wir untersuchen, ob und wie sich die Antworten auf diese Fragen im Laufe der wechselvollen Geschichte der Grünen verändert haben.

Ein Buch über die Geschichte und die Zukunft der Grünen bliebe aber unvollständig, würde es sich nicht auch ausführlich mit der Person Joschka Fischers beschäftigen. Spätestens seit die Grünen bei der Bundestagswahl 2002 den Wahlkampf mit dem Slogan «Zweitstimme ist Joschkastimme» bestritten, ist die enorme Bedeutung Fischers für die Grünen gewissermaßen auch parteioffiziell anerkannt. Demgemäß bestand das erklärte Ziel der grünen Wahlkampfstrategie bei der Bundestagswahl 2002 auch darin, die Popularität Fischers, der sich in den vier Jahren im Amt des Bundesaußenministers zum beliebtesten deutschen Politiker entwickelt hat, stärker mit der grünen Partei zu verbinden und deren Wahlchancen dadurch zu verbessern. Ein Kalkül, das offensichtlich aufgegangen ist. Wir werden anhand der Biographie Fischers nachvollziehen, wie dieser eine solch zentrale Bedeutung für die Grünen erlangen konnte und was ihn bei den deutschen Wählerinnen und Wählern so populär macht. Wir werden gleichzeitig deutlich machen, welche Chancen und vor allem Risiken für die Grünen mit der Person Fischers verbunden sind.

Den Schluß dieses Buches bilden schließlich eine kurze Analyse des Wahlergebnisses der Grünen bei der Bundestagswahl 2002 sowie einige Überlegungen zur gegenwärtigen Situation der Grünen und ihren Zukunftschancen. Wir gelangen dabei zu einer durchaus zwiespältigen Einschätzung. Zum einen erkennen wir an, daß die Veränderungen, die die Grünen im Laufe ihrer Geschichte durchlebt haben, die Voraussetzung für ihr parlamentarisches Überleben gewesen sind. Gleichzeitig aber haben sich die Grünen durch diese überlebensnotwendigen Anpassungsleistungen in eine strategische Situation manövriert, die ihr dauerhaftes Überleben im deutschen Parteiensystem aus unserer Sicht durchaus fraglich erscheinen läßt.

Zum Abschluß dieses Prologs seien noch einige Anmerkungen zum Charakter des vorliegenden Buches erlaubt. Natürlich sind wir uns darüber im klaren, daß über keine andere deutsche Partei in den letzten beiden Jahrzehnten so viel publiziert worden ist wie über die Grünen. Warum also dieser kaum noch überschaubaren Zahl von Publikationen ein weiteres Buch hinzufügen? Aus unserer Sicht sprechen gute Gründe dafür: So reflektiert die Vielzahl der Veröffentlichungen über die Grünen zwar die hohe Zahl von Akademikern und nicht zuletzt auch Sozialwissenschaftlern unter ihren Anhängern, Mitgliedern und Funktionsträgern, doch geht die persönliche Betroffenheit der Autoren nicht immer mit einer nüchternen wissenschaftlichen Analyse einher – nicht selten steht sie dieser gar im Wege. Und so reicht denn auch das Spektrum der Publikationen über die Grünen von der wissenschaftlichen Abhandlung über das euphorische Unterstützungspamphlet bis hin zur enttäuschten, ja nachgerade wütenden Abrechnung ehemaliger grüner Funktionäre mit ihrer Partei. Als Beispiele für letztgenannte Gattung seien exemplarisch die Bücher von Jutta Ditfurth («Das waren die Grünen. Abschied von einer Hoffnung») und Antje Radcke («Das Ideal und die Macht. Das Dilemma der Grünen») genannt.

Die Autoren des vorliegenden Buches hingegen stehen ihrem Untersuchungsgegenstand ohne sonderliche Emotionen gegenüber – weder im positiven noch im negativen Sinne. Die nachfolgend berichteten Analysen werden vielmehr aus der distanzierten Perspektive des sozialwissenschaftlichen Beobachters vorgenommen. Und auf die Kenntnis dieser Fakten sind die Grünen unserer Ansicht nach gegenwärtig mehr denn je angewiesen. Das vorliegende Buch möchte daher ein Defizit vieler Publikationen über die Grünen vermeiden, nämlich die mangelnde empirische Absicherung ihrer Aussagen. Wir haben dabei eine Stilform gewählt, die man als «empirischen Essay» bezeichnen könnte, da wir der Lesbarkeit einen hohen Stellenwert beigemessen haben, *obwohl* wir uns der Verfahren der Empirischen Sozialforschung bedienen: Nicht selten nämlich finden die Erkenntnisse der universitären empirischen Wahlforschung keine allzu große öffentliche Beachtung, da sie dem wissenschaftlich nicht geschulten Leser als unlesbar, zu kompliziert und zu mathematisch erscheinen. Wir verzichten deswegen auf einiges, was «klassische» wissenschaftliche Abhandlungen ausmacht. So wird der Leser im vorliegenden Werk keine Fußnoten, keine umfangreichen Literaturverweise und keine unerklärten Fachbegriffe vorfinden. Auch werden wir unsere empirischen Analysen möglichst anschaulich gestalten, d.h. ihre Ergebnisse graphisch aufbereiten und dem Leser die technischen Details weitgehend ersparen. Es war unser Anliegen, ein – im wohlverstandenen Sinne – «populärwissenschaftliches» Buch vorzulegen. Populär deshalb, weil es auch ohne wissenschaftliche Vorbildung mit Gewinn gelesen werden kann, und wissenschaftlich deshalb, weil sich sein Inhalt nicht auf populäre Botschaften und Deutungen reduziert, sondern mit den Mitteln der empirischen Sozialforschung abgesicherte Befunde im Zentrum stehen. Den Erwartungen und Spielregeln des Wissenschaftsbetriebs werden wir dadurch Genüge tun, daß wir die hier berichteten Analysen zu einem späteren Zeitpunkt auch in Form einer klassischen wissenschaftlichen Abhandlung veröffentlichen werden.

Ohne die Unterstützung, die wir von einer Reihe von Personen aus unserem Umfeld erfahren haben, wäre dieses Buch nicht möglich gewesen. Wir möchten daher an dieser Stelle die Gelegenheit nutzen, um Carina Ermert für ihre Mitarbeit bei der Konzeption des Buches und bei der Analyse der grünen Parteiprogramme zu danken sowie Pierre Hatje für seine Unterstützung bei der Datenanalyse und dem Erstellen der Grafiken. Manuela Pötschke und Anna Lipp haben im Vorfeld eine ganze Reihe von Varianten des Manuskripts gelesen und hilfreich kommentiert. Wilhelm Bürklin schließlich erklärte sich freundlicherweise bereit, uns einige Daten aus der Potsdamer Parteimitgliederstudie zur Veröffentlichung zu überlassen. Die Verantwortung für das hier vorliegende Ergebnis unserer Arbeit liegt aber selbstverständlich allein bei uns.

Rückblende:

Die gesellschaftlichen Wurzeln der grünen Bewegung

Die Partei «Die Grünen» wurde im Januar 1980 gegründet. Angesichts ihrer nur gut zwanzigjährigen Geschichte vom «langen Weg» der Grünen zu sprechen, wie es im Titel dieses Buches geschieht, scheint folglich fast etwas übertrieben. Aus zwei Gründen ist es aber gleichwohl nicht verfehlt: Zum einen ist die Metapher vom langen Weg der Grünen nicht vordergründig auf die Zeitdimension gemünzt, sondern vielmehr auf die Dramatik der Veränderungen, die die Grünen im Laufe ihrer relativ kurzen Parteigeschichte durchlebt haben und von denen unser Buch in erster Linie handelt. Zum anderen gilt, daß die Grünen als Partei zwar erst im Jahr 1980 gegründet wurden, ihre gesellschaftlichen Wurzeln und Vorläufer aber sehr viel weiter zurückreichen. Die Grünen konnten mit ihrer Parteigründung an historische Erfahrungen und Entwicklungen anknüpfen, die bis in die 1960er Jahre zurückreichen. In dieser Zeit kam es zu einer Reihe gesellschaftlicher Entwicklungen, die die Nachkriegsruhe der bundesrepublikanischen Gesellschaft nachhaltig erschütterten. Sie wurden zur prägenden politischen Erfahrung einer ganzen Generation, die später bei der Gründung der grünen Partei eine dominante Rolle spielen sollte.

Als erste dieser Entwicklungen ist die Studentenbewegung zu nennen, die vor allem mit der symbolträchtigen Jahreszahl «1968» verbunden ist. Ihre Entstehung wurde von einer

Reihe von Faktoren und Ereignissen begünstigt. So erlebte die akademische Jugend in den Nachkriegsjahren Gesellschaft und Universität als spießig, verknöchert und wenig reformfreudig, man vermißte eine offene und schonungslose Aufarbeitung der deutschen NS-Vergangenheit durch die Generation der Eltern und sah eine einseitige Fixierung der Politik auf die wirtschaftlichen Ziele Wachstum und Wohlstand. Gleichzeitig hatte das Parteiensystem der Bundesrepublik durch das Verbot der KPD im Jahr 1956, die Hinwendung der SPD zur politischen Mitte mit dem Godesberger Programm des Jahres 1959 und der Gründung der NPD im Jahr 1964 eine deutliche Rechtsverschiebung des politischen Spektrums erfahren. Als dann 1966 eine große Koalition aus den beiden Volksparteien CDU/CSU und SPD gebildet wurde, gelangten nicht wenige junge Menschen zu dem Glauben, daß das System der Bundesrepublik nur vordergründig ein demokratisches sei, in Wirklichkeit aber keine ernstzunehmende Opposition existiere. Und so machte man sich daran, den politischen Widerstand in Gestalt der sogenannten Außerparlamentarischen Opposition (APO) selbst zu organisieren. Diese stellte sich ausdrücklich gegen die etablierten Parteien und das parlamentarische System. Ihr politischer Widerstand bezog sich dabei in erster Linie auf die mangelnde Demokratisierung der bundesdeutschen Gesellschaft, aber auch auf den Krieg der USA in Vietnam und die Ausbeutung der Länder der Dritten Welt durch die westlichen Industrienationen. Hinzu kam der Kampf gegen die geplante Notstandsgesetzgebung. Diese sah vor, der Bundesregierung im Falle eines sogenannten «inneren Notstands» die Befugnis zu erteilen, wichtige Grundrechte einzuschränken. Die Studenten sahen in der Notstandsgesetzgebung folglich einen Anschlag auf die Demokratie. Der Kampf gegen die Notstandsgesetzgebung war für die Studentenbewegung darüber hinaus aber auch von enormer strategischer Bedeutung, da er die Möglichkeit bot, eine Allianz mit den Gewerkschaften zu schmieden, die die Notstandsgesetze wegen der vorgesehenen Möglichkeit der

Einschränkung des Streik- und des Koalitionsrechts ebenfalls entschieden ablehnten. Gemeinsam mit den Gewerkschaften glaubte man tiefgreifende Veränderungen in der bundesdeutschen Gesellschaft herbeiführen zu können.

Das im Mai 1967 auf Deutsch erschienene Buch «Der eindimensionale Mensch» von Herbert Marcuse, das die Entmündigung und Verdinglichung der Menschen in der kapitalistischen Überflußgesellschaft brandmarkte, stellte so etwas wie die zentrale programmatische Schrift der Studentenbewegung dar. Großen Einfluß besaß darüber hinaus auch die sog. «Frankfurter Schule» um die beiden Soziologen Max Horkheimer und Theodor W. Adorno, deren Theorie der autoritären Persönlichkeit der Studentenbewegung das intellektuelle Rüstzeug für die Kritik der bürgerlichen Gesellschaft lieferte. Gleichzeitig entdeckte die Studentenbewegung den Marxismus wieder, der in ihren theoretischen Diskussionen und für ihre Analyse der Gegenwartsgesellschaft eine große Rolle spielte. Den organisatorischen Kern der Studentenbewegung bildete der Sozialistische Deutsche Studentenbund (SDS), der 1946 als offizieller Studentenverband der SPD gegründet worden war. Bereits im Juli 1960 hatte die SPD aber alle Verbindungen zum SDS abgebrochen, da sich dieser politisch zu weit von seiner Mutterorganisation entfernt hatte und nicht bereit war, das reformistische Godesberger Programm der SPD zu akzeptieren. Im November 1961 traf die SPD sogar einen Beschluß, der die Mitgliedschaft im SDS für unvereinbar mit einer Mitgliedschaft in der SPD erklärte. Besaß der SDS bis 1967 nicht mehr als 1500 Mitglieder, so erlebte er im Zuge der Studentenbewegung einen immensen Zulauf.

Ihren ersten Höhepunkt erreichte die Studentenbewegung im Jahr 1967. Als am 2. Juni 1967 der Schah von Persien Berlin besuchte, demonstrierten Studenten gegen die Unterdrückung der Opposition und die Einschränkung der Menschenrechte im Iran. Und während dem hohen Staatsgast in der Berliner Oper Mozarts Zauberflöte vorgeführt wurde, kam es vor dem Opernhaus zu gewalttätigen Auseinandersetzungen zwischen den Schah-Anhängern, den sog. Jubel-Persern, und den Studenten. Im Verlauf dieser Auseinandersetzungen erschoß ein Polizist den 26jährigen Studenten Benno Ohnesorg. In den Folgemonaten kam es zu einer Reihe gewalttätiger Auseinandersetzungen zwischen den Studenten und der Polizei, Berlin war in eine Art Ausnahmezustand versetzt. Die Studentenbewegung interpretierte das zunehmend härtere Vorgehen der Polizei als Vorgriff darauf, was nach einer Verabschiedung der Notstandsgesetzgebung zu erwarten sei und verstärkte folglich ihren Widerstand. Am 11. April 1968 wurde Rudi Dutschke, der Wortführer der Studentenbewegung, auf dem Berliner Kurfürstendamm von einem 23jährigen Hilfsarbeiter niedergeschossen. Dutschke überlebte schwerverletzt. Die Studentenbewegung machte die polarisierende Berichterstattung der Springer-Presse für den Anschlag verantwortlich und organisierte eine Reihe von Blockaden vor verschiedenen Druckereien des Springer-Verlags mit dem Ziel, die Auslieferung der BILD-Zeitung zu verhindern. Diese Blockaden wurden wiederum von gewalttätigen Auseinandersetzungen zwischen den Studenten und der Polizei begleitet.

Der Anfang vom Ende der Außerparlamentarischen Opposition wurde schließlich am 30. Mai 1968 eingeläutet. An diesem Tag wurden die Notstandsgesetze durch den Bundestag endgültig verabschiedet. Der im Vorfeld dieser Entscheidung erfolgte Aufruf der Studenten an die Gewerkschaften, einen Generalstreik auszurufen, um die Notstandsgesetzgebung in letzter Minute doch noch zu verhindern, war ungehört verhallt und hatte die politische Isolation der Studentenbewegung in der Gesellschaft verdeutlicht. Diese zentrale Niederlage führte dazu, daß sich die Studentenbewegung und mit ihr der SDS in den Folgemonaten sehr schnell aufzulösen begann. Im März 1970 traf sich die Basisversammlung des SDS im Frankfurter Studentenhaus, um über die Selbstauflösung ihres Verbandes zu befinden. Zwar wurde kein formeller Auflösungsbeschluß getroffen, doch stellte die Versammlung fest, daß sich der SDS faktisch bereits aufgelöst habe. Daß seit dem 21. Oktober 1969 in Bonn eine sozial-liberale Koalition regierte, deren Bundeskanzler Willy Brandt die Parole ausgab, man wolle in Zukunft «mehr Demokratie wagen» und eine Politik der Reform von Staat und Gesellschaft betreiben, mag den Niedergang der Studentenbewegung beschleunigt haben.

Die vormaligen Aktivisten der Studentenbewegung gingen in der Folgzeit sehr unterschiedliche Wege: Der allergrößte Teil machte sich auf den «langen Marsch durch die Institutionen» und trieb von Stund an wieder das lange vernachlässigte Studium voran, um eine Karriere in Wissenschaft, Wirtschaft oder Politik aufbauen zu können und die Ideale der Studentenbewegung auf diese Weise in die Gesellschaft zu tragen. Eine Minderheit organisierte sich in kommunistischen Splittergruppen wie dem Kommunistischen Bund (KB), dem Kommunistischen Bund Westdeutschlands (KBW) sowie der Kommunistischen Partei Deutschlands (KPD), den sog. K-Gruppen. Einige wenige Einzelpersonen schließlich gingen in den Untergrund, um den Kampf gegen das System mit gewaltsamen Mitteln fortzuführen. Diese letztgenannten Zerfallsprodukte der Studentenbewegung sollten der Bundesrepublik im Jahr 1977 den sog. «Deutschen Herbst» bescheren: Innerhalb eines Zeitraums von nur einem halben Jahr wurden der Generalbundesanwalt Siegfried Buback und der Bankier Jürgen Ponto erschossen, der Arbeitgeberpräsident Hanns-Martin Schleyer entführt, die Lufthansa-Linienmaschine «Landshut» gekidnappt, die RAF-Terroristen Baader, Enßlin und Raspe in ihrer Zellen in Stuttgart-Stammheim nach ihrem Selbstmord tot aufgefunden und schließlich der entführte Hanns-Martin Schleyer ermordet.

Die zweite gesellschaftliche Entwicklung, die die Entstehung der Grünen maßgeblich begünstigt hatte, war die Entstehung der sog. «Neuen Sozialen Bewegungen», die sich um das Umwelt-, das Friedens- und das Frauenthema herum gebildet hatten und das politische Klima der Bundesrepublik in den 1970er und 1980er Jahren maßgeblich bestimmten. Unter dem Begriff der Neuen Sozialen Bewegung wird dabei ein kollektiver Akteur mit nur geringem Institutionalisierungsgrad verstanden. Die Neuen Sozialen Bewegungen stellten also kollektive Handlungszusammenhänge dar, in die das einzelne Individuum nicht durch eine formale Mitgliedschaft, sondern durch ein subjektives Zugehörigkeitsgefühl eingebunden war. Der Zusammenhalt wurde durch ein ausgeprägtes Wir-Gefühl im Inneren und eine starke negative Abgrenzung zu den vermeintlichen Gegnern der Ziele der Neuen Sozialen Bewegungen nach außen gewährleistet. Die Binnenstruktur der Neuen Sozialen Bewegungen war dabei wenig ausdifferenziert, Führungsrollen und -funktionen existierten nur auf informeller Basis. Zur Durchsetzung ihrer politischen Forderungen bedienten sich die Neuen Sozialen Bewegungen unkonventioneller Formen politischer Partizipation, die sich außerhalb der ausgetretenen Pfade der parlamentarischen Parteiendemokratie bewegten, gegen die herrschende politische Elite gerichtet waren und eine Korrektur der von dieser verantworteten politischen Entscheidungen intendierten. Unter diese unkonventionellen Formen politischer Beteiligung fielen die Teilnahme an genehmigten und ungenehmigten Demonstrationen, das Verteilen von Flugblättern bis hin zu Haus- und Bauplatzbesetzungen sowie Verkehrsblockaden. In den Neuen Sozialen Bewegungen lebten die Aktionsformen und die außerparlamentarische politische Strategie der Studentenbewegung also fort. Auch personell gab es Überschneidungen, da sich manch früherer Aktivist der Studentenbewegung nun im Rahmen der Neuen Sozialen Bewegungen engagierte. Allerdings schafften es die Neuen Sozialen Bewegungen, sehr viel breitere Bevölkerungsschichten für ihre Ziele zu mobilisieren, als es der Studentenbewegung jemals gelungen war.

Als Startpunkt der Umweltschutzbewegung kann die Veröffentlichung der Thesen des Club of Rome über die «Grenzen des Wachstums» gelten. Diese erschienen 1972 in deutscher Übersetzung und zogen große Aufmerksamkeit auf sich. Es entwickelte sich breite gesellschaftliche Kritik an der Wachstumsideologie, der Technik- und Fortschrittsgläubigkeit sowie den mit modernen großtechnologischen Anlagen verbundenen Umweltbelastungen. Es entstanden in der Folge eine ganze Reihe von regionalen Bürgerinitiativen, in denen sich der Widerstand gegen einzelne Großprojekte organisierte. Einen ersten Höhepunkt erreicht die Umweltschutzbewegung mit der Besetzung des Bauplatzes des geplanten Atomkraftwerks Wyhl im Februar 1975, an der sich breite Bevölkerungsschichten beteiligten. Es folgten ähnliche Proteste gegen das Atomkraftwerk Brokdorf (Oktober 1976), das Atomkraftwerk Grohnde (März 1977) und den Schnellen Brüter in Kalkar (September 1977). Im Mai 1980 wurde am Bohrloch des geplanten Atomendlagers Gorleben die «Republik Freies Wendland» ausgerufen, der Bauplatz aber bereits im Juni 1980 von der Polizei wieder geräumt. Im Sommer 1985 schließlich wurde das Baugelände der Wiederaufbereitungsanlage in Wackersdorf zum ersten Mal besetzt. Mit der Kontroverse um den Bau der Frankfurter Startbahn West, die im November 1981 begann, eröffnete die Umweltschutzbewegung neben dem Kampf gegen die Atomenergie ein weiteres öffentlichkeitswirksames Konfliktfeld. Allerdings sah sich die Umweltschutzbewegung im Laufe der Zeit immer stärker vor das Problem gestellt, daß kleine militante Gruppen die Großdemonstrationen dazu nutzten, um gleichsam aus der Deckung der friedlichen Demonstranten heraus Gewaltakte zu verüben. Insbesondere in Wackersdorf und an der Startbahn West kam es dabei zu extrem gewaltsamen Auseinandersetzungen mit der Polizei. Diese schadeten dem Ansehen der Umweltschutzbewegung nachhaltig, deren Unterstützung in der Bevölkerung als Folge schwand. Immer mehr friedliche Aktivisten der Umweltbewegung blieben den Demonstrationen fern. Selbst die Reaktorkatastrophe von Tschernobyl im April 1986, die alle

Befürchtungen der Anti-AKW-Bewegung nachhaltig bestätigte, konnte die Umweltschutzbewegung nur kurzzeitig reaktivieren, ihren schleichenden Niedergang aber nicht verhindern.

Ebenfalls in den beginnenden achtziger Jahren erreichte die Friedensbewegung ihren Höhepunkt, obgleich ihre Wurzeln sehr viel weiter zurückreichen. So hatten bereits in den 1950er Jahren die «Kampf dem Atomtod»-Kampagne und in den 1960er Jahren die sogenannte Ostermarschbewegung begonnen, gegen die atomare Aufrüstung zu demonstrieren. Massenhafte Unterstützung fand die Friedensbewegung aber erst im Zusammenhang mit den Diskussionen um den sog. NATO-Doppelbeschluß. Dieser sah vor, mit der damaligen UdSSR über eine atomare Abrüstung zu verhandeln, gleichzeitig aber atomare Mittelstreckenraketen vom Typ Pershing II in der Bundesrepublik zu stationieren. Im Dezember 1979 stimmte der Deutsche Bundestag dem NATO-Doppelbeschluß zu. In den Monaten nach diesem Beschluß erhielt die Friedensbewegung großen Zulauf aus der Bevölkerung und entwickelt sich sukzessive zu einer Massenbewegung. Im Oktober 1981 versammelten sich in Bonn mehr als 300 000 Menschen, um für Frieden und Abrüstung zu demonstrieren. Im Juni 1982 demonstrierten anläßlich des Besuchs des damaligen amerikanischen Präsidenten Ronald Reagan in der Bundesrepublik bereits 500 000 Menschen. Ende Oktober 1983 versammelten sich auf den Bonner Hofgartenwiesen wiederum Hunderttausende zu einer Kundgebung für den Frieden. Ungeachtet dieses massenhaften Protestes beschloß am 22. November 1983 der Deutsche Bundestag die Stationierung amerikanischer Mittelstreckenraketen in Deutschland. Dieser Beschluß war in seiner Wirkung auf die Friedensbewegung vergleichbar mit der Wirkung der Verabschiedung der Notstandsgesetze auf die Studentenbewegung. Da trotz allen Engagements und aller Leidenschaft die Friedensbewegung im Ergebnis ihr Ziel verfehlt hatte, verlor sie nach der Entscheidung des Bundestages zur Stationierung der Pershing-Raketen sehr schnell an gesellschaftlicher Unterstützung und Bedeutung.

Die Frauenbewegung schließlich ging direkt aus der Studentenbewegung hervor. Ehemalige Aktivistinnen des SDS gründeten 1968 Frauengruppen wie beispielsweise den «Aktionsrat zur Befreiung der Frau» in Berlin oder den «Weiberrat» in Frankfurt. Der ursprüngliche Anlaß zur Gründung dieser Gruppen war die schmerzvolle Erfahrung, daß es aus der Sicht vieler Frauen auch innerhalb der vermeintlich antiautoritären Studentenbewegung patriarchalische, frauenfeindliche und diskriminierende Strukturen gegeben hatte. Sehr schnell aber rückte die Diskussion um die Neuregelung des Abtreibungsparagraphen 218 in den Mittelpunkt des Interesses. Die Frauenbewegung trat dabei mit der Parole «Mein Bauch gehört mir» an die Öffentlichkeit. Der Gipfelpunkt der öffentlichen Aufmerksamkeit war erreicht, als im Juni 1971 knapp 400 prominente Frauen im Magazin STERN bekannten «Ich habe abgetrieben». Die Ablehnung der Fristenlösung durch das Bundesverfassungsgericht im Februar 1975 stellte für die Frauenbewegung einen herben Rückschlag dar. Gleichwohl verstand es die Frauenbewegung in Gestalt von Selbsthilfegruppen, Kneipen, Buchläden, Zeitschriften und Unternehmen besser als die Friedens- und die Umweltbewegung, Strukturen aufzubauen, die dauerhaft Bestand hatten.

Die Studentenbewegung sowie die Umwelt-, Friedens- und Frauenbewegung waren aber weder eine deutsche Besonderheit, noch sind sie als unverbundene oder gar «zufällige» historische Ereignisse zu werten. Sie waren vielmehr das augenfälligste Ergebnis eines tiefgreifenden Veränderungsprozesses, der die Bundesrepublik Deutschland ebenso wie alle anderen fortgeschrittenen westlichen Industrienationen in den Nachkriegsjahren erfaßt hatte. Bei diesem Prozeß handelte es sich um einen fundamentalen Wandel handlungsleitender politischer Zielvorstellungen in den nachwachsenden Generationen, der in den Sozialwissenschaften gemeinhin als *Wertewandel* bezeichnet wird. Die Wertekultur der industriellen Gesellschaft wurde sukzessive von den neuen Werten der postindustriellen Gesellschaft verdrängt. Eine sozialwissenschaftliche Erklärung der Ursachen des gesellschaftlichen Wertewandels wurde in den siebziger Jahren von dem amerikanischen Politikwissenschaftler Ronald Inglehart in Gestalt seiner Theorie der «Stillen Revolution» vorgelegt.

Die innere Logik des Wertewandels versucht Inglehart durch die sogenannte *Mangelhypothese* zu erklären. Diese besagt, daß die menschlichen Bedürfnisse hierarchisch angeordnet sind und daß das jeweils rangniedrigste unbefriedigte Bedürfnis die größte Bedeutung für die Motivstruktur eines Individuums besitzt. Inglehart gründet dieses Postulat auf die Motivationstheorie des amerikanischen Psychologen Abraham Maslow. Nach dieser läßt sich die Vielfalt menschlicher Bedürfnisse letztlich auf fünf hierarchisch geordnete Bedürfnisebenen reduzieren: Die niedrigste Kategorie wird dabei durch *physiologische Bedürfnisse* wie Essen, Trinken und Schlafen konstituiert. Die nächsthöhere Bedürfniskategorie stellen die *Sicherheitsbedürfnisse* dar. Sodann folgen die *sozialen Bindungsbedürfnisse*, die *Wertschätzungsbedürfnisse* und schließlich das Bedürfnis nach *Selbstverwirklichung*. Die beiden unteren Ebenen der Bedürfnishierarchie zeichnen sich nach Inglehart dadurch aus, daß ihre Befriedigung für das physische Überleben des Menschen notwendig ist. Er faßt sie daher zu *materialistischen* Bedürfnissen zusammen. Je besser und nachhaltiger diese überlebensnotwendigen Bedürfnisse befriedigt werden, desto unklarer wird nach Inglehart die weitere Rangfolge menschlicher Bedürfnisse. Deshalb klassifiziert er die Bedürfnisse nach Sozialität und Selbstverwirklichung als *postmaterialistisch*. Auch für diese beiden umfassenderen Bedürfnisebenen hält Inglehart das Postulat einer hierarchischen Ordnung aufrecht, denn – so schreibt er – «es scheint klar, daß hungrige Menschen im allgemeinen auf die Befriedigung ‹höherrangiger› Bedürfnisse verzichten, wenn sie wählen müssen. ‹Erst kommt das Fressen, dann die Moral›, wie

Brecht sagt». Im Ergebnis unterscheidet Inglehart also nur noch das einfache Gegensatzpaar *Materialismus* vs. *Postmaterialismus.*

Darüber hinaus versteht Inglehart die von ihm entworfenen Bedürfniskategorien nicht als bloß private Dispositionen, sondern auch als Forderungen, die an das politische System herangetragen werden und dadurch den Status politischer Zielvorstellungen, d.h. politischer Werte erhalten. Die Ausbildung postmaterialistischer Politikpräferenzen wird im Rahmen der Theorie Ingleharts als das Resultat der gelungenen Verwirklichung materialistischer Politikziele (zum Beispiel stabile Preise und innere Sicherheit) betrachtet. Für die westlichen Industriegesellschaften bedeutet dies konkret, daß die lange Phase wirtschaftlichen Aufschwungs und militärischer Sicherheit, die sich an den Zweiten Weltkrieg angeschlossen hat, zu einer Ausbreitung postmaterialistischer Politikprioritäten in der Bevölkerung führt.

Allerdings geht Inglehart in seiner Theorie nicht davon aus, daß sich die Wertorientierungen der Bevölkerung schlagartig ändern. Vielmehr stellt er der eben beschriebenen Mangelhypothese noch die *Sozialisationshypothese* zur Seite. Diese besagt, daß individuelle Wertorientierungen im Kindes- und Jugendalter erworben werden und sich im Laufe der weiteren Persönlichkeitsentwicklung nur noch mit sehr geringer Wahrscheinlichkeit verändern. Die Wertorientierungen einer Person ergeben sich folglich nicht direkt aus ihrem sozio-ökonomischen Umfeld, sondern sie reflektieren mit erheblicher zeitlicher Verzögerung die Bedingungen, die während ihrer Kindheit herrschten. Der von Inglehart diagnostizierte Wertewandel vollzieht sich daher auch nicht gleichsam über Nacht, sondern die alten, materialistischen Werte werden im Zuge einer «Stillen Revolution» allmählich verdrängt: Schließlich blieb die Erfahrung des «formativen Überflusses» moderner westlicher Gesellschaften bislang den Nachkriegsgenerationen vorbehalten, während die primäre Sozialisationsperiode älterer Generationen ausnahmslos von wirtschaftlicher Not und militärischer Unsicherheit geprägt war. Es handelt sich also um einen *intergenerationalen* Wandel, der stetig aber unaufhaltsam die Gewichte zugunsten der Postmaterialisten verschiebt: Werden doch die nachwachsenden Generationen postmaterialistische Wertorientierungen aufweisen, während die Träger materialistischer Wertorientierungen sukzessive «aussterben». Inglehart prognostizierte aufgrund dieser Überlegungen, daß in den westlichen Industrienationen zu Beginn der 90er Jahre die Mehrheit der Bevölkerung der Gruppe der Postmaterialisten zugehörig sein werde.

Im Zuge dieses intergenerationalen Wertewandels werden nach Inglehart die vorrangig über den Klassenkonflikt vermittelten Gegnerschaften der «Alten Politik» sukzessive durch die sogenannte «Neue Politik» überlagert. Während die Alte Politik im Kern den Konflikt zwischen Reich und Arm, zwischen Habenden und Nicht-Habenden betraf, wird mit dem Begriff der Neuen Politik der Konflikt über einen völlig neuen Set von politischen Forderungen bezeichnet – Umweltschutz, alternative Lebensentwürfe, sexuelle Freiheit, Gleichberechtigung der Geschlechter, Selbstbestimmungsrecht der Frau, Minderheitenrechte, Frieden und umfassende politische Partizipation. Auf dem Feld der Neuen Politik stehen sich dementsprechend die Befürworter und die Gegner dieser Forderungen gegenüber. Wirtschaftliche Gegensätze hingegen würden in zunehmendem Maße ihre Bedeutung für die politische Auseinandersetzung verlieren. Die Entstehung der Studentenbewegung und der Neuen Sozialen Bewegungen, die sich als erste der Themen der Neuen Politik annahmen, könne somit als das erste augenfällige Ergebnis des Wertewandels verstanden werden. Die außerparlamentarische Strategie dieser Gruppen reflektiere dabei das im Zuge des Wertewandels gewachsene Bedürfnis nach umfassender politischer Partizipation, die sich nicht im Akt des Wählens erschöpfen sollte.

Die durch den Wertewandel verursachte Verschiebung in den Grundkonstanten des politischen Wettbewerbs eröffnet nach Inglehart gleichwohl aber auch die Möglichkeit einer grundlegenden Neuzuordnung von Wählern und Parteien, da sich die Frontstellungen der Neuen Politik nicht mit den Grenzlinien von Klasse und Konfession decken, die in der Vergangenheit für die Entwicklung der westeuropäischen Parteiensysteme maßgebend waren, sondern quer zu diesen verlaufen. Die erste Partei, die in der Bundesrepublik Deutschland für die Anliegen der Neuen Politik Position bezog, war die SPD: Ihr gelang es Anfang der siebziger Jahre mit einer Politik der inneren Reformen sowie der Ostpolitik, die Träger der neuen Werte an sich zu binden. Die durch die beiden Ölpreiskrisen der Jahre 1972 und 1976 verursachte Abwendung der SPD von sozialen Reformprojekten führte allerdings gegen Ende der siebziger Jahre dazu, daß die Themen der Neuen Politik im etablierten Parteiensystem nicht länger hinreichend vertreten waren. Diese Marktlücke sollten die Grünen nutzen, um sich erfolgreich als Partei zu etablieren.

Die Wertewandelstheorie Ronald Ingleharts fand auch über die engen Grenzen der Sozialwissenschaften hinaus öffentliche Aufmerksamkeit. Die überaus starke und vordergründig auch plausible Prognose Ingleharts, daß die reinen Postmaterialisten im Laufe der Jahre einen immer größeren Teil der Bevölkerung ausmachen würden, wurde auch von den Funktionären und Wahlkampfstrategen der Grünen wahrgenommen. Und so lebten diese lange Zeit im Glauben, daß ihr Wählerpotential ein gewissermaßen naturgesetzlich wachsendes sei und sonderliche Anstrengungen zur Mobilisierung der eigenen Wähler demzufolge nicht nötig seien, da allein das insgesamt zunehmende Wählerpotential trotz etwaiger Mobilisierungsschwächen schon für steigende Stimmenanteile sorgen würde. Pech nur, daß sich Ingleharts Prognose rückblickend als falsch oder zumindest extrem ungenau erwiesen hat. Dies zeigen die Eurobarometer-Umfragen der Kommisssion der

Europäischen Union, in deren Rahmen seit 1970 wiederholt ein von Ronald Inglehart selbst entwickeltes Instrument zur Erfassung gesellschaftspolitischer Wertorientierungen enthalten war. Im Rahmen dieses sog. Inglehart-Index werden die Befragten gebeten, vier politische Ziele, die für sich genommen alle als wünschenswert angesehen werden können, in eine Rangordnung zu bringen. Den Befragten wird dabei im Interview folgende Frage gestellt: «Auch in der Politik kann man nicht alles auf einmal haben. Auf dieser Liste finden Sie einige Ziele, die man in der Politik verfolgen kann. Wenn Sie zwischen diesen verschiedenen Zielen wählen müßten, welches Ziel erschiene Ihnen persönlich am wichtigsten, am zweitwichtigsten, welches käme an dritter und welches an vierter Stelle?» Die dann aufgeführten Ziele sind:

A. Aufrechterhaltung von Ruhe und Ordnung in diesem Lande
B. mehr Einfluß der Bürger auf die Entscheidung der Regierung
C. Kampf gegen die steigenden Preise
D. Schutz des Rechts auf freie Meinungsäußerung.

Entsprechend der theoretischen Annahme, daß ein «Postmaterialist» dadurch gekennzeichnet sei, daß er den nicht-materiellen Politikzielen Vorrang vor den materiellen Zielen einräumt, ist als Postmaterialist definiert, wer im Interview diese vier Ziele in eine Rangordnung bringt, in der die postmaterialistischen Ziele B und D auf den ersten beiden Plätzen stehen. Entsprechend setzt ein Materialist die materialistischen Ziele A und C auf die beiden ersten Ränge. Zur Gruppe der Mischtypen werden schließlich Befragte gerechnet, die auf den ersten beiden Plätzen ein materialistisches und ein postmaterialistisches Ziel nennen, die sich also an beiden Wertbereichen gleichrangig orientieren. Die Gruppe der Mischtypen stellt dabei im Rahmen des Inglehartschen Konzepts zunächst allerdings nicht mehr dar, als ein bloßes «Durchgangsstadium» bei der Entwicklung vom Materialismus zum Postmaterialismus.

Wie die in Abbildung 1 dokumentierte Auswertung der Eurobarometer-Umfragen zeigt, hat sich der Anteil der reinen

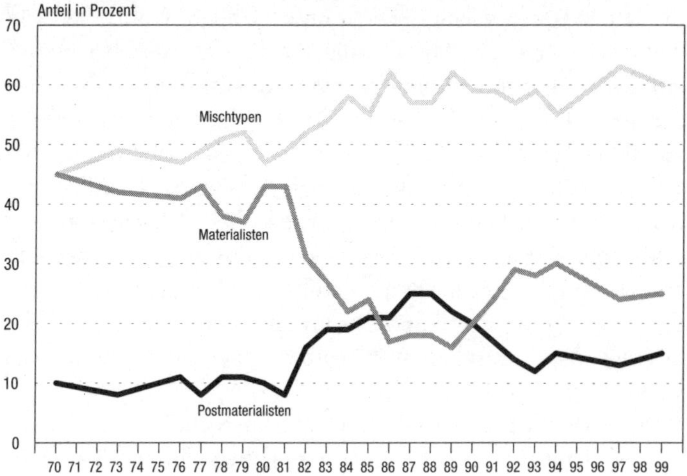

Datenbasis: Eurobarometer-Umfragen der Kommission der Europäischen Union

Abb. 1: Die Entwicklung gesellschaftlicher Wertorientierungen in der Bundesrepublik Deutschland zwischen 1970 und 1999 (nur Westdeutschland)

Postmaterialisten – von einem kleinen «Aufschwung» in den 1980er Jahren abgesehen – zwischen 1970 und 1999 nur von 10 auf knapp 15 Prozent erhöht. Deutlich verändert haben sich hingegen der Anteil der reinen Materialisten, der um 20 Prozentpunkte abnahm, sowie der Anteil der Mischtypen, der um 15 Prozentpunkte zugenommen hat. Die Prognose Ingleharts, daß die reinen Postmaterialisten Ende des 20. Jahrhunderts die Mehrheit der Bevölkerung ausmachen würden, hat sich folglich als falsch erwiesen. Recht hat Inglehart hingegen mit seiner Feststellung behalten, daß postmaterialistische Werte an Bedeutung in der Politik gewinnen werden. Denn die sog. Mischtypen, die heutzutage die große Mehrheit der Bevölkerung ausmachen, zeichnen sich ja gerade dadurch aus, daß ihnen materialistische *und* postmaterialistische Werte wichtig sind. Die Neue Politik hat die Alte Politik folglich nicht verdrängt, sondern ist zusätzlich auf die Tagesordnung des politischen Systems gelangt. Die Bürger wollen Wohlstand *und* mehr demokratische Mitwirkungsrechte, sichere Arbeitsplätze *und* Umweltschutz, Schutz vor Kriminalität *und* den Schutz der bürgerlichen Freiheitsrechte. Die etablierten Parteien haben auf diese Herausforderung reagiert, indem sie ihre Programmatik im Laufe der Jahre um Themen der Neuen Politik angereichert haben. Die Grünen hingegen blieben lange Zeit ausschließlich auf die Themen der Neuen Politik beschränkt und erkannten erst spät die Notwendigkeit, auch auf den Feldern der Alten Politik Profil und Lösungskompetenz zu entwickeln, um sich im politischen Wettbewerb dauerhaft behaupten zu können.

Insgesamt aber ist festzuhalten, daß die Wertewandelstheorie Ronald Ingleharts, die die sozialwissenschaftliche Diskussion und auch die Überlegungen der grünen Parteistrategen lange Zeit bestimmte, mit der empirisch beobachtbaren Realität nicht vollständig in Einklang zu bringen ist. Weder läßt sich eine lineare Zunahme des Anteils der reinen Postmaterialisten beobachten, noch werden die alten materialistischen Werte vollständig verdrängt. Alle Hoffnungen, die die Grünen lange Zeit auf ein gewissermaßen naturgesetzlich wachsendes Wählerpotential gesetzt hatten, sind damit dahin.

Ein alternativer Versuch, den Wandel in der Konfliktstruktur moderner Parteiensysteme systematisch nachzuvollziehen, wurde von Herbert Kitschelt vorgelegt. Dieser entwickelte einen einheitlichen theoretischen Bezugsrahmen zur Analyse der Entwicklung des Parteienwettbewerbs in modernen postindustriellen Gesellschaften. Die Theorie Kitschelts unterscheidet sich von der Inglehartschen Theorie der Stillen Revolution in erster Linie dadurch, daß sie die Themen der Alten und der Neuen Politik gleichberechtigt nebeneinander stellt. Die Wähler können sich also bei ihrer Wahlentscheidung sowohl an den Themen der Alten Politik, als auch an den Themen der Neuen Politik orientieren, was bei Inglehart ursprünglich nicht vorgesehen war. Darüber hinaus geht Kitschelt nicht davon aus, daß materielle Werte im Zuge des Wertewandels notwendigerweise an Bedeutung verlieren müssen. Den Ausgangspunkt der Theorie von Kitschelt bildet die Feststellung, daß die politischen Präferenzen der Menschen nicht länger von ihrer Klassenzugehörigkeit abhängig seien, sondern vielmehr von ihren konkreten Erfahrungen auf und mit dem Markt. Eine der wichtigsten Veränderungen der letzten Jahre bestehe in diesem Zusammenhang darin, daß immer größere Bereiche des privaten Wirtschaftssektors dem internationalen Wettbewerb ausgesetzt seien. Die in diesen Bereichen beschäftigten Arbeitnehmer hätten naturgemäß ein großes Interesse daran, daß ihre Unternehmen international wettbewerbsfähig sind und bleiben. Sie entwickelten folglich politische Präferenzen, die auf eine Stärkung des marktwirtschaftlichen Wettbewerbs und einen Rückbau des Sozial- und Wohlfahrtsstaates gerichtet seien. Anders hingegen die Beschäftigten des öffentlichen Dienstes und derjenigen Bereiche des privaten Sektors, die keinem internationalen Wettbewerb ausgesetzt sind. Diese blieben auch weiterhin an einer umverteilenden, wohlfahrtsstaatlichen Politik interessiert. In der Tendenz gelte, daß sowohl der Anteil der Beschäftigten im öffentlichen Dienst als auch der Anteil der in Wirtschaftssektoren mit internationaler Konkurrenz beschäftigten Personen zunehme, während der private Sektor ohne internationale Konkurrenz an Bedeutung verliere. Im Ergebnis komme es daher zu einer verstärkten Polarisierung zwischen den Beschäftigten des im internationalen Wettbewerb stehenden Teils des privaten Sektors auf der einen und den Beschäftigten des öffentlichen Sektors auf der anderen Seite. Anders als im Rahmen der Inglehartschen Theorie wird die «Alte Politik» bei Kitschelt also nicht verdrängt, sondern organisiert sich nun entlang neuer Trennungslinien.

Folgt man dem Theorieentwurf Kitschelts, dann ist neben den Erfahrungen der Menschen mit den Kräften des freien Marktes eine weitere wichtige Einflußgröße bei der Formation politischer Präferenzen in den konkreten Arbeitsbedingungen und -inhalten der Menschen zu suchen. Wichtig sei hier insbesondere die Frage, ob der persönliche und individuelle Umgang mit Mitarbeitern bzw. Klienten und/oder der Umgang mit kulturellen Inhalten und Symbolen einen zentralen Bestandteil des beruflichen Anforderungsprofils ausmachen (Erziehung, Kunst, Kultur, Sozialarbeit, medizinisch-pflegerische Berufe, Medien und Beratung) oder ob Klienten als standardisierte Fälle behandelt würden (Handel, Versicherung, Geldgewerbe, allgemeine Verwaltung, Polizei und Justiz) oder sich die berufliche Tätigkeit gar auf materielle Objekte beziehe (Produktion, Telekommunikation, Verkehrswesen, Ingenieurswesen). Nach Kitschelt haben Menschen in interaktionsintensiven Berufen sowie in Arbeitsfeldern, die eine große Arbeitsautonomie gewähren und ein großes Maß an Eigenverantwortlichkeit und kommunikativen Fähigkeiten verlangen, eine sehr viel stärkere Orientierung auf eine demokratische und partizipative Gestaltung der Gesellschaft hin. Dieses Orientierungsmuster bezeichnet Kitschelt im Unterschied zu Inglehart aber nicht als postmaterialistisch sondern als libertär. Den Gegenpol zu diesen Werten bezeichnet Kitschelt als autoritär, wobei er die Unterscheidung zwischen libertären und autoritären Werten schwerpunktmäßig an der Frage festmacht, welchem Personenkreis die vollen Bürgerrechte zuerkannt werden und nach welchem Modus kollektive Entscheidungen getroffen werden sollen. Libertäre würden dabei eine universalistische Konzeption der Bürgerrechte bevorzugen, die auch Ausländer und Immigranten einbezieht, während Autoritäre diesen Gruppen die vollen Bürgerrechte vorenthalten sehen wollten. Mit Bezug auf den Modus kollektiver Entscheidungen bevorzugten Libertäre eine Ausweitung demokratischer Mitbestimmungs- und Mitsprachemöglichkeiten der Bürger, während Autoritäre eine stärker hierarchisch strukturierte, repräsentative Form der Entscheidungsfindung vorzögen. Personen in eher standardisierten und mechanisierten Berufsfeldern präferierten aufgrund ihrer

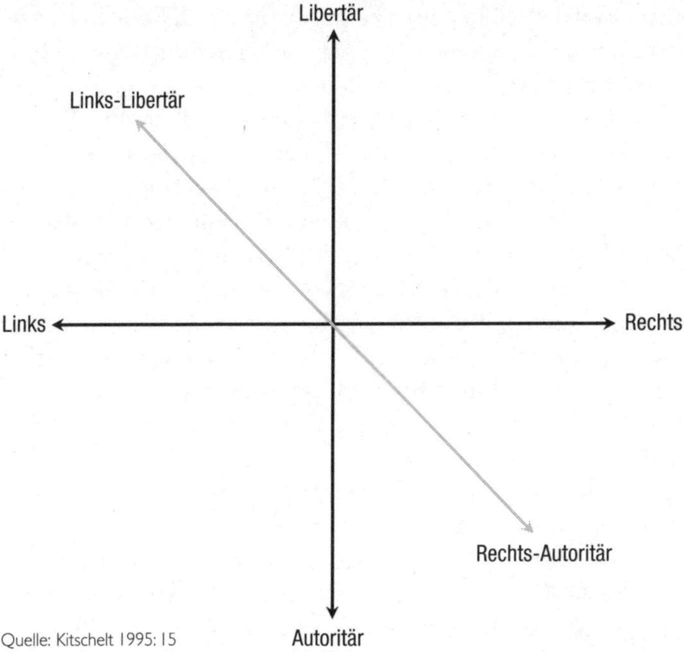

Quelle: Kitschelt 1995: 15

Abb. 2: Der politische Wettbewerbsraum nach Herbert Kitschelt

konkreten Erfahrungen im Berufsleben eher autoritär strukturierte Gesellschaftskonzepte.

Kitschelt geht weiterhin davon aus, daß Personen, die über eine hohe formale Bildung verfügen, ebenfalls in verstärktem Maße libertäre Wertpräferenzen herausbilden, da diese Menschen das kognitive Potential besäßen, eigenständige Vorstellungen von einer wünschenswerten Ordnung der Gesellschaft zu entwickeln, was dazu führe, daß sie in stärkerem Maße Partizipations- und Selbstbestimmungsrechte einforderten. Gleichzeitig steige mit der Bildung aber auch die Wahrscheinlichkeit, in interaktionsintensiven und selbstbestimmten Tätigkeitsfeldern zu arbeiten. Aufgrund ihrer konkreten Sozialisationserfahrungen seien außerdem Frauen häufiger in interaktionsintensiven bzw. symbolproduzierenden Berufen zu finden, was auch bei ihnen zu einer stärkeren Ausprägung libertärer Werte führe.

Der politische Wettbewerb vollziehe sich im Ergebnis in einem zweidimensionalen Raum, der aufgespannt werde zum einen durch die traditionelle Links-Rechts-Achse, die die Befürworter von steuernden Markteingriffen und umverteilender Wirtschaftspolitik von den Befürwortern des freien, ungezügelten Marktes trennt, sowie zum anderen durch den Gegensatz von libertären und autoritären Werten (vgl. Abbildung 2). Die Hauptachse des politischen Wettbewerbs verlagere sich dabei vom klassischen Links-Rechts-Gegensatz zunehmend hin zum Gegensatz zwischen links-libertären und rechts-autoritären Vorstellungsmustern.

Die Verschiebung der Hauptachse des politischen Wettbewerbs hin zum Gegensatz zwischen links-libertären und rechts-autoritären Werten ergibt sich nach Kitschelt aus den konkreten Konfigurationen der Markt- und Arbeitserfahrungen in der postindustriellen Gesellschaft (vgl. Abbildung 3). Die interaktionsintensiven Beschäftigungsfelder, die von den Menschen eine hohe Qualifikation verlangen, seien gleichzeitig nur in sehr geringem Maße dem internationalen Wettbewerb ausgesetzt. Als Beispiele führt Kitschelt das Erziehungs- und Bildungswesen, die sozialen und medizinischen sowie die kulturellen Berufe an. Die hier Beschäftigten bildeten folglich links-libertäre politische Präferenzen heraus. Umgekehrt gelte, daß diejenigen Wirtschaftssektoren, die sich im internationalen Wettbewerb behaupten müssen, meist wenig interaktionsintensiv seien. Dies gelte für die meisten Jobs in der Produktion, der Telekommunikation und dem Transportwesen, aber auch für das Geld- und Versicherungswesen. Die in ihnen beschäftigten Menschen sind in starkem Maße in standardisierte bzw. mechanisierte Arbeitsabläufe eingebunden, die primär an Akten oder Objekten verrichtet werden und/oder ein eher geringes Qualifikationsniveau verlangen. Dies wiederum begünstige die Herausbildung rechts-autoritärer Vorstellungsmuster. Zur selben Zeit würden diejenigen Kombinationen von Markt- und Berufserfahrungen, die die Herausbildung sozialistisch-autoritärer Präferenzen begünstigen, zunehmend seltener. Dies gelte insbesondere für kleine und mittlere Angestellte in der allgemeinen öffentlichen Verwaltung oder in ehemals staatseigenen Betrieben wie Bahn und Post, aber auch für Arbeiter und Angestellte in der subventionierten Schwerindustrie, die in immer stärkerem Maße von Rationalisierung und internationalem Wettbewerb betroffen sind.

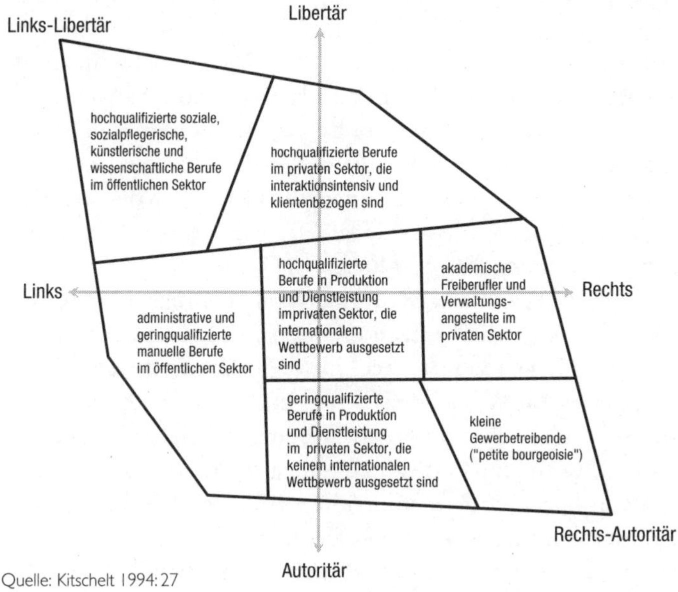

Quelle: Kitschelt 1994: 27

Abb. 3: Die Lagerung der verschiedenen Berufsgruppen im politischen Wettbewerbsraum nach Herbert Kitschelt

Bezieht man den Theorieansatz von Kitschelt nunmehr auf die Erklärung der Entstehungsursachen der grünen Partei, dann hebt dieser schwerpunktmäßig darauf ab, daß sich in modernen Industriegesellschaften im Zuge des sozialen Wandels immer größere Freiräume für idealistische politische Einstellungen und Verhaltensweisen herausgebildet hätten. Die Entstehung und die Wahlerfolge der grünen Partei werden in dieser theoretischen Perspektive folglich mit dem Wachstum des tertiären Sektors, insbesondere aber mit der starken Ausweitung des öffentlichen Dienstes zu Beginn der siebziger Jahre in Verbindung gebracht. Personen in einem derartigen beruflichen Umfeld seien anderen Normen und Sachgesetzmäßigkeiten ausgesetzt als einem strengen ökonomischen Leistungs- und Rationalitätskalkül und würden deshalb auch verstärkt idealistischen Politikkonzepten zuneigen. Dies gelte insbesondere für Berufe in Bildung und Wissenschaft sowie für soziale, sozialpflegerische und kulturelle Berufe. Viele Hochschulabsolventen, deren Zahl im Zuge der Bildungsexpansion zudem stark angestiegen sei, aber hätten in den 1970er Jahren in diese Berufsfelder gedrängt. Viele Aktivisten der außerparlamentarischen Oppositionsbewegungen nicht zuletzt auch deshalb, weil sie glaubten, ihre Ziele und Ideale in einem solchen beruflichen Umfeld am ehesten verwirklichen zu können.

Da die genannten Berufe meist im öffentlichen Sektor angesiedelt seien, befürwortet dieser Personenkreis nach Kitschelt in ökonomischen Fragen eher eine regulierende, umverteilende Wirtschaftspolitik. Doch sind hinsichtlich der ökonomischen Links-Rechts-Achse durchaus Differenzierungen denkbar: So können hochqualifizierte Angestellte im privaten Sektor, insbesondere wenn ihre Firmen im internationalen Wettbewerb stehen, durchaus auch marktwirtschaftliche Orientierungen aufweisen. Die gilt beispielsweise auch für Akademiker in freien Berufen. Vor dem Hintergrund dieser Überlegungen scheint die in den letzten Jahren zu beobachtende «Versöhnung» der Grünen mit der freien Marktwirtschaft unter wahlstrategischen Gesichtspunkten durchaus erfolgversprechend zu sein.

Zeitraffer:

Ein kurzer Streifzug durch die Geschichte der grünen Partei

Die Suche nach den Wurzeln der Grünen führt zurück bis in das Jahr 1977. Am 11. Mai diesen Jahres entstand aus der niedersächsischen Bürgerinitiative Schwarmstedt, die sich dem Kampf gegen das geplante Atomkraftwerk Grohnde verschrieben hatte, die sog. «Umweltschutzpartei» (USP). Hinter dieser Entscheidung stand die Einsicht der Parteigründer, daß außerparlamentarische Gruppen und Bewegungen im politischen System der Bundesrepublik letztlich nur über beschränkte Einflußmöglichkeiten auf die Politik im allgemeinen und das Regierungshandeln im besonderen verfügen. Diese Lektion hatten die Studenten- und die Friedensbewegung zuvor schmerzlich lernen müssen, war es ihnen doch trotz aller Anstrengungen und Mobilisierungsbemühungen nicht gelungen, die Verabschiedung der Notstandsgesetzgebung und der atomaren Nachrüstung durch den Bundestag zu verhindern. Aber auch die Auseinandersetzungen zwischen militanten Atomkraftgegnern und der Polizei auf dem Bauplatz des Atomkraftwerks Grohnde, die die gesamte Anti-Atomkraft-Bewegung zu diskreditieren drohten, führten dazu, daß man nach neuen Möglichkeiten suchte, seine Ziele nunmehr auf friedlichem Wege durchzusetzen.

Nur kurz nach der Gründung der Umweltschutzpartei in Schwarmstedt formierte sich im benachbarten Hildesheim am

1. September 1977 die «Grüne Liste Umweltschutz» (GLU), die bereits im Monat darauf einen Sitz im Kreistag errang. Bereits im November schlossen sich die beiden Gruppierungen zusammen und firmierten fortan als Landesverband Niedersachsen der «Grünen Liste Umweltschutz». Im April 1978 verabschiedete die sich als wertkonservative Partei verstehende GLU ihr Programm zur niedersächsischen Landtagswahl 1978, das maßgeblich durch die intensiv diskutierte Schrift «Ein Planet wird geplündert» des CDU-Bundestagsabgeordneten Herbert Gruhl sowie den Bericht des «Club of Rome» über die «Grenzen des Wachstums» geprägt war. Bei der Landtagswahl am 4. Juni 1978 erzielte die GLU schon 3,9 Prozent der Stimmen und erhielt daraufhin 715 000 Mark Wahlkampfkostenerstattung.

Im Laufe des Jahres 1978 gründeten sich weitere Parteien, die dem grün-alternativen Spektrum zuzuordnen waren. In Bremen (Bremer Grüne Liste, BGL), Hamburg (Grüne Liste Umweltschutz Hamburg, GLU Hamburg) und Schleswig-Holstein (Grüne Liste Schleswig Holstein, GLSH) konstituierten sich nach niedersächsischem Vorbild «Grüne Listen». Am 13. Juli 1978 gründete der bereits erwähnte Herbert Gruhl die «Grüne Aktion Zukunft» (GAZ), nachdem er tags zuvor aus der CDU ausgetreten war. Die schon seit längerem bestehende, politisch eher nationalkonservative «Aktionsgemeinschaft Unabhängiger Deutscher» (AUD) um ihren Vorsitzenden August Haußleitner wandte sich zu dieser Zeit verstärkt Umweltschutzfragen und dem «Lebensschutz» zu. Während die bislang genannten Gruppierungen eher bürgerlich-ökologisch ausgerichtet waren, entstanden außerdem verschiedene «Bunte» bzw. «Alternative» Listen, die eher links orientiert waren und ihre Mitglieder vorrangig aus den langsam zerfallenden K-Gruppen rekrutierten, die ursprünglich aus der Studentenbewegung hervorgegangen waren. Die bunten und alternativen Listen stellten in erster Linie den Versuch der marxistisch geprägten Neuen Linken dar, ihre bisherige politische Erfolglosigkeit und Isolation zu überwinden und von der großen Unterstützung der Neuen Sozialen Bewegungen in der Bevölkerung zu profitieren. Die prominenteste dieser Listen war die «Bunte Liste Hamburg», auf der im Juni 1978 mit Rainer Trampert, Thomas Ebermann und Jürgen Reents drei ehemalige Führungsfiguren des Kommunistischen Bundes (KB) kandidierten. Die Berliner Alternative Liste (AL) war ebenfalls dem links-alternativen Spektrum zuzurechnen und stark von ehemaligen Mitgliedern der Kommunistischen Partei Deutschlands (KPD) beeinflußt.

Der Dachverband der Bürgerinitiativen, der sog. «Bundesverband Bürgerinitiativen Umweltschutz» (BBU), der bereits im Herbst 1977 dazu aufgerufen hatte, an der Europawahl des Jahres 1979 mit einer grünen Liste teilzunehmen, unternahm zu diesem Zeitpunkt Anstrengungen, die verschiedenen alternativen Gruppierungen zu einer gemeinsamen Kandidatur bei der Europawahl zu bewegen. Da für die Teilnahme an den Wahlen zum Europäischen Parlament – anders als bei Landtags- und Bundestagswahlen – keine formelle Parteigründung notwendig war, wurde am 17. und 18. März 1979 in Frankfurt das Listenbündnis «Sonstige Politische Vereinigung/Die Grünen» (SPV Die Grünen) gegründet. An diesem Listenbündnis beteiligten sich die Aktionsgemeinschaft Unabhängiger Deutscher, die Grüne Liste Umweltschutz, die Grüne Liste Schleswig Holstein sowie die Grüne Aktion Zukunft. Die «SPV Die Grünen» war damit insgesamt eher bürgerlich-ökologisch ausgerichtet, da sich die bunten und alternativen Listen zunächst nicht an ihr beteiligten. Die Spitzenplätze der Liste zur Europawahl wurden unter anderem von Herbert Gruhl, der zum Bundesvorstand des Bundesverbands Bürgerinitiativen Umweltschutz gehörenden Petra Kelly sowie dem Künstler Joseph Beuys besetzt. Bei der Europawahl vom 10. Juni 1979 erreichten die SPV-Grünen 3,2 Prozent der Stimmen, womit sie zwar deutlich an der 5-Prozent-Hürde scheiterten, aber immerhin rund 4,5 Millionen Mark Wahlkampfkostenerstattung erhielten. Die Kasse der noch gar nicht existenten grünen Partei war folglich gut gefüllt. Die vom Bundespräsidenten eingesetzte Sachverständigenkommission zur Neuordnung der Parteifinanzen sollte vier Jahre später in ihrem Bericht schreiben, daß es den Grünen gelungen sei, die Gründung ihrer Partei nahezu vollständig auf Staatskosten zu bestreiten: «Die Entstehungsgeschichte der Partei ‹Die Grünen› stellt somit einen in der Geschichte der Bundesrepublik bisher einmaligen Fall staatlich subventionierter Parteigründung dar».

In der Folgezeit wurde von den in der «SPV Die Grünen» vertretenen Gruppen verstärkt über die Gründung einer grünen Bundespartei debattiert. Fraglich war dabei insbesondere, ob die bunten und alternativen Listen an einer solchen Gründung beteiligt oder aber davon ausgeschlossen werden sollten. In diese Zeit fiel auch der erste größere parlamentarische Erfolg der Grünen. Bei der Wahl zur Bremer Bürgerschaft am 7. Oktober 1979 erzielte die Bremer Grüne Liste (BGL) 5,1 Prozent der Stimmen und errang damit vier Mandate im Bremer Landesparlament. Im Wahlkampf war die BGL von der mittlerweile in Bremen ansässigen ehemaligen Galionsfigur der APO, Rudi Dutschke, unterstützt worden, der aber nicht selbst für die Grünen kandidierte. Eine ebenfalls zur Wahl stehende «Alternative Liste» (AL) aus dem linken Spektrum erreichte hingegen nur 1,4 Prozent der Stimmen.

Im November 1979 fand schließlich in Offenbach die zweite Versammlung der «SPV Die Grünen» statt, auf der die Delegierten für den Januar 1980 die Gründung einer bundesweiten grünen Partei beschlossen. Man entschied sich allerdings dafür, keine Neugründung vorzunehmen, sondern die neue Bundespartei «Die Grünen» durch Umgründung aus der «SPV Die Grünen» hervorgehen zu lassen. Dies wohl nicht zuletzt deshalb, weil man die seit der Europawahl in der «SPV Die Grünen» vorhandenen Finanzmittel mit in die neue Partei hinübernehmen wollte. Als sicherlich nicht unerwünschter Nebeneffekt waren die bunt-alternativen Listen durch diese Entscheidung zunächst ausgeschlossen. Doch zwischen November

1979 und Januar 1980 kam es zu einer drastischen Erhöhung der Mitgliederzahl der «SPV Die Grünen». Diese vervierfachte sich innerhalb kürzester Zeit von 2800 auf 12000. Ausschlaggebend hierfür war nicht zuletzt die Tatsache, daß eine Reihe von Personen aus dem links-alternativen Spektrum nun schnell der «SPV Die Grünen» beitraten, um auf diesem Wege doch noch bei der Gründung der Bundespartei «Die Grünen» dabei sein zu können.

Die Bundespartei «Die Grünen» wurde schließlich am 12. und 13. Januar 1980 auf einem Gründungskongreß in Karlsruhe endgültig ins Leben gerufen. Zu den ersten Sprechern der Bundespartei wurden Petra Kelly, August Haußleitner sowie Norbert Mann gewählt. Die Parteigründung fiel in eine für die Grünen überaus günstige Phase: Die Umweltschutz- und die Friedensbewegung befanden sich auf ihrem Höhepunkt, die Themen der Grünen dominierten die öffentliche Diskussion. Die neue Partei erzielte demzufolge auch sehr schnell erste Erfolge. Bereits fünf Monate nach der Gründung der Partei zogen grüne Abgeordnete in den Landtag von Baden-Württemberg ein. Bei der Bundestagswahl vom 5. Oktober 1980 blieb das Wahlergebnis der Grünen allerdings deutlich hinter den Erwartungen zurück. Die Partei erzielte nur 1,5 Prozent der Zweitstimmen und scheiterte damit deutlich an der 5-Prozent-Hürde des bundesdeutschen Wahlrechts. Der Grund für dieses enttäuschende Abschneiden der Grünen wurde in der alles andere überlagernden Auseinandersetzung um die Kanzlerkandidatur des bayerischen Ministerpräsidenten Franz-Josef Strauß gesehen.

Die zweite Chance für einen Einzug in den Deutschen Bundestag bot sich den Grünen allerdings schneller als erwartet: Anfang September 1982 legte der damalige Bundeswirtschaftsminister Graf Lambsdorff ein Papier zur Neuorientierung der Wirtschafts- und Sozialpolitik vor, das kurz darauf zum Bruch der sozial-liberalen Koalition führte. Am 17. September schieden die von der FDP gestellten Minister aus der

Bundesregierung aus. Zwei Wochen später wurde Helmut Kohl durch ein konstruktives Mißtrauensvotum gegen Helmut Schmidt mit den Stimmen von CDU und FDP zum neuen Bundeskanzler gewählt. Bei den vorgezogenen Neuwahlen zum Deutschen Bundestag, die am 6. März 1983 stattfanden, wurde der Machtwechsel durch den Wähler bestätigt: CDU und FDP erzielten gemeinsam eine Regierungsmehrheit. Die Grünen erreichten 5,6 Prozent der Zweitstimmen und zogen mit 27 Abgeordneten erstmals in den Deutschen Bundestag ein. Zu Sprechern der grünen Bundestagsfraktion wurden Petra Kelly, Otto Schily und Marieluise Beck-Oberdorf gewählt. Joschka Fischer wurde parlamentarischer Geschäftsführer der Fraktion.

Mindestens ebenso wichtig wie der erstmals gelungene Einzug in den Deutschen Bundestag aber war für die Grünen das Ergebnis der hessischen Landtagswahl vom 26. September 1982. Bei dieser Wahl, die kurz nach dem Bruch der sozialliberalen Koalition stattfand, verfehlte die FDP, die sich im Vorfeld der hessischen Landtagswahl für eine Koalition mit der CDU ausgesprochen hatte, mit 3,1 Prozent der Stimmen den Einzug in den hessischen Landtag deutlich. Die SPD erzielte 42,8 Prozent der Stimmen und die Grünen 8,0 Prozent. Eine rot-grüne Mehrheit war also rechnerisch möglich, den Grünen wuchs damit erstmals in ihrer Geschichte eine zentrale Stellung bei der Bildung einer Regierung zu. Der Vorsitzende der SPD, Willy Brandt, sprach am Abend der Hessischen Landtagswahl in der Bonner Runde von der Möglichkeit einer «Mehrheit diesseits der Union». Nur gut zwei Jahre nach ihrer Gründung war die Regierungsmacht für die Grünen in greifbare Nähe gerückt.

Zu einer Koalition konnten oder wollten sich aber zunächst weder die Grünen noch die SPD durchringen. Die rot-grünen Koalitionsverhandlungen scheiterten, woraufhin für den 25. September 1983 Neuwahlen anberaumt wurden. Die SPD konnte sich bei dieser Wahl zwar deutlich auf 46,2 Prozent steigern, verfehlte aber die angestrebte absolute

Mehrheit. Die Grünen fielen auf 5,9 Prozent der Stimmen zurück, gleichwohl war die SPD zur Regierungsbildung weiterhin auf die Grünen angewiesen. Auch in dieser Situation kam es aber zunächst nicht zu einer formellen Koalition, vielmehr wählte die grüne Fraktion im hessischen Landtag am 4. Juni 1984 im Rahmen eines sogenannten «Tolerierungsbündnisses» Holger Börner zum hessischen Ministerpräsidenten. Dem damaligen saarländischen Ministerpräsidenten Oskar Lafontaine sollte es schließlich vorbehalten sein, das böse K-Wort als erster auszusprechen. Im September 1984 bot er den Grünen eine Koalition an, falls es nach den saarländischen Landtagswahlen im März 1985 zu einer rot-grünen Mehrheit reichen sollte. Da die Grünen bei dieser Wahl aber den Sprung über die 5-Prozent Hürde deutlich verfehlten, wurden er und die Grünen nicht auf die Nagelprobe gestellt.

Zur Wahlniederlage der saarländischen Grünen mag beigetragen haben, daß das Tolerierungsbündnis in Hessen Anfang Dezember 1984 nach nur sechs Monaten bereits wieder gescheitert war, da zwischen SPD und Grünen unüberbrückbare Differenzen in der Atompolitik bestanden. Erst am 27. Oktober 1985 stimmte die hessische Landesversammlung der Grünen dann schließlich endgültig einer rot-grünen Koalition zu. Joschka Fischer, der kurz zuvor sein Bundestagsmandat zugunsten eines Nachrückers hatte aufgeben müssen, wurde der erste grüne Minister des Planeten. Am 12. Dezember 1985 wurde er – standesgemäß in Jeans und Turnschuhen – als hessischer Umweltminister vereidigt. Der Vizepräsident des Hessischen Landtags, der grüne Abgeordnete Bernd Messinger, äußerte an diesem Tag in seiner Rede vor dem Parlament: «1968 sind wir zum langen Marsch durch die Institutionen angetreten. Der erste ist angekommen, weitere werden folgen».

Mit dem Präzedenzfall der rot-grünen Koalition in Hessen stand das Thema Regierungsbeteiligung für die Grünen nunmehr endgültig auf der Tagesordnung. Auf einer außerordentlichen Bundesversammlung der Grünen in Nürnberg wurden Ende September 1986 Koalitionsverhandlungen mit der SPD für die Zeit nach der Bundestagswahl 1987 nicht ausgeschlossen. Die Frage stellte sich dann allerdings nicht, da die christlich-liberale Koalition bei der Bundestagswahl vom 25. Januar 1987 ihre Mehrheit verteidigen konnte. Nur gut zwei Wochen nach der Bundestagswahl war am 9. Februar 1987 dann aber auch die rot-grüne Koalition in Hessen bereits wieder gescheitert. Ebenso wie beim Ende der Tolerierungsphase bildete wieder dic Atompolitik den Stolperstein. Der hessische Wirtschaftsminister Ulrich Steger wollte entgegen der Vereinbarungen im Koalitionsvertrag der illegal betriebenen hessischen Plutoniumfabrik ALKEM eine rückwirkende Betriebsgenehmigung erteilen, woraufhin das rot-grüne Regierungsbündnis zerbrach. Die zweite Landesregierung mit grüner Beteiligung wurde nach der Berliner Abgeordnetenhauswahl vom 29. Januar 1989 geschlossen. Die Westberliner Alternative Liste (AL) ging eine Koalition mit der SPD ein und wählt Walter Momper zum regierenden Bürgermeister. In dessen Amtszeit fiel dann ein epochales Ereignis, auf das weder die Grünen noch die anderen politischen Parteien wirklich vorbereitet waren: Die Öffnung der Berliner Mauer am 9. November 1989. Das SED-Regime war zusammengebrochen, die deutsche Einheit greifbar nahe gerückt.

Bereits im November 1989 konstituierte sich in der zu diesem Zeitpunkt noch existierenden DDR eine «Grüne Partei», deren offizieller Gründungsparteitag im Februar 1990 stattfand. Bei den Wahlen zur Volkskammer am 18. März 1990 erreichten die neugegründeten Ost-Grünen 2 Prozent der Stimmen. Das Bündnis 90, ein Zusammenschluß verschiedener Bürgerrechtsgruppen, die beim Zusammenbruch des SED-Regimes maßgeblich mitgewirkt hatten, kam auf 2,9 Prozent der Stimmen. Am 1. Juli 1990 trat die Wirtschafts- und Währungsunion in Kraft, die DM wurde offizielles Zahlungsmittel der DDR. Anfang September 1990 beschloß der zweite Parteitag der Ost-Grünen den Zusammenschluß mit den westdeutschen Grünen.

Allerdings sollte dieser Zusammenschluß erst am Tag nach der Bundestagswahl vollzogen werden. Ein – wie sich noch zeigen sollte – fataler Beschluß. Die formelle Wiedervereinigung Deutschlands wurde dann am 3. Oktober vollzogen, die ersten gesamtdeutschen Bundestagswahlen für den 2. Dezember 1990 terminiert.

Die Grünen hatten zunächst keinen Anlaß daran zu zweifeln, daß sie diese Bundestagswahlen erfolgreich überstehen würden. Zwar war aufgrund eines Urteils des Bundesverfassungsgerichts eine nach den alten und den neuen Bundesländern getrennte Berechnung des Wahlergebnisses sowie eine jeweils getrennte Geltung der Sperrklausel vorgesehen, doch rechnete niemand ernsthaft mit einem Scheitern der Grünen an einer der beiden 5-Prozent-Hürden: In den neuen Bundesländern trat ein Listenbündnis aus Bündnis 90 und den ostdeutschen Grünen an, dem man aufgrund der hohen Reputation der im Bündnis 90 zusammengeschlossenen Bürgerrechtsgruppen fünf Prozent der Stimmen allemal zutraute. Die westdeutschen Grünen bewegten sich über das Jahr hinweg in den Umfragen bei einem Stimmenanteil zwischen sieben und acht Prozent, so daß auch hier keine Gefahr in Verzug zu sein schien. Auch konnten die westdeutschen Grünen im Jahr 1990 zwei deutliche Erfolge für sich verbuchen, die die Siegesgewißheit noch weiter steigerten: So löste nach der Landtagswahl in Niedersachsen vom 13. Mai 1990 eine von Gerhard Schröder geführte Koalition aus SPD und Grünen die bis dahin amtierende CDU/FDP Regierung ab. Bei der am selben Tag stattfindenden Landtagswahl in Nordrhein-Westfalen gelang den Grünen im bevölkerungsreichsten Bundesland erstmals der Sprung über die 5-Prozent-Hürde. Bei den Landtagswahlen in Brandenburg, die am 14. Oktober 1990 stattfanden, kam es darüber hinaus zu einem Ergebnis, das die Bildung einer Regierungskoalition aus SPD, FDP und Bündnis 90 ermöglichte.

Kurz vor der Bundestagswahl brach dann allerdings am 15. November 1990 die erst im Jahr zuvor geschlossene Koalition aus SPD und AL in Berlin auseinander, weil die SPD die Räumung besetzter Häuser veranlaßt hatte. Hinzu kam, daß der Wahlkampf zur Bundestagswahl 1990 von der alles andere überlagernden Frage der Deutschen Einheit dominiert wurde, zu der die Grünen keine nachvollziehbare Position zu entwickeln vermochten. Bereits am Tag der Währungsunion hatten die West-Grünen eine Zeitungsanzeige mit dem folgenden Wortlaut geschaltet: «Erst wenn die letzte Datsche geschleift, das letzte Kombinat geschluckt und der letzte kleine Fisch im Netz vertrocknet ist, werdet ihr feststellen, daß Mensch die D-Mark nicht essen kann». In den Bundestagswahlkampf zog man mit dem Slogan «Alle reden von Deutschland, wir reden vom Wetter» und versuchte damit erfolglos die drohende Klimakatastrophe in den Mittelpunkt der Wahlkampfauseinandersetzung zu rücken. Die Grünen hatten sich bei ihrer Wahlkampfplanung zu sehr auf ein vermeintlich stabiles Wählerpotential verlassen, dem man die Mißachtung des zentralen Wahlkampfthemas «Deutsche Einheit» zugunsten eines langfristigen ökologischen Anliegens zumuten zu können glaubte. Hinzu kam die Elitenfeindlichkeit der Grünen, die dazu führte, daß viele erfahrene Bundestagsabgeordnete der Grünen nicht mehr als Kandidaten aufgestellt wurden. Dies führte dazu, daß die Grünen bei der Bundestagswahl 1990 nicht mit profilierten und bekannten Gesichtern in die Wahlkampfauseinandersetzung gehen konnten. Auch schienen sich viele westdeutsche Wähler der Grünen allzu sicher gewesen zu sein, daß ihre Partei den Sprung in den Bundestag schon schaffen würde und blieben deshalb der Wahl fern.

All diese Faktoren haben dazu beigetragen, daß am 2. Dezember 1990 die Grünen in Westdeutschland mit 4,8 Prozent denkbar knapp an der 5-Prozent-Hürde scheiterten, während die Listenverbindung aus Bündnis 90 und ostdeutschen Grünen in den neuen Bundesländern 6,1 Prozent der Stimmen erzielte. Eine besondere Ironie dieses Wahlergebnisses lag in der Tatsache, daß die Grünen gemeinsam mit dem Bündnis 90 bundesweit zwar 5,1 Prozent der Stimmen erzielten, aufgrund des erst am Tag nach der Wahl vollzogenen Zusammenschlusses der beiden grünen Parteien die von den westdeutschen Grünen auf dem Gebiet der alten Bundesrepublik erzielten Stimmen bei der Mandatsverteilung aber unberücksichtigt blieben. Und so zogen nur acht Abgeordnete in den Deutschen Bundestag ein, von denen sechs dem Bündnis 90 und nur zwei den ostdeutschen Grünen angehörten.

Die verlorene Bundestagswahl des Jahres 1990 stellte insofern eine Zäsur in der Geschichte der grünen Partei dar, als von Stund an klar war, daß sich die Grünen nicht auf ein naturgegebenes und womöglich gar wachsendes Wählerpotential verlassen konnten. Die Grünen gelangten schmerzhaft zu der Einsicht, daß sie, in einer engen Nische des politischen Marktes operierend, ihre Anhänger bei jeder Wahl neu mobilisieren müssen, und daß sich politische Fehler künftig auch in ihren Wahlergebnissen niederschlagen würden. Mit der deutschen Einheit erwuchs den Grünen darüber hinaus aber auch noch ein neues Problem: Sie standen vor der Herausforderung, die Ausdehnung der grünen Partei auf die fünf neuen Länder organisieren zu müssen. Und während ihre politischen Konkurrenten, mit Ausnahme der SPD, gewissermaßen auf naturwüchsige Partner unter den ehemaligen Blockparteien zurückgreifen konnten, mußten die Grünen ohne ein solches Pendant auskommen. Die im November 1989 in der damaligen DDR gegründete grüne Partei erwies sich von Anfang an als zu schwach, um den West-Grünen als starker Partner dienen zu können. Das Bündnis 90, mit dem die ostdeutschen Grünen bei der Bundestagswahl 1990 eine Listengemeinschaft bildeten, nachdem sie bereits in der Volkskammer im Rahmen einer Fraktionsgemeinschaft zusammengearbeitet hatten, bot sich als Ausweg an. Und so stellte die kleine Bundestagsgruppe aus Ost-Grünen und Bündnis 90 in den Folgejahren gewissermaßen die Keimzelle dar, aus der die neue Partei Bündnis 90/Die Grünen erwuchs.

Am 21. September 1991 gründete sich das ostdeutsche Bündnis 90 formell als Partei, da gemäß der Übergangsbestimmungen des gesamtdeutschen Wahlrechts ostdeutsche Listenverbindungen nur für ein Jahr Parteien rechtlich gleichstellt waren. Die Mitglieder der Bürgerrechtsgruppen «Demokratie Jetzt» und der «Initiative für Frieden und Menschenrechte» traten vollständig der neuen Partei bei, vom «Neuen Forum» war es nur ungefähr die Hälfte der Mitglieder. Auf einer Außerordentlichen Bundesversammlung der westdeutschen Grünen, die im Januar 1993 in Hannover stattfand, wurde dann der Assoziationsvertrag zwischen Grünen und Bündnis 90 angenommen. Im April fand in beiden Parteien eine Urabstimmung über den Assoziationsvertrag statt. Nach der Annahme dieses Vertrags durch die Mitglieder beider Parteien wurde vom 14. bis zum 16. Mai in Leipzig die 1. Ordentliche Bundesversammlung der neugegründeten Partei durchgeführt. Um symbolisch deutlich zu machen, daß es sich bei der Vereinigung von Bündnis 90 und den Grünen nicht um die bloße Übernahme eines schwachen Ost-Partners handeln sollte, stellte man im Namen das ostdeutsche Bündnis 90 voran. Während der neue Parteiname «Bündnis 90/Die Grünen» fortan eine starke Bedeutung der Ostdeutschen symbolisierte, entwickelte sich die Partei tatsächlich in eine ganz andere Richtung: Die neuen Parteimitglieder aus der ehemaligen DDR zeigten sich sehr bald befremdet über die Diskussions- und Streitkultur der Westdeutschen. Auch politisch standen sich die oftmals eher wertkonservativen Ost-Grünen und die teilweise noch zu linken Gesellschaftsutopien neigenden West-Grünen eher mit Abstand gegenüber. Obwohl die Ostdeutschen in den Parteigremien formal überrepräsentiert waren, ging die reale Macht weiterhin von den alten (westdeutschen) Cliquen aus. Die innere Einheit wurde so sehr schnell auch für Bündnis 90/Die Grünen ein Problem.

Die Niederlage der westdeutschen Grünen bei der Bundestagswahl 1990 wurde von nicht wenigen zeitgenössischen Beobachtern der politischen Szene als Anfang vom Ende der grünen Partei gedeutet. Sehr schnell aber zeigte sich, daß dem nicht so war. Bereits knapp zwei Monate nach der verlorenen Bundestagswahl gewannen SPD und Grüne bei der hessischen Landtagswahl vom 20. Januar 1991 erneut die Mehrheit und gingen das zweite Mal eine Koalition ein. Joschka Fischer wurde wieder Umweltminister und diesmal auch stellvertretender hessischer Ministerpräsident. Bei der Bürgerschaftswahl in Bremen erzielten die Grünen im September 1991 satte 11,4 Prozent der Stimmen und bildeten die erste rot-gelb-grüne Ampelkoalition in der bundesdeutschen Geschichte. Nach der Landtagswahl in Baden-Württemberg am 4. April 1992 nannte Ministerpräsident Teufel die Grünen als eine der Parteien, mit denen er über eine mögliche Koalition verhandeln wolle; die Möglichkeit schwarz-grüner Koalitionen wurde in den darauffolgenden Wochen zum Medien-Hit. Auch nach der Landtagswahl in Sachsen-Anhalt am 26. Juni 1994 schlossen sich SPD und Grüne zu einer Regierungskoalition zusammen.

So verwundert es nicht weiter, daß die Grünen bei der Bundestagswahl am 3. Oktober 1994 wie selbstverständlich mit 7,3 Prozent der Stimmen und 49 Mandaten erneut in den Bundestag einzogen, obgleich es zuvor keiner anderen Partei gelungen war, nach ihrem Ausscheiden aus dem Bundestag noch einmal zu reüssieren. Joschka Fischer gab nach der Wahl seine hessischen Ämter auf und kehrte als neuer Fraktionssprecher und «heimlicher Oppositionsführer» in den deutschen Bundestag zurück. Und die Erfolgsgeschichte der Grünen setzte sich fort: Im Mai 1995 erzielten sie bei der Landtagswahl in Nordrhein-Westfalen 10 Prozent der Stimmen und bildeten mit der SPD eine rot-grüne Regierungskoalition. Nach der Landtagswahl in Schleswig-Holstein im März 1996 kam es dort ebenfalls zur Bildung einer rot-grünen Landesregierung. Eine weitere rot-grüne Landesregierung wurde schließlich im Anschluß an die Bürgerschaftswahlen in Hamburg vom November 1997 gebildet.

All diese Erfolge führten dazu, daß die Grünen mit großer Siegeszuversicht in den Wahlkampf zur Bundestagswahl des Jahres 1998 gingen. Die Ablösung der christlich-liberalen Koalition unter dem Langzeit-Kanzler Helmut Kohl schien vielen Grünen – endlich! – zum Greifen nahe. Doch die Siegesgewißheit der Grünen wandelte sich sehr schnell in Übermut. Am 8. März 1998 kam es auf der Bundesversammlung in Magdeburg, auf der über das Wahlprogramm der Grünen zur Bundestagswahl 1998 verhandelt wurde, zum mittlerweile berühmt-berüchtigten Beschluß der Grünen, daß im Falle einer Regierungsbeteiligung der Benzinpreis schrittweise auf 5 Mark erhöht werden sollte, sowie zu einer eindeutigen Absage an eine Bundeswehrintervention in Bosnien. Nur die in einem ersten Entwurf des Wahlprogramms noch enthaltenen Forderungen nach einem einseitigen Austritt der Bundesrepublik aus der NATO und einer Halbierung der Stärke der Bundeswehr in vier Jahren mit der Perspektive ihrer langfristigen Abschaffung konnten die gemäßigten Kräfte innerhalb der Partei im Vorfeld des Parteitags noch verhindern. Das öffentliche Echo auf dem Parteitag war für die Grünen verheerend: Die Berichterstattung der Medien konzentrierte sich fast ausschließlich auf die angestrebte Benzinpreiserhöhung und den Bosnien-Beschluß. Die Forderung der Grünen nach einer deutlichen Erhöhung der Mineralölsteuer war zwar nicht neu. Sie gehörte seit der Gründung der Partei zum Kern ihrer politischen Programmatik und war beispielsweise bereits in ihren Wahlplattformen zu den Bundestagswahlen 1990 und 1994 enthalten. Die Grünen aber wurden im Wahljahr 1998 von einem nennenswerten Teil der Journalisten und der Wähler nicht mehr länger nur als freche Opposition, sondern erstmals auch als potentielle Regierungspartei betrachtet. Die Grünen und ihre Programmatik wurden folglich mit Blick auf ihre Regierungsfähigkeit «dem Realitäts-TÜV einer kritischen Öffentlichkeit unterworfen» (Joschka Fischer). Die Schlagzeile zum Parteitag lautete dementsprechend nicht selten: «GRÜNE: Fünf Mark für den Liter Benzin». Auch der politische Gegner ließ sich die Chance nicht entgehen, den Grünen ihre mangelnde «Realitätstauglichkeit» vorzuwerfen. CDU-Generalsekretär Peter Hintze startete im März eine Kampagne mit dem Titel «Laß Dich nicht anzapfen». SPD-Kanzlerkandidat Gerhard Schröder konstatierte knapp, die Benzinpreisforderung der Grünen sei «Quatsch» und mit ihm nicht zu machen. Außerdem attestierte er dem möglichen Koalitionspartner mangelnde Regierungsfähigkeit. Joschka Fischer kommentierte das aus seiner Sicht unbefriedigende Ergebnis des Parteitags mit den Worten, er werde sich nun dafür einsetzen, daß die Magdeburger Beschlüsse den Grünen bei den Wählern nicht schadeten.

Ganz verhindern konnte dies allerdings auch der unermüdliche Wahlkampfeinsatz eines Joschka Fischer nicht: Bei der Bundestagswahl vom 27. September 1998 erzielten die Grünen mit 6,7 Prozent der Stimmen ein Ergebnis, das deutlich unter den noch zu Beginn des Jahres 1998 formulierten Erwartungen lag. Aufgrund des guten Abschneidens der SPD reichte es aber dennoch für eine Ablösung der Regierung Kohl. Die Grünen traten mit der SPD in Verhandlungen über die Bildung einer rot-grünen Bundesregierung ein. Nach Abschluß der Koalitionsverhandlungen Ende Oktober 1998 stimmte in der Bonner Beethovenhalle ein Parteitag der Grünen dem Eintritt in die Bundesregierung zu. Nur gut 18 Jahre nach ihrer Gründung – mit ihrer Volljährigkeit gewissermaßen – waren die Grünen damit erfolgreich im Zentrum der Macht angekommen.

Grabenkämpfe:

Die innerparteilichen Strömungen innerhalb der Grünen

Der kurze Streifzug durch die Geschichte der grünen Partei, den wir im vorangegangenen Kapitel vorgenommen haben, liest sich zunächst wie eine Erfolgsstory. So waren die Grünen drei Monate nach ihrer Gründung das erste Mal im Landtag eines großen deutschen Flächenlandes vertreten, nochmal knapp fünf Jahre später bereits Koalitionspartner in einer rot-grünen Landesregierung und achtzehn Jahre nach ihrer Gründung erstmalig an der Bundesregierung beteiligt. Doch was sich wie eine zielgerichtete Entwicklung und Strategie der Grünen liest, die von vornherein auf die Übernahme von Regierungsverantwortung ausgerichtet war, stellt sich bei genauerem Hinsehen als durchaus konfliktreicher Prozeß dar. So war innerhalb der grünen Partei von Anbeginn an umstritten, ob und inwieweit man sich auf die Spielregeln der parlamentarischen Demokratie wirklich einlassen solle. Ein nicht unerheblicher Teil der grünen Parteimitglieder war der Meinung, die Grünen sollten die Parlamente nur als Bühne nutzen, um ihre Forderungen öffentlich zu machen, während das eigentliche «Standbein» der Grünen in den außerparlamentarischen Neuen Sozialen Bewegungen zu sehen sei. Andere hingegen zielten von Anfang an auf die Beteiligung an der Regierungsmacht ab, um künftig einen größeren Einfluß auf das konkrete Regierungshandeln zu haben. Derartige Niederlagen, wie sie die Studenten- und die Friedensbewegung erfahren mußten, wollte man nicht mehr erleben. Um diese Fragen entbrannte ein langjähriger innerparteilicher Strömungskampf, der unter dem Etikett «Fundi-Realo-Kontroverse» die öffentliche Aufmerksamkeit auf sich zog und die grüne Partei stellenweise bis an den Rand der Spaltung brachte.

Über diese Kontroverse um die politische Strategie der Grünen in den Parlamenten hinaus gab es innerhalb der Grünen aber auch massive Auseinandersetzungen über die politischen Ziele, die die Partei vorrangig zu verfolgen habe. Diese Konflikte waren darauf zurückzuführen, daß bei der Gründung der Grünen mit den Neuen Sozialen Bewegungen und der neomarxistischen Neuen Linken zwei sehr heterogene politische Bewegungen zusammengebunden worden waren. Hinzu kam, daß bereits die mit dem Oberbegriff der Neuen Sozialen Bewegungen bezeichneten Gruppen für sich genommen ein sehr breites Spektrum politischer Ziele vetraten. Zusammengehalten wurden die widersprüchlichen Strömungen innerhalb der grünen Partei lange Zeit nur von der Befürchtung, daß jede für sich zu schwach sei, um mit einer eigenständigen Partei den Sprung über die Sperrklausel des bundesdeutschen Wahlsystems schaffen zu können. Vor diesem Hintergrund sind die Grünen denn auch treffend als «ein Artefakt der Fünf-Prozent-Klausel» bezeichnet worden.

Die bürgerlich-ökologischen Gruppen, die im Rahmen der Gründungsvorbereitungen der Partei «Die Grünen» und in der Vorläuferorganisation «SPV Die Grünen» tonangebend waren, standen in den innerparteilichen Flügelkämpfen inhaltlich für einen politisch eher konservativen Kurs: Sie diskutierten die ökologische Frage primär unter dem Blickwinkel der «Bewahrung der Schöpfung», waren stark durch die christliche Soziallehre geprägt und traten für ein umfassendes Konzept des «Lebensschutzes» ein, das auch das ungeborene Leben umfassen sollte. Sie standen nicht in grundsätzlicher Opposition zum Wirtschaftssystem der Bundesrepublik Deutschland, sondern wollten dieses durch die Verschärfung von Umweltschutzrichtlinien ökologisieren. Was die Rolle der Grünen in den Parlamenten betraf, so betrachteten die bürgerlich-ökologischen Kräfte die Gründung der grünen Partei sehr wohl als einen bewußten Schritt der Ökologiebewegung hin auf die etablierten Institutionen der parlamentarischen Demokratie. Die Partei sollte den Einzug in die Parlamente anstreben und sich dort konstruktiv an der parlamentarischen Arbeit beteiligen.

Nach der Gründung der Grünen wurden die bürgerlich-ökologischen Kräfte allerdings von den die Partei zunehmend dominierenden Linken schnell an den Rand gedrängt. Schon auf der Gründungsversammlung in Karlsruhe kam es zu heftigen Kontroversen zwischen den bürgerlich-ökologischen und den links-alternativen Kräften innerhalb der grünen Partei. Zwar erklärte Wolf-Dieter Hasenclever, der als Aktivist der ersten Stunde die Eröffnungsrede der Gründungsversammlung halten durfte, die Grünen seien keine Melonenpartei, außen grün und innen rot, doch konnten die Linksalternativen bereits auf diesem Kongreß deutlich Boden gut machen. Sie konnten verhindern, daß in die Satzungspräambel eine Absage an alle «revolutionären Strategien» sowie eine Verortung der Grünen «jenseits aller traditionellen Ideologien» aufgenommen wurde. Die von der bürgerlich-ökologischen Gruppe intendierte Abgrenzung der Grünen von den Überbleibseln der K-Gruppen war somit bereits an diesem Punkt gescheitert.

Auch bei der Erarbeitung des Parteiprogramms, das auf der zweiten Bundesversammlung der Grünen verabschiedet wurde, konnten in allen wichtigen Fragen die links-alternativen Gruppen ihre Positionen erfolgreich durchsetzen. Die endgültige Niederlage erlitten die Bürgerlichen dann schließlich auf der Dritten Bundesversammlung, die im Juni 1980 in Dortmund stattfand: Herbert Gruhl, der für die Nachfolge des wegen der öffentlichen Diskussion um seine «rechte» Vergangenheit zwischenzeitlich zurückgetretenen Parteisprechers August Haußleitner kandidierte, wurde nicht gewählt. Diese Demütigung der unbestrittenen Führungsfigur der konservativen Ökologen führte zum endgültigen Bruch: Zwar trat Gruhl erst Anfang 1981 aus der Grünen Partei aus, und seine Gegengründung, die Ökologisch Demokratische Partei (ÖDP), konstituierte sich sogar erst im Oktober 1981, doch begann mit dem Dortmunder Parteitag der Rückzug der konservativ-ökologischen Kräfte aus der Partei.

In der Folgezeit gewannen die Ökosozialisten innerhalb der grünen Partei die Oberhand. Dies äußerte sich nicht zuletzt darin, daß im November 1982 auf der Bundesversammlung der Grünen in Hagen mit dem ehemaligen Funktionär des Kommunistischen Bundes (KB) Rainer Trampert aus Hamburg einer ihrer wichtigsten Aktivisten zu einem der drei Sprecher der Bundespartei gewählt wurde. Trampert sollte dieses Amt bis 1987 ununterbrochen ausüben. Dank einer geschickten Personalstrategie wurde auch der Bundesvorstand der Grünen während dieser Jahre von den Ökosozialisten dominiert. Politisch standen die Ökosozialisten der marxistischen Ideologie nahe. Sie sahen die ökologische Frage primär als Ausfluß der kapitalistischen Produktionsverhältnisse und suchten nach einer neuen Verbindung von Ökologie und Systemfrage. Die Grünen stellten für sie in erster Linie ein Vehikel dar, das sie aus der politischen Isolation befreien und ihren politischen Zielen einen breiteren gesellschaftlichen Rückhalt verschaffen sollte.

Als Gegengewicht zu den damals dominanten Ökosozialisten bildete sich bereits Ende 1983 die Gruppe der sogenannten Ökolibertären heraus, deren regionaler Schwerpunkt in Baden-Württemberg lag. In ihrer Gründungserklärung kritisierten sie, daß sich die Grünen in den Händen von «sozialistischen Kadern» befänden, die alles andere als grüne Ziele verfolgten. Die Ökolibertären fühlten sich einem von den Anthroposophen beeinflußten ökologischen Humanismus verpflichtet: «Ökologischer Humanismus heißt, daß aus dem Wissen um die Endlichkeit unseres Planeten und aus dem Bewußtsein der konkreten Zusammenhänge seiner Lebensgesetze die verantwortliche Erhaltung und Pflege der Natur an die Stelle ihrer Ausbeutung zu treten hat. Ökologischer Humanismus heißt, daß der Mensch als personales und soziales Wesen erkannt wird, dessen unantastbare Würde in seiner Fähigkeit liegt, sein Leben im verantwortlichen Zusammensein mit seiner Umwelt, Mitwelt und Nachwelt schöpferisch zu führen». Die Ökolibertären wandten sich gegen den technischen Fortschrittsoptimismus und Machbarkeitswahn, nicht aber gegen das Wirtschaftssystem der Bundesrepublik. Als Idealbild schwebte ihnen eine sich selbst regulierende Ökonomie mit möglichst geringen Staatseingriffen vor.

Parallel zum Entstehen der Ökolibertären bildete sich Ende 1983 eine neue innerparteiliche Spannungslinie heraus, die quer zu der bislang dominierenden Links-Rechts-Achse, also dem Konflikt zwischen bürgerlichen Ökologen, Ökolibertären und Ökosozialisten verlief und sich in erster Linie auf Fragen der politischen Strategie der Grünen bezog. Den Anstoß für diese neue innerparteiliche Polarisierung bildete der am 1. Oktober 1983 von den hessischen Grünen auf ihrer Landesversammlung in Marbach-Petersberg gefaßte Beschluß, ohne Vorbedingungen Verhandlungen mit der SPD über eine parlamentarische Zusammenarbeit im Hessischen Landtag aufzunehmen. In den Folgejahren kam es daraufhin zu erbitterten innerparteilichen Kontroversen über die Frage, ob die Grünen im Rahmen von Koalitionen mit der SPD Regierungsverantwortung übernehmen sollten oder nicht. In Anlehnung an die beiden sich in dieser Frage gegenüberstehenden Lager wurde dieser innerparteiliche Konflikt einer breiten Öffentlichkeit als Fundi-Realo-Kontroverse bekannt.

Die Realos standen dabei für einen verantwortungsethisch motivierten ökologischen Reformismus, der die Spielregeln der parlamentarischen Mehrheitsdemokratie akzeptiert und eine praktische Politik der kleinen Schritte anstrebt. Koalitions- und Regierungsbeteiligungen der Grünen schlossen die

Realos nicht aus. Ideologisch waren viele Realos hingegen nicht festgelegt. Die wichtigsten Exponenten des Realo-Flügels der Grünen waren die beiden Hessen Joschka Fischer und Hubert Kleinert. Die Gruppe der Ökolibertären war in den politisch-strategischen Fragen den Realos zuzurechnen, da die Ökolibertären von Anfang an auf die konstruktive Mitarbeit in der parlamentarischen Demokratie ausgerichtet waren. Die Beteiligung der Grünen an Regierungskoalitionen wurde von ihnen nicht ausgeschlossen. Bereits in den achtziger Jahren sprachen sich einige Vertreter der Ökolibertären auch für eine parlamentarische Zusammenarbeit mit der CDU aus.

Die Fundis hingegen beharrten auf einer gesinnungsethischen Fundamentalopposition der Grünen gegenüber «dem System» und den das System tragenden politischen Parteien. Jede Form der parlamentarischen Bündnispolitik oder gar Regierungsbeteiligungen lehnten sie strikt ab. Die Ökosozialisten waren zwar immerhin bereit, notfalls SPD-Minderheitsregierungen zu «tolerieren», aber nur mit dem Ziel, die SPD im Laufe der Zeit als reformunwillig und -unfähig zu entlarven und daraufhin die eigene fundamentale Gesellschaftskritik um so öffentlichkeitswirksamer vortragen zu können. In ihrer systemoppositionellen Haltung trafen sich die Ökosozialisten mit einer Gruppe um Jutta Ditfurth und Jan Kuhnert, die am Rande der hessischen Landesversammlung in Marbach-Petersberg das «Radikalökologische Forum» gegründet hatten.

Die Radikalökologen verstanden sich als das «ökologische Gewissen» der Partei und favorisierten als zukünftiges Gesellschaftsmodell eine Art vorindustrielle Räte-Demokratie. Man wollte die Industriegesellschaft überwinden, die Wirtschaft konsequent deindustrialisieren und ein Leben in Einklang mit der Natur führen. Das Leben und die Produktion sollten nach Ansicht der Radikalökologen in kleinen, dezentralen Selbstversorger-Kommunen stattfinden. Politisch erhoffte man die Durchsetzung dieses Gesellschaftsmodell durch den Protest der Neuen Sozialen Bewegungen zu erreichen, der die etablierte Gesellschaftsordnung in naher Zukunft derart stark unter Druck setzen werde, daß diese schlußendlich zusammenbreche. Vor diesem Hintergrund wollten die Radikalökologen die Parlamente nur als Bühne für symbolische Politik nutzen, um den Protest der außerparlamentarischen Bewegungen dadurch in das System zu tragen und dieses damit auch von innen heraus unter Druck zu setzen. Ein kompromißlerisches Sich-Einlassen in Form von Regierungsbeteiligungen, die das System womöglich sogar noch stabilisieren könnten, lehnten die Radikalökologen hingegen entschieden ab.

Die Fundi-Realo-Kontroverse bestimmte das innerparteiliche Leben und die öffentliche Wahrnehmung der Grünen bis in das Jahr 1988 hinein, wobei die Fundis lange Zeit die Oberhand behielten. Auf der 7. Bundesversammlung der Grünen in Hamburg wurden Anfang Dezember 1984 mit Jutta Ditfurth, Rainer Trampert und Lukas Beckmann drei Vertreter des fundamentalistischen Flügels zu Sprechern der Bundespartei gewählt. Jutta Ditfurth sollte dieses Amt bis Ende 1988 innehaben, Trampert und Beckmann wurden Anfang Mai 1987 durch Christian Schmidt und Regina Michalik ersetzt – ebenfalls ausgewiesene Vertreter des fundamentalistischen Flügels der Partei –, die dann wie Ditfurth bis Ende 1988 amtierten.

Die Reaktorkatastrophe von Tschernobyl am 28. April 1986 und der Bruch des rot-grünen Bündnisses in Hessen im Februar 1987 führten zu einer weiteren Verschiebung der innerparteilichen Gewichte zugunsten des fundamentalistischen Flügels der Partei. Auf der Duisburger Bundesversammlung im Mai 1987 kam es inhaltlich und personell zum «Durchmarsch» der Fundis. Als Reaktion darauf trafen sich an Himmelfahrt 1987 mehr als 200 grüne Realos in Frankfurt und gaben die Parole aus, nunmehr müsse der «Kampf um die Partei» aufgenommen werden. Über das ganze Jahr 1987 hinweg gab es heftige Auseinandersetzungen zwischen den verschiedenen Flügeln der Grünen. Der Bundestagsabgeordnete Otto Schily äußerte zu dieser Zeit öffentlich, daß er über einen Austritt aus der grünen Fraktion nachdenke. Sein Fraktionskollege Hubert Kleinert erklärte, daß Schily in diesem Fall sicherlich nicht allein gehen werde. Das Gespenst einer Spaltung der grünen Partei geisterte über die politische Bühne. Am 12. Dezember 1987 fand schließlich in Bonn eine Krisen-Klausur statt, auf der Bundesvorstand, Bundestagsfraktion und die Landesvorstände der Partei über die Krise der Grünen berieten.

Zu diesem Zeitpunkt, da die innerparteilichen Strömungskämpfe ihren Höhepunkt erreichten und die Spaltung der Partei drohte, konstituierte sich Anfang Januar 1988 um Antje Vollmer, Ralf Fücks und Christa Nickels die Gruppe Grüner Aufbruch. Diese Gruppe nahm für sich in Anspruch, die Basis der Partei zu repäsentieren und zwischen Fundis und Realos angesiedelt zu sein. Die Aufbruch-Gruppe trat dafür ein, die Entscheidung über den künftigen Kurs der Grünen durch einen Mitgliederentscheid klären zu lassen, da aus ihrer Sicht die grünen Parteitage von einer Überrepräsentanz der Radikalen und der Parteitagsregie der Fundis im Bundesvorstand geprägt seien. Programmatisch verfügte der Aufbruch über kein klares Profil, er beschränkte sich in erster Linie auf moralische Appelle an die anderen grünen Strömungsgruppen, die innere Geschlossenheit der Partei wiederherzustellen. Die für sich beanspruchte Vermittlerfunktion konnte der Grüne Aufbruch letztlich aber nicht erfüllen, da er sich weder mit seiner Forderung nach einem Mitgliederentscheid durchsetzen konnte, noch im Rahmen der innerparteilichen Flügelkämpfe neutral blieb. So verbündete sich die Gruppe in der Folgezeit mehrmals mit den Realos um Joschka Fischer mit dem Ziel, den Einfluß der Fundis in der grünen Partei zurückzudrängen.

Für den Juni 1988 wurde schließlich ein grüner Perspektivenkongreß angesetzt, auf dem die politischen Vorstellungen der verschiedenen Strömungsgruppen diskutiert und möglichst zu einem Kompromiß gebracht werden sollten. Allerdings war dieser Perspektivenkongreß bereits vor seinem Beginn zum

Scheitern verurteilt, da die Realos in seinem Vorfeld eine Reihe von politischen Forderungen öffentlich machten, die die innerparteilichen Kontroversen eher anfachten als abmilderten: So äußerte Hubert Kleinert an Ostern 1988 in einem Interview mit dem STERN, Aufgabe der Grünen sei nicht die Überwindung des Kapitalismus, sondern vielmehr dessen Ökologisierung, während Joschka Fischer in verschiedenen Interviews die Zukunft der Grünen als die einer «ökologischen FDP» beschrieb und die Öffnung zu den neuen Mittelschichten forderte. Im Entwurf eines Realo-Manifests für den grünen Perspektivenkongreß formulierte eine Autorengruppe um Kleinert und Fischer, Ansprechpartner der Grünen sei der «städtisch liberale, an seinen individuellen Lebensentwürfen zuerst orientierte, konsumfreudige Citoyen, der zugleich gegen Atomkraft und ökologischen Wahnsinn nicht nur protestiert, ebenso wie er den ausgegrenzten und von neuer Armut betroffenen Minderheiten sich verpflichtet weiß».

Das einzige greifbare Ergebnis des Perspektivenkongresses der Grünen bestand schließlich darin, daß sich um Ludger Volmer, Eckart Stratmann und Jürgen Reents eine weitere innerparteiliche Strömung bildete: das Linke Forum. Dieses stellte eine Abspaltung von der Gruppe der Ökosozialisten dar, wobei die Differenz zu diesen nicht vorrangig in inhaltlichen Fragen zu suchen war. Der Hauptunterschied bestand vielmehr darin, daß das Linke Forum Regierungskoalitionen mit der SPD nicht prinzipiell ablehnte. Inhaltlich hingegen bestanden keine allzu großen Unterschiede zu den Ökosozialisten. So hielt auch das Linke Forum ökologisches Wirtschaften und ein kapitalistisches Wirtschaftssystem für «letztlich und langfristig unvereinbar».

Ende der 1980er Jahre waren die Grünen also folglich tatsächlich im «Aufbruch»: das innerparteiliche Machtgefüge kam in Bewegung, neue innerparteiliche Strömungen entstanden und auch programmatisch wurden einige alte Zöpfe abgeschnitten. In der öffentlichen Wahrnehmung trat der fundamentalistische Flügel der Partei zunehmend in den Hintergrund. Als schließlich im Sommer 1988 der Bundesvorstand der Grünen durch einen Skandal über vermeintliche finanzielle Unregelmäßigkeiten bei der Renovierung des grünen Tagungshauses Wittgenstein ins politische Abseits geriet und Anfang Dezember 1988 auf dem Parteitag in Karlsruhe den drei Sprechern der Bundespartei das Mißtrauen ausgesprochen wurde, war die fundamentalistische Dominanz im Bund erstmals gebrochen.

Mit dem Fall der Mauer am 9. November 1989 kam es allerdings zu einer neuen Polarisierung bei den Grünen. Der Umbruch der politischen Landschaft durch die revolutionären Umwälzungen im Osten, die Auseinandersetzung um die Einheit oder die Zweistaatlichkeit Deutschlands, die Entstehung der PDS als neuer linker Konkurrenz im Parteiensystem, das von Jürgen Reents in die Diskussion gebrachte «Linksbündnis» mit der PDS und der bevorstehende Zusammenschluß mit dem ostdeutschen «Bündnis 90», das sich primär als wertkonservative Bürgerrechtspartei verstand – all das führte dazu, daß sich nach Überwindung der Trennungslinie zwischen Fundis und Realos die Konflikte jetzt wieder stärker an ideologischen Grundsatzkontroversen entzündeten. Allerdings waren marxistische Politikentwürfe durch den Zusammenbruch des realexistierenden Ostblock-Sozialismus derart gründlich diskreditiert, daß sich die linken Gruppen innerhalb der grünen Partei nicht mehr erfolgreich durchsetzen konnten. Im April 1990 verließen daraufhin zunächst 43 Ökosozialisten um Thomas Ebermann und Rainer Trampert die Partei. Im weiteren Verlauf der innerparteilichen Auseinandersetzungen traten im Laufe des Jahres 1990 schließlich auch Jürgen Reents, Verena Krieger und andere Angehörige des Linken Forums aus den Grünen aus und wandten sich teilweise der PDS zu.

Rechtzeitig vor der Bundestagswahl 1990 hatten sich die Grünen also gehäutet und aus Sicht der Realos einigen ideologischen und personellen Ballast abgeladen. Gleichwohl gelang den Grünen bei der Bundestagswahl vom 2. Dezember 1990 der Sprung in den Bundestag bekanntermaßen nicht. Die zu diesem Zeitpunkt erbittert geführten innerparteilichen Auseinandersetzungen mögen dabei über die oben bereits genannten Gründe hinaus ebenfalls zum schlechten Abschneiden der Grünen beigetragen haben. Nur zwei Tage nach der verlorenen Bundestagswahl forderten Antje Vollmer und Joschka Fischer anläßlich eines gemeinsamen Auftritts vor der Bundespressekonferenz einen politischen und strukturellen Neuanfang der Grünen. Angesichts der dramatischen Lage der Partei sollte dieser Neuanfang gut vier Monate später dann tatsächlich auch gelingen: Auf der 13. Bundesversammlung der Grünen, die im April 1991 in Neumünster stattfand, definierten sich die Grünen unwiderruflich als «ökologische Reformpartei» und beschlossen einige grundlegende Strukturreformen. In Reaktion auf diese Entscheidung spalteten sich Anfang Mai 1991 unter Führung von Jutta Ditfurth ca. 300 Radikalökologen von den Grünen ab und gründeten die «Ökologische Linke».

In den darauffolgenden Jahren wurde es in der grünen Partei verhältnismäßig ruhig. Durch den Abgang der wichtigsten Führungsfiguren der verschiedenen linken Strömungen war den innerparteilichen Konflikten die Schärfe weitgehend genommen. Darüber hinaus hatte die Wahlniederlage bei der Bundestagswahl 1990 insofern einen disziplinierenden Effekt auf die Partei ausgeübt, als allen Beteiligten die Notwendigkeit einer Professionalisierung der Parteiarbeit deutlich vor Augen geführt worden war. Schließlich und endlich war mit dem Zusammenbruch des real-existierenden Sozialismus die Bandbreite der vernünftiger- und realistischerweise zu diskutierenden politischen Optionen deutlich eingeengt worden. In den Folgejahren dominierten dementsprechend die Realos das öffentliche Bild der Grünen. Die klare reformpolitische Orientierung der Grünen war innerparteilich weitgehend unstrittig. Nach dem erneuten Erfolg der Grünen bei der Bundestagswahl 1994 sowie einer ganzen Reihe von Regierungskoalitionen mit grüner Beteiligung in den Bundesländern schienen sich die Grünen erfolgreich zur realistischen Reformpartei gewandelt zu haben.

Das im Vorfeld der Bundestagswahl 1998 verabschiedete Wahlprogramm der Grünen führte dann allerdings dazu, daß die grüne Partei in der öffentlichen Wahrnehmung wieder stärker mit dem grünen Fundamentalismus vergangener Jahre identifiziert wurde. Die in der ursprünglich verabschiedeten Fassung des Wahlprogramms enthaltene Forderung nach einer schrittweisen Erhöhung des Benzinpreises auf 5 Mark sowie die Ablehnung des Bosnien-Einsatzes der Bundeswehr im Rahmen der SFOR-Einsatzes weckten alte Zweifel an der Regierungs- und Realitätstauglichkeit der Grünen. Diese hielten bis zum Wahltag an und bescherten den Grünen ein eher mageres Ergebnis von 6,7 Prozent der Stimmen. Gleichwohl reichte es für die Ablösung der Regierung Kohl. Ende Oktober wurde der Koalitionsvertrag unterzeichnet und es begann das Abenteuer «rot-grüne Bundesregierung».

In der Regierungsverantwortung wurden die Grünen dann innerhalb kürzester Zeit auf den Boden der Tatsachen zurückgeholt: Nur gut 6 Monate nach dem Amtsantritt von Rot-Grün flog die NATO am 24. März 1999 die ersten Bombenangriffe auf Jugoslawien. Der Kosovo-Krieg begann und die Regierungs-Grünen mußten ihn mittragen. Die innere Zerrissenheit der Grünen in dieser Frage zeigt sich im Mai 1999 auf ihrem Parteitag in Bielefeld. Zwar wurde der Antrag, die Grünen sollten sich für eine sofortige Einstellung der Kampfhandlungen einsetzen, am Ende des Parteitages abgelehnt, doch wurde die Debatte erbittert und teilweise haßerfüllt geführt. Joschka Fischer wurde – auf dem Podium des Parteitages sitzend – sogar das Opfer einer Farbbeutelattacke. Seine Rede, die immer wieder von «Kriegstreiber»-Rufen übertönt wurde, hielt er demonstrativ in seinem mit roter Farbe besudeltem Sakko – ganz der einsame Leitwolf im Kampf gegen den Unverstand dieser Welt. Das Ergebnis des Parteitags von Bielefeld bildete zwar eine hinreichende Grundlage für die Fortführung der rotgrünen Koalition, doch kam es in den Folgemonaten innerhalb der grünen Partei zu einer erneuten Polarisierung. In Hamburg verließen einige grüne Bürgerschaftsabgeordnete die Partei und gründeten den sogenannten «Regenbogen». Parallel dazu wurde eine Bewegung mit dem Namen «Basisgrün» ins Leben gerufen, die für sich in Anspruch nahm, gegen die zunehmend abgehobene Parteiführung die Interessen und Anliegen der Parteibasis zu verteidigen. Aus den Reihen von Basisgrün wurde gar dazu aufgerufen, bei den Europawahlen vom 13. Juni 1999 nicht für die Grünen zu stimmen.

Nicht zuletzt dieser Aufruf führte dazu, daß eine Gruppe von 40 jungen Parteimitgliedern unter dem Titel «Bündnis 90/Die Grünen haben eine zweite Chance verdient» ein Thesenpapier zur Zukunft der Grünen vorstellte. Unter den Unterzeichnern des Papiers, die sich selbst als die zweite Generation der Grünen bezeichneten, befanden sich die Bundestagsabgeordneten Katrin Göring-Eckardt, Matthias Berninger, Cem Özdemir und Ekin Deligöz sowie der Fraktionsvorsitzende der Grünen im hessischen Landtag Tarek Al-Wazir – keiner von ihnen zum damaligen Zeitpunkt älter als Mitte dreißig. In dem Papier hieß es: «Bündnis 90/Die Grünen haben eine zweite Chance verdient und eine zweite Generation nötig. Die zweite Generation konstituiert sich nicht allein über das Alter, sondern über den Politikstil. Wir Jungen als Teil der zweiten Generation wollen und können dem Treiben der vielen moralisierenden Besserwisser in unserer Partei aus der Gründergeneration nicht mehr tatenlos zusehen: (...) Die Zeit des Burgfriedens und der Formelkompromisse ist vorbei – es bedarf einer klaren Entscheidung über den richtigen Weg der Partei in die Zukunft. Wir treten dabei ein für eine klare machtbewußte, pragmatische Positionierung».

Und an die Gründungsgeneration der Grünen gerichtet hieß es: «Schluß mit den Geschichten von 68: Wir verstehen gut, daß der Gründergeneration der Schritt von der Bewegung zur

Partei schwer fällt. Sahen sie sich doch selbst in den wilden Tagen von 68 und danach als Avantgarde einer gesellschaftsändernden Bewegung. Sie haben damit viel erreicht, hierfür herzlichen Dank und eine Bitte. Hört auf, die Republik mit den Geschichten von damals zu nerven. Aktionsformen, die damals richtig waren, sind es heute noch lange nicht. Erwartet nicht von uns Jungen, daß wir so sind wie ihr. Ihr wart ja schließlich auch nicht wie eure Eltern. Und noch eine Bitte: Habt mehr Mut, Eure Fehler zuzugeben. Ja, ihr wart für ein anderes System. Ja, ihr habt den ebenso wackren wie erfolglosen Kampf mit dem Kapital geführt. Ja, für euch waren Unternehmer Bestandteile des Reichs des Bösen. Das war damals falsch, es ist es noch heute und eigentlich wißt ihr das ja auch. Steht endlich dazu und macht nicht jede eurer Reden zu einem eitlen Ritt durch die Irrungen und Wirrungen eurer Lebensirrtümer. Zumindest uns als zweite Generation interessiert es nicht, wie ihr euren Frieden mit der sozialen Marktwirtschaft gemacht habt. Hauptsache, es ist so. Für uns stellte sich die Systemfrage nur kurz, dann war für uns klar, daß wir ja zu diesem System sagen, obwohl wir seine Fehler erkennen und beheben wollen».

Während also Basisgrün die Zukunft der Grünen in einer Rückbesinnung auf die alten Ideale der Grünen sah, forderte die zweite Generation – von den Parteilinken auch spöttisch als die «Jungen Milden» bezeichnet – einen radikalen Bruch mit den Traditionen der Grünen und eine grundlegende Neupositionierung der Partei. «Wir wollen das brachliegende geistige Erbe des verantwortungsvollen Liberalismus aufnehmen und mit dem Eintreten für Ökologie und Generationengerechtigkeit verbinden. Mit diesem Konzept würden die Grünen wieder die Lücke füllen, die SPD und CDU lassen. Sie wären wieder eine Alternative zu dem klassischen Politikangebot». Über eine inhaltlich-programmatische Neuausrichtung der Partei hinaus forderte die zweite Generation aber auch eine weitere Professionalisierung der Parteiarbeit: «Ohne von der Öffentlichkeit respektierte Repräsentantinnen und Repräsentanten sowie das notwendige Mindestmaß an Loyalität gegenüber diesen Personen wird sich der Erfolg nicht wieder einstellen. Partei und Fraktion haben unterschiedliche Rollen, müssen aber nach außen einer erkennbaren Richtung folgen». Matthias Berninger forderte dementsprechend in einem Interview, daß die Grünen ein «politisches Dienstleistungsunternehmen» werden müßten, und Cem Özdemir fügte hinzu: «Die Leute vertrauen Joschka Fischer. Aber sie sagen, bei der Partei, die hinter ihm steht, wissen wir nicht so richtig, für was sie steht, was die genau vorhat».

Dieser (vorläufig) letzte innerparteiliche Konflikt innerhalb der Grünen entfaltete aber deutlich weniger Sprengkraft als noch die zuvor beschriebenen Auseinandersetzungen zwischen Fundis und Realos. Die Anhänger von «Basisgrün» spielten innerhalb der grünen Partei von Anfang an nur eine marginale Rolle und viele ihre Anhänger verließen nach und nach die grüne Partei. Die von den «jungen Milden» vertretene Position hingegen reflektierte – zumindest was ihre praktisch-politischen Schlußfolgerungen betraf, nicht unbedingt im Hinblick auf ihre Kritik an der 68er Generation – weitestgehend den Standpunkt des Parteiestablishments. Viele ihrer Forderungen fanden Eingang in das neue Grundsatzprogramm der Grünen, das im Jahr 2002 verabschiedet wurde. Und daß von den Unterzeichnern des Thesenpapiers der «Jungen Milden» in den Folgejahren Matthias Berninger parlamentarischer Staatssekretär im Verbraucherministerium und Katrin Göring-Eckardt zunächst erste parlamentarische Geschäftsführerin und dann Vorsitzende der grünen Bundestagsfraktion wurde, macht deutlich, daß ihre Position sich innerhalb der Grünen auch machtpolitisch durchsetzen sollte. Und hätte Cem Özdemir nicht in der Affäre um einen zinsgünstigen Kredit des Frankfurter Lobbyisten Moritz Hunzinger und die private Verwendung dienstlich erflogener Bonusmeilen für einen grünen Politiker unverzeihliche Fehler begangen, wäre auch er sicherlich die innerparteiliche Karriereleiter weiter nach oben geklettert.

Faßt man die vorstehend beschriebene Entwicklung der innerparteilichen Auseinandersetzungen der grünen Partei zusammen, dann läßt sich die Geschichte der Grünen rückblickend in acht relativ klar voneinander abgrenzbare Phasen einteilen (vgl. Abbildung 4). Die erste Phase kann dabei als «Gründungsphase» bezeichnet werden, die in erster Linie durch die Kämpfe zwischen den bürgerlichen Ökologen und den Ökosozialisten charakterisiert war. Diese ging nach dem Dortmunder Parteitag der Grünen Ende Juni 1980 in die Phase der «Ökosozialistischen Dominanz» über, die sich bis zur Entscheidung der hessischen Grünen zur Aufnahme von Koalitionsverhandlungen mit der SPD im Oktober 1983 erstreckte. Mit dieser Entscheidung begann dann die Phase der «Fundi-Realo-Kontroverse», die im Januar 1988 mit der Gründung des «Grünen Aufbruch» endete. Nach dieser Gruppe ist denn auch die vierte Phase der Geschichte der Grünen benannt, die sich vor allem durch die fortschreitende Zurückdrängung der Fundamentalisten auszeichnete. Auf den Fall der Mauer im November 1989 datiert der Beginn der Phase der «einheitsbedingten Repolarisierung», die mit dem Austritt der führenden Radikalökologen aus der grünen Partei im Mai 1991 ihr Ende fand. Es schloß sich eine Phase der «Realpolitischen Dominanz» an, die im Oktober 1997 mit dem Aufkommen der öffentlichen Diskussion über das Wahlprogramm der Grünen zur Bundestagswahl 1998 durch die Phase des «5-Mark-Beschlusses» abgelöst wurde. Während dieser Phase wuchsen die Zweifel breiter Bevölkerungsschichten an der Regierungstauglichkeit der Grünen wieder an. Diese Phase zog sich bis zur Bildung der rot-grünen Bundesregierung Ende Oktober 1998 hin. Mit diesem Ereignis wurde der Übergang in die achte und bisher letzte Phase in der Geschichte der Partei Bündnis 90/Die Grünen eingeläutet, die Beteiligung an «Rot-Grün im Bund» nämlich, in deren Verlauf sich die Grünen endgültig zu einer pragmatischen Regierungspartei wandelten und die letzten kritischen Relikte innerhalb der grünen Partei zunehmend marginalisiert wurden.

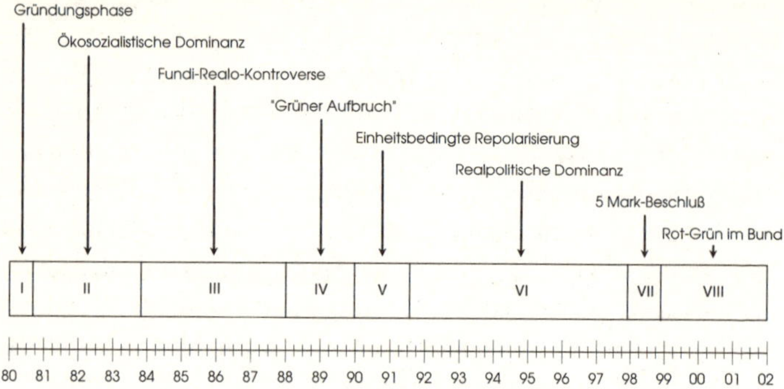

Abb. 4: Entwicklungsphasen der Partei Bündnis 90/Die Grünen

Diese Entwicklungsphasen wurden aus der Beschreibung des Verlaufs der innerparteilichen Kontroversen innerhalb der Grünen abgeleitet. Da diese Kontroversen sich auch maßgeblich auf das öffentliche Erscheinungsbild der Partei ausgewirkt haben sollten, steht zu erwarten, daß die Wahrnehmung der politischen Ausrichtung der Grünen durch die Wählerinnen und Wähler in den unterschiedlichen Phasen ihrer Geschichte durchaus unterschiedlich ausfällt. In Abbildung 5 ist daher für den Zeitraum 1980 bis 2000 dargestellt, wie die Grünen auf einer Skala von −5 (weit links) bis +5 (weit rechts) von der Bevölkerung eingestuft wurden. Zu Vergleichszwecken ist in dieser Grafik außerdem auch die Einordnung aller anderen bundesdeutschen Parteien dargestellt.

In Abbildung 5 zeigt sich in der Tat eine zu den verschiedenen Entwicklungsphasen der Grünen passende empirische Entwicklung. In den Jahren 1980 und 1981 liegen die Grünen in der Wahrnehmung der Bevölkerung auf der Links-Rechts-Achse noch bei einem Skalenwert von −2, um dann ab 1982 auf einen Wert von −3, also deutlich nach links zu rücken. Begin-

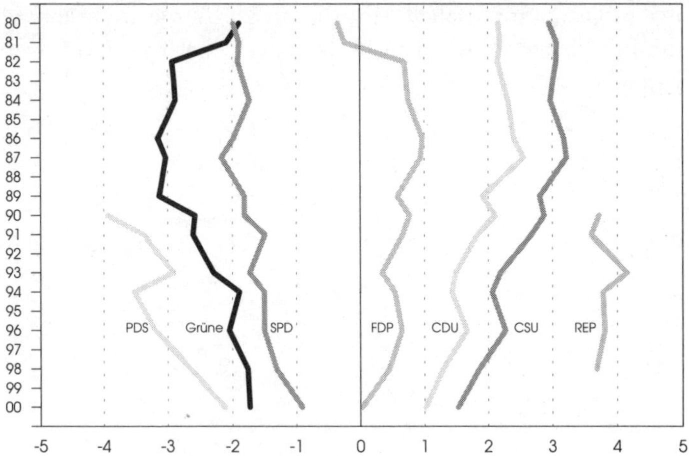

Quelle: Sozialwissenschaftliches Forschungsinstitut der Konrad-Adenauer-Stiftung

Abb. 5: Die Links-Rechts-Einstufung der bundesdeutschen Parteien durch die Bevölkerung zwischen 1980 und 2000

nend mit dem Jahr 1990 beginnt dann ein Prozeß, der die Grünen deutlich erkennbar in Richtung der politischen Mitte führt – von einem Skalenwert von –3,1 im Jahr 1989 bis hin zu einem Wert von –1,7 im Jahr 2000. Zwar bewegen sich in diesem Zeitraum alle bundesdeutschen Parteien auf die politische Mitte zu – nicht zuletzt aufgrund der beiden neuen Alternativen Republikaner und PDS an den extremen Rändern des politischen Spektrums, doch läßt sich die veränderte Positionierung der Grünen im Vergleich zur Einschätzung der SPD deutlich ablesen: Lagen die Grünen bis 1981 noch dicht bei der SPD, so liegen sie ab 1982 um ungefähr einen Skalenpunkt links von ihr. Beginnend mit dem Jahr 1990 nähern sich die Grünen dann wieder deutlich an die SPD an und ab 1994 liegen die Grünen jeweils nur noch ungefähr einen halben Skalenpunkt links von den Sozialdemokraten. Nach der Bundestagswahl 1998 wird der Abstand zwischen SPD und Grünen wieder geringfügig größer, was aber in erster Linie auf eine Verschiebung der SPD zur politischen Mitte zurückzuführen ist, während die Einschätzung der Grünen bei einem Skalenwert von –1,7 verharrt.

Grundsätze:

Das neue Parteiprogramm «Die Zukunft ist grün»

Im Rahmen ihres Grundsatzprogramms, das das Ergebnis intensiver Diskussionsprozesse innerhalb der Mitgliedschaft, der Funktionsträger und der Führungsspitze darstellt, offenbart eine Partei ihr organisatorisches Selbstverständnis, ihre langfristigen gesellschaftspolitischen Zielvorstellungen sowie ihre allgemeinen Grundwerte. Grundsatzprogramme sind folglich das zentrale Medium der Selbstreflexion politischer Parteien. Auf der 18. ordentlichen Bundesdelegiertenkonferenz, die im März 2002 im Berliner Tempodrom stattfand, verabschiedeten Bündnis 90/Die Grünen ein neues Parteiprogramm, das ihr seit 1980 geltendes sogenanntes «Bundesprogramm» ablöste. Unter der Überschrift «Die Zukunft ist grün» arbeiten die Grünen in ihrem neuen Programm ihre wechselhafte Geschichte sowie die in den vorangegangenen Kapiteln beschriebenen vielfältigen Häutungen, Veränderungen und Kurskorrekturen auf, die die Partei in den letzten beiden Jahrzehnten durchlebt hat. Im Entwurf der Grundsatzkommission hieß es in einer für den Tenor des gesamten Programms besonders charakteristischen Passage der Präambel, die von der Bundesdelegiertenkonferenz nahezu unverändert übernommen wurde: «Man steigt nicht zweimal in denselben Fluß. Verändert hat sich seit unserem Grundsatzprogramm von 1980 nicht nur die Welt um uns herum. Auch wir haben uns verändert. Bei der Gründung der Grünen war die Vorstellung des ‹ganz Anderen› prägend. Ohne dies hätten wir den erfolgreichen Einbruch grüner Ideen in das politische System sicherlich nicht erreicht. Nach über zwanzig Jahren aber sind wir nicht mehr die ‹Anti-Parteien-Partei›, sondern die Alternative im Parteiensystem. Die entscheidende Veränderung war, daß wir uns zu einer Reformpartei entwickeln wollten und mußten, um erfolgreich zu bleiben. Unsere politischen Visionen und Ziele wollen wir heute durch eine langfristig angelegte Reform-Strategie erreichen».

Den Grünen ist der Veränderungsprozeß, den sie in den letzten beiden Jahrzehnten durchlaufen haben, also durchaus bewußt. Mit dem neuen Grundsatzprogramm bilanzieren sie gewissermaßen ihren Weg von der systemkritischen Anti-Parteien-Partei zur staatstragenden Reformpartei. Wie groß die Veränderungen sind, die die Partei in ihrem organisatorischen Selbstverständnis, ihren politischen Zielen und Werten durchlebt hat, wird besonders deutlich, wenn man das neue Grundsatzprogramm der Grünen mit seinem Vorgänger, dem Bundesprogramm von 1980 vergleicht. Einen wichtigen Zwischenschritt in der programmatischen Entwicklung der Grünen stellte darüber hinaus der sog. «Grundkonsens» dar, der 1993 der Satzung des Bundesverbandes von Bündnis 90/Die Grünen vorangestellt wurde und die politischen Grundüberzeugungen beschreibt, auf deren Grundlage die westdeutschen Grünen und die ostdeutsche Bürgerrechtspartei Bündnis 90 ihren Zusammenschluß vollzogen.

Das Bundesprogramm von 1980 war in vielerlei Hinsicht ein Kompromißpapier. Es wurde zu einem Zeitpunkt verabschiedet, als die ideologische Bandbreite innerhalb der grünen Partei noch sehr viel größer war als heute. Und da alle Strömungen und Richtungen innerhalb der Partei Berücksichtigung finden sollten, stellte das erste Grundsatzprogramm der Grünen streckenweise nicht mehr dar als eine Art programmatischer Wunschzettel, auf dem inhaltlich sehr heterogene und teilweise auch konfligierende Forderungen aufgelistet wurden. Gleichwohl hatte das erste Grundsatzprogramm der Grünen in seiner

Gesamtheit einen deutlich systemkritischen Zungenschlag. So hieß es bereits in der Präambel: «Die Zerstörung der Lebens- und Arbeitsgrundlagen und der Abbau demokratischer Rechte haben ein so bedrohliches Ausmaß erreicht, daß es einer grundlegenden Alternative für Wirtschaft, Politik und Gesellschaft bedarf».

Als die vier wichtigsten programmatischen Grundsätze grüner Politik wurden in der Präambel des Bundesprogramms von 1980 die Prinzipien ökologisch, sozial, basisdemokratisch und gewaltfrei genannt. Die Reihenfolge dieser Grundsätze war dabei durchaus nicht zufällig. Die Ökologie wurde in den Vordergrund gestellt, weil sie innerhalb der neugegründeten Partei gewissermaßen das Bindeglied der verschiedenen konkurrierenden Gruppen darstellte. Allerdings erhielt die Ökologie in diesem ersten Grundsatzprogramm eine deutlich antikapitalistische Ausrichtung. So wurde der Raubbau an der Natur vorrangig auf die «kurzfristigen Profitinteressen» der Wirtschaft zurückgeführt: «Die Produktion richtet sich nicht nach den Bedürfnissen der Menschen, sondern nach den Interessen des Großkapitals. Das ökologische Gleichgewicht wird dem Wachstumsstreben der Wirtschaft und der Verbesserung ihrer Wettbewerbs- und Gewinnchancen geopfert. In deren Folge droht die völlige Verseuchung und Verwüstung der menschlichen Lebensbasis sowie steigende Arbeitslosigkeit und eine wachsende soziale und psychische Verelendung. Hier genau müssen sich ökologische und Arbeiterbewegung verbinden». Die ökologische Krise wurde also letztlich als Ergebnis der kapitalistischen Produktionsverhältnisse verstanden.

Ganz in diesem Sinne waren auch die Passagen über die sozialen Ziele grüner Politik durch ein erkennbar marxistisch gefärbtes Vokabular geprägt. So wurde durch einen einfachen argumentativen Trick auch die soziale Frage zu einer Frage nach dem richtigen Wirtschaftssystem umdefiniert: «Eine zukünftige soziale Politik muß zum Ziele haben, ein stabiles Sozialsystem zu errichten. ‹Sozial› hat vor allem eine ökonomische Komponente». Und die Schwächen des bundesdeutschen Wirtschaftssystems glaubten die Grünen 1980 sehr eindeutig benennen zu können: «Wir wenden uns gegen eine Wirtschaftsordnung, in der die wirtschaftlich Mächtigen über den Arbeitsprozeß, das Arbeitsergebnis und die Existenzbedingungen der großen Mehrheit der Bevölkerung bestimmen.» Vor diesem Hintergrund schien den Grünen folgende ‹Lösung› der sozialen Frage naheliegend: «Die Großbetriebe sind in überschaubare Betriebe zu entflechten, die von den dort Arbeitenden demokratisch selbstverwaltet werden.» Und weiter: «Die betroffene Bevölkerung benötigt die politischen Befugnisse (Wirtschafts- und Sozialräte), um die wirtschaftlichen Aktivitäten der Unternehmungen zu kontrollieren und sie ökologischen Bedingungen und sozialen Verpflichtungen zu unterwerfen». Die Massenarbeitslosigkeit sollte nach Ansicht der Grünen durch eine «fortschreitende Verkürzung der Wochenarbeitszeit (...) bei vollem Lohnausgleich» sowie durch eine Verkürzung der Lebensarbeitszeit durch längere Ausbildungszeiten und eine Herabsetzung der Pensionsgrenze bei «vollem Rentenausgleich» bekämpft werden. Für Jugendliche wurde lapidar «Ausbildung und Arbeit bei existenzsicherndem Lohn» gefordert. Wie all dies zu finanzieren sei, ließen die Grünen dabei sicherheitshalber offen: Unter der Kapitelüberschrift «Steuern, Währung und Finanzen» hieß es über zwanzig Jahre hinweg bezeichnenderweise: «Dieser Programmteil wird noch überarbeitet».

Der dritte Stützpfeiler grüner Programmatik, das Prinzip der Basisdemokratie, war sowohl auf die innerorganisatorische Gestaltung der Parteien als auch auf die Gestaltung der bundesdeutschen Demokratie insgesamt gemünzt. Unter basisdemokratischer Politik wurde dabei die «verstärkte Verwirklichung dezentraler, direkter Demokratie» verstanden. Mit Bezug auf die politischen Parteien wurde das Prinzip der Basisdemokratie wie folgt konkretisiert: «Kerngedanke ist ... die ständige Kontrolle aller Amts- und Mandatsinhaber und Institutionen durch die Basis (Öffentlichkeit, zeitliche Begrenzung) und die jederzeitige Ablösbarkeit, um Organisation und Politik für alle durchschaubar zu machen und um der Loslösung einzelner von ihrer Basis entgegen zu wirken». Diese Prinzipien sollten vermittels einer Änderung des Parteiengesetzes allen bundesdeutschen Parteien vorgeschrieben werden; bis zu dieser angestrebten Gesetzesänderung wollten die Grünen diese Regelungen aber bereits in ihrer eigenen Partei praktizieren. Mit Blick auf die bundesrepublikanische Demokratie insgesamt wurde die Einführung von «Volksbegehren und Volksentscheid zur Stärkung der direkten Demokratie» sowie «die Schaffung von Beratungs- und Entscheidungsgremien (Wirtschafts- und Sozialräte) auf allen Ebenen» gefordert. Die Rolle der Grünen innerhalb der parlamentarischen Demokratie wurde wie folgt beschrieben: «Wir halten es für notwendig, die Aktivitäten außerhalb des Parlaments durch die Arbeit in den Kommunal- und Landesparlamenten sowie im Bundestag zu ergänzen. Wir wollen dort unseren politischen Alternativen Öffentlichkeit und Geltung verschaffen. Wir werden damit den Bürger- und Basisinitiativen eine weitere Möglichkeit zur Durchsetzung ihrer Anliegen und Ideen eröffnen». Aber: «Wir werden uns nicht an einer Regierung beteiligen, die den zerstörerischen Kurs fortführt». Da die Politik der etablierten Parteien nach Ansicht der Grünen aber «weder ökologische Gesichtspunkte noch die langfristigen Interessen der Bevölkerung» berücksichtige und deren Hauptziel in einem «zerstörerischen» Wachstum der Wirtschaft zu sehen sei, war eine Übernahme von Regierungsverantwortung durch die Grünen damit de facto ausgeschlossen.

Am schillerndsten aber war in den Anfangsjahren der grünen Partei das Prinzip der Gewaltfreiheit: Dieses basierte auf der Prämisse, daß «humane Ziele nicht mit inhumanen Mitteln erreicht werden können». Und so sprachen sich die Grünen denn auch gegen jede Form der Gewalt von Menschen gegen Menschen aus und stellten sich grundsätzlich gegen die Anwendung zwischenstaatlicher Gewalt durch Kriegshandlungen. Kriegerische Auseinandersetzungen würden aus Sicht der Grünen durch eine neue Strategie der sozialen Verteidigung überflüssig: «Gewaltfreiheit bedeutet nicht Kapitulation, sondern Sicherung des Friedens und des Lebens mit politischen Mitteln statt mit militärischen und durch soziale Verteidigung. Soziale Verteidigung bedeutet, daß sich die Gesellschaft in der Bundesrepublik so organisiert und umorientiert (in Richtung auf Zivilcourage, Widerstand, alternative und dezentrale Strukturen), daß einer aggressiven fremden Macht von vornherein deutlich wird, daß der Versuch der Besetzung und Beherrschung ihr mehr Schwierigkeiten und Belastung als Machtzuwachs und Gewinn bringen würde». Mit einer derart ausgeklügelten Verteidigungsstrategie im Rücken konnten die Grünen denn auch unbesorgt eine «einseitige Abrüstung» des Westens fordern. Umgekehrt allerdings definierten die Grünen den Grundsatz der Gewaltfreiheit weitgehend genug, um in ihrem Bundesprogramm feststellen zu können, «daß zur Verteidigung lebenserhaltender Interessen von Menschen gegenüber einer sich verselbständigen Herrschaftsordnung u. U. auch Widerstand gegen staatliche Maßnahmen nicht nur legitim, sondern auch erforderlich sein kann (z.B. Sitzstreiks, Wegesperren, Behinderung von Fahrzeugen)».

Mit der Vereinigung der ostdeutschen Bürgerrechtspartei Bündnis 90 und den westdeutschen Grünen entstand im Jahr 1993 die Notwendigkeit, die programmatischen Gemeinsamkeiten der beiden sich vereinigenden Parteien in einem sog. Grundkonsens festzustellen. Dieser Grundkonsens war ein bedeutender Zwischenschritt auf dem Weg zum neuen Grundsatzprogramm des Jahres 2002. Vergleicht man zentrale Passagen des Grundkonsenses mit dem Bundesprogramm von 1980, dann läßt sich bereits Anfang der 90er Jahre eine bedeutende programmatische Weiterentwicklung der Grünen diagnostizieren. Anders als das Bundesprogramm von 1980 listete der Grundkonsens nun keine Grundprinzipien grüner Politik mehr auf, sondern vielmehr eine ganze Liste von Grundwerten, auf denen bündnisgrüne Politik maßgeblich basieren sollte. Die folgenden sechs Grundwerte wurden dabei von der neugegründeten Partei Bündnis 90/Die Grünen als Richtlinien ihres politischen Handelns explizit genannt: Menschenrechte, Ökologie, Demokratie, Soziale Gerechtigkeit, Gleichstellung von Mann und Frau, Gewaltfreiheit. Auch hier war wiederum die Reihenfolge von Bedeutung, in der die Grundwerte genannt wurden: Im Vordergrund stand nun nicht länger der Grundwert Ökologie, sondern vielmehr die Idee der Menschenrechte. Diese neue Prioritätensetzung lag darin begründet, daß als kleinster gemeinsamer Nenner der beiden sich vereinigenden Parteien die Orientierung an den Menschen- und Bürgerrechten verstanden wurde, da Bündnis 90 und Die Grünen «aus den Oppositionskulturen der beiden deutschen Staaten gewachsen» seien. Der Grundwert der Ökologie, der bislang vor allem bei den westdeutschen Grünen eine prominente Rolle gespielt hatte, rückte im Grundkonsens damit etwas in den Hintergrund. Noch weiter nach hinten rückte aber der Wert der sozialen Gerechtigkeit, der nach dem Parteiaustritt der meisten Ökosozialisten innerparteilich an Bedeutung verloren hatte. Der Begriff der Basisdemokratie war im Grundkonsens – anders als in der Satzung – nicht mehr zu finden, vielmehr war nur noch vom Grundwert der Demokratie die Rede. Das Prinzip der Gewaltfreiheit blieb auch weiterhin ein zentraler Fixpunkt des grünen Koordinatensystems. Neu hinzu kam die Gleichstellung von Mann und Frau, die nun explizit als eigenständige Zielsetzung formuliert wurde.

Die neue Prioritätensetzung der Partei Bündnis 90/Die Grünen wurde aber nicht nur in der Auswahl und Reihenfolge der Grundwerte deutlich, sie zeigte sich auch in den konkreten Einzelformulierungen des Grundkonsenses. Aus dem Papier läßt sich eine deutliche Orientierung hin auf eine pragmatische Reformpolitik ablesen. So wurde in der Präambel eindeutig die Bereitschaft formuliert, politische Verantwortung zu übernehmen. Außerdem wurde der Anspruch erhoben, ganzheitliche

Konzepte zu entwickeln, «die ihre Gestaltungskraft aus der Verbindung konkreter Utopien mit realisierbaren Schritten gewinnen». Mit Bezug auf die Arbeit der Grünen in den Parlamenten wurde ausgeführt, daß das Parlament «nicht nur eine Tribüne der Öffentlichkeitsarbeit» sei, «sondern zugleich der Ort vielfältiger Kleinarbeit». Das Streben nach weitreichenden Reformperspektiven schloß nach Ansicht der Bündnisgrünen dabei auch die Bereitschaft zur Beteiligung an Regierungskoalitionen ein. Oppositionsarbeit und Regierungsbeteiligung wurden als grundsätzlich gleichberechtigte und bewährte Möglichkeiten der politischen Arbeit bezeichnet. Allerdings wurde die parlamentarische Demokratie insgesamt immer noch sehr kritisch betrachtet: «In den Parlamenten (...) wird Demokratie in der Regel durch Sperrklauseln, das Übergewicht der Exekutive, den Fraktionszwang, Abhängigkeiten von Spendengeldern u.a. nur unbefriedigend und verstümmelt praktiziert. Zugleich wird außerparlamentarischer Protest oft repressiv eingeschränkt und kriminalisiert». Die Folgerung aus diesen vermeintlichen Mißständen war für die Grünen naheliegend: «Deshalb werden wir mit aller Kraft für eine Demokratie kämpfen, die diesen Namen verdient. (...) Wir treten daher für eine breite Entfaltung aller Formen der Selbstbestimmung und der direkten Demokratie ein».

Der Grundkonsens war in seiner Gesamtheit also sehr viel weniger systemkritisch, als es noch das Bundesprogramm von 1980 war: So wurde die ökologische Krise nicht länger dem kapitalistischen Wirtschaftssystem angelastet, sondern vielmehr «dem schrankenlosen industriellen Wachstumswahn», der sowohl zentral gelenkte Planwirtschaften als auch privatwirtschaftlich organisierte Marktwirtschaften auszeichne. Gleichwohl hatten sich die Grünen zu diesem Zeitpunkt mit der Marktwirtschaft noch immer nicht anfreunden können: «Unsere Ablehnung der sozialistischen Mißwirtschaft beinhaltet keine pauschale und automatische Zustimmung zum kapitalistischen Wirtschaftssystem». Auch weiterhin trat die Partei für eine «Demokratisierung wirtschaftlicher Entscheidungsprozesse» ein. Ebenso wurde eine «Änderung der Eigentumsverhältnisse», eine «Entflechtung und Dezentralisierung von Verfügungsrechten» sowie eine «breite Verteilung von Eigentum» angestrebt. In bezug auf den Grundwert der Gewaltfreiheit bleiben die Grünen aber dabei, daß Krieg und Kriegsdrohung mit hochtechnologischen Waffen «schlimmste, illegitime Gewalt» darstelle. «Deshalb streben wir eine umfassende Abrüstung und Entmilitarisierung der Gesellschaft an und lehnen Krieg als Mittel der Konfliktlösung ab».

Das im Jahr 2002 verabschiedete neue Grundsatzprogramm der Grünen zeichnet sich gegenüber den beiden bislang diskutierten Papieren durch einen völlig neuen, weniger systemkritischen Zungenschlag aus. Das Grundsatzprogramm stellt so etwas wie das selbsterteilte Reifezeugnis der grünen Partei dar. Es nimmt ebenso wie der Grundkonsens von 1993 Bezug auf eine Reihe von Grundwerten, die im Zentrum grüner Politik stehen sollen. In der Präambel des neuen Grundsatzprogramms heißt es dazu: «Uns eint, uns verbindet ein Kreis von Grundwerten, nicht eine Ideologie. Aus vielfältigen Wurzeln sind Bündnis 90/Die Grünen zusammengewachsen. Wir haben als Partei der Ökologie linke Traditionen aufgenommen, wertkonservative und auch solche des Rechtsstaatsliberalismus. Die Frauenbewegung, die Friedensbewegung und die Bürgerrechtsbewegung in der damaligen DDR haben das Profil unserer Partei mit geprägt. In Ost wie West waren Christinnen und Christen an der Entwicklung von Bündnis 90/Die Grünen aktiv beteiligt. So haben wir zu einer eigenständigen politischen und gesellschaftlichen Perspektive zusammengefunden. Unsere Grundposition heißt: Wir verbinden Ökologie, Selbstbestimmung, erweiterte Gerechtigkeit und lebendige Demokratie. Mit gleicher Intensität treten wir ein für Gewaltfreiheit und Menschenrechte. In ihrer Wechselbeziehung öffnen diese Grundsätze den Horizont bündnisgrüner Visionen.»

Geändert haben sich also im Vergleich zum Grundkonsens von 1993 Zahl, Reihenfolge und auch der Inhalt der Grundwerte: Als wichtigster Wert der grünen Partei wird nun wieder die Ökologie in den Vordergrund gerückt. Als weitere zentrale Grundwerte folgen: Selbstbestimmung, Gerechtigkeit und Demokratie. Menschenrechte und Gewaltfreiheit hingegen werden im Rahmen des neuen Grundsatzprogramms nicht mehr als eigenständige grüne Grundwerte ausgewiesen, sondern vielmehr als Prinzipien grüner Politik, die sich unmittelbar aus den vier oben genannten Grundwerten ableiten lassen. Die Gleichstellung von Mann und Frau, die die Grünen im Grundkonsens von 1993 noch einer eigenständigen Erwähnung für Wert befanden, findet im neuen Grundsatzprogramm als Geschlechtergerechtigkeit nur noch als eine Konkretisierung des Grundwerts der Gerechtigkeit Platz.

Das neue Grundsatzprogramm der Grünen enthält über diese Neubestimmung grüner Grundwerte hinaus aber noch eine Reihe weiterer interessanter Akzentsetzungen. So wird der Grundwert der Ökologie nunmehr im Prinzip der Nachhaltigkeit konkretisiert, das im neuen Grundsatzprogramm der Grünen eine Art Schlüsselkategorie bildet: «Wir wollen das Leitbild der Nachhaltigkeit zum Maßstab unserer Lebens- und Wirtschaftsweise machen. Nachhaltige Entwicklung bedeutet nichts anderes, als daß angesichts begrenzter ökologischer Spielräume durch erhöhte Ressourceneffizienz und Ressourceneinsparung in der Wirtschaft und die Etablierung alternativer Konsummuster der Spielraum für die sozialen Entwicklungschancen der Menschen in den Ländern des Südens geschaffen wird und die Befriedigung der Bedürfnisse heutiger Generationen nicht zu Lasten kommender Generationen gehen darf». Und weiter: «Nachhaltigkeit bedeutet die zukunftsfähige Verbindung von ökologischer, sozialer und wirtschaftlicher Entwicklung. Dabei ist die Bewahrung der natürlichen Lebensgrundlagen unser zentrales

Anliegen. Produktion und Konsumtion müssen so gestaltet werden, dass sie nicht heute die Lebenschancen von morgen zerstören».

Dieses Prinzip der Nachhaltigkeit weiten die Grünen über den engen Bereich der Umweltpolitik auch auf viele andere Politikbereiche aus: So heißt es beispielsweise mit Bezug auf das System der sozialen Sicherung: «Wir machen die soziale Sicherung zukunftstauglich. Auch die Interessen der jungen Menschen und künftiger Generationen sollen in den Sicherungssystemen angemessen berücksichtigt werden. Nachhaltige Sozialpolitik verfolgt darüber hinaus das Ziel, durch vorsorgende Angebote gesundheitliche und soziale Risiken so weit wie möglich zu vermeiden». Aber auch die grüne Finanzpolitik ist am Leitbild einer nachhaltigen Entwicklung ausgerichtet: Der Abbau der öffentlichen Verschuldung, dem die Grünen in ihrem neuen Grundsatzprogramm einen großen Stellenwert beimessen, wird als ein zentraler Baustein für mehr Generationengerechtigkeit dargestellt: «Unser Ziel ist eine nachhaltige Finanzpolitik, die Generationengerechtigkeit gewährleistet. Übermäßige Verschuldung ist abzubauen, um eine Verschuldungsfalle zu vermeiden, politische Handlungsspielräume zu erhalten und um auf allen föderalen Ebenen Ausgaben und Einnahmen ins Gleichgewicht zu bringen. Gleichzeitig müssen für die Zukunft wichtige Investitionen möglich bleiben. Um die richtige Balance zwischen Sparen und Investieren zu finden, muss der Investitionsbegriff im Sinne der Nachhaltigkeit neu gefasst werden und auch Ausgaben für Bildung, Wissenschaft und vorsorgenden Umweltschutz umfassen». Die Konzentration der Grünen auf die Kategorie der Nachhaltigkeit erfüllt dabei mehrere Zwecke gleichzeitig: Zum einen wird die ökologische Frage von der Diskussion um das Wirtschaftssystem entkoppelt, zum anderen gewinnen die Grünen mit der Übertragung des Prinzips der Nachhaltigkeit auf «harte» Politikfelder wie die Wirtschafts-, Sozial- und Finanzpolitik eine Kompetenz über den engeren Bereich der Ökologiepolitik hinaus, auf den sie in der Wahrnehmung der Öffentlichkeit in früheren Jahren beschränkt waren.

Das neue Grundsatzprogramm der Grünen nimmt aber auch eine grundlegende Neubewertung der bislang so verpönten Marktwirtschaft vor. Ein ganzes Großkapitel widmet sich dem «Aufbruch in eine ökologische und soziale Marktwirtschaft». Auch wenn die noch im Programmentwurf der Grundsatzkommission als ordnungspolitische Grundorientierung grüner Wirtschaftspolitik enthaltene Devise «so viel Markt wie möglich, so viel Staat wie nötig» letztlich keinen Eingang in das neue Grundsatzprogramm fand, haben sich die Grünen mit der Marktwirtschaft doch weitestgehend ausgesöhnt. Die ökologische Frage wird als im Rahmen der Marktwirtschaft prinzipiell lösbar angesehen und zwar durch die Einführung bzw. Ausweitung von Ökosteuern, die den Produzenten und Konsumenten die ökologischen Folgekosten ihres Handelns anlasten. Durch ökonomische Anreize soll zudem die Entwicklung umweltfreundlicher Technologien gefördert werden. Die in den älteren Programmen vorhandene Forderung nach Entflechtung der Konzerne und Überführung der Produktionsmittel in Gemeineigentum ist im neuen Grundsatzprogramm nicht mehr zu finden. Es findet sich einzig und allein die Forderung nach einer stärkeren Beteiligung der Arbeitnehmer am Unternehmenserfolg und am Produktivvermögen, die in ihrer Allgemeinheit auch den Programmen aller anderen Bundestagsparteien entstammen könnte. Gleichzeitig fordern die Grünen leistungsgerechte Steuersätze sowie ein einfaches und transparentes Steuersystem. Eine wesentliche Ursache der Arbeitslosigkeit wird in den zu hohen Lohnnebenkosten gesehen, deren Senkung dementsprechend als ein zentrales Anliegen grüner Wirtschaftspolitik bezeichnet wird. Aber auch die in Deutschland existierende relativ starre Regulierung der Arbeitsmärkte wird als eine Ursache von Arbeitslosigkeit benannt, der man ein Konzept entgegensetzen möchte, das «Flexibilisierung und soziale Sicherung verbindet und so zu differenzierten und effektiven Lösungen kommt. Nur so haben wir eine Chance, auch strukturelle Arbeitslosigkeit abzubauen und bei den Betroffenen den Mut und die Fähigkeit zur Veränderung zu erhöhen». Schließlich wird davon ausgegangen, daß die Entwicklung ökologischer Zukunftstechnologien neue Arbeitsplätze in großer Zahl zu schaffen in der Lage sei.

Der Grundwert der Gerechtigkeit wird von den Grünen nicht länger ausschließlich oder auch nur vorrangig im Sinne von Verteilungsgerechtigkeit verstanden: «Weil Gerechtigkeit eine Antwort geben muß auf die Probleme einer veränderten Welt, geht aber unsere Vorstellung von Gerechtigkeit über traditionelle Verteilungspolitik hinaus. Bündnisgrüne Politik steht für Teilhabegerechtigkeit, für Generationengerechtigkeit, für Geschlechtergerechtigkeit und für Internationale Gerechtigkeit. Diese Dimensionen von Gerechtigkeit dürfen trotz praktischer Konflikte nicht gegeneinander ausgespielt werden. Gerechtigkeit verlangt Solidarität und bürgerschaftliches Engagement».

Mit Bezug auf die Demokratie der Bundesrepublik Deutschland finden sich in dem neuen Grundsatzprogramm der Grünen ebenfalls einige sehr aufschlußreiche Formulierungen: So betonen die Grünen, daß es ihnen nicht um den Ersatz der repräsentativen Demokratie durch eine grundlegend andere Form der Demokratie gehe. Vielmehr wollten sie den Parlamentarismus stärken und gleichzeitig den Bürgern neue, direkte Beteiligungsformen eröffnen, ohne aber einer idealtypischen direkten Demokratie das Wort zu reden: «Ein Schlüssel zur Weiterentwicklung der demokratischen Institutionen und der Stärkung der Gewaltenteilung liegt in einer Reform des Parlamentarismus, der die einzelnen Abgeordneten in ihrer Verantwortlichkeit stärkt. Gleichzeitig geht es uns um die Weiterentwicklung der Bürgergesellschaft und des zivilgesellschaftlichen Engagements».

Eine sehr deutliche Abkehr von früheren Programmgrundsätzen wird auch mit Bezug auf das – nunmehr nachrangige – Prinzip der Gewaltfreiheit deutlich. Hier erkennen die

Grünen de facto erstmals den Krieg als (letztes) Mittel der Politik an. Im Entwurf der Grundsatzkommission hieß es dazu in unverblümter Deutlichkeit: «Gewalt darf Politik nicht ersetzen. Wir wissen aber auch, daß sie sich als Ultima Ratio nicht immer ausschließen läßt». Ins letztlich verabschiedete Grundsatzprogramm fand die folgende, etwas weniger drastische Formulierung Eingang: «Wir wissen aber auch, daß sich die Anwendung rechtsstaatlich und völkerrechtlich legitimierter Gewalt nicht immer ausschließen läßt. Wir stellen uns diesem Konflikt, in den gewaltfreie Politik gerät, wenn völkermörderische oder terroristische Gewalt Politik verneint». Sehr ausführlich geht das neue Parteiprogramm dabei auf den Kosovo-Krieg ein, dem die Grünen als Koalitionspartner der regierenden SPD 1999 zugestimmt hatten: «Gewalt läßt sich nicht immer verhindern. Gleichwohl setzen wir mit unserer Politik auf gewaltfreie Lösungen. Die Frage, ob zur Durchsetzung des Rechts Gewalt angewendet werden soll, bzw. an welchen internationalen Maßnahmen sich Deutschland beteiligen soll, wird immer schwer zu beantworten sein. Jede Einzelfallentscheidung muss entsprechend Grundgesetz und Völkerrecht erwogen und beschlossen werden. Zwangsmassnahmen nach Kapitel VII der Charta der Vereinten Nationen müssen grundsätzlich durch ein klares Mandat des UN-Sicherheitsrates autorisiert werden. Wir haben im Falle des Kosovo nach einer intensiven Diskussion eine schwere Entscheidung mitgetragen. Dabei war der Kosovo-Krieg eine aufgrund der ganz besonderen Notlage und Umstände statthafte Ausnahme, aber kein Präzedenzfall. Einsätze dieser Art verlangen eine überzeugende völkerrechtliche Legitimitätsgrundlage». Mit Blick auf den von den Vereinigten Staaten nach dem 11. September 2001 betriebenen Krieg gegen den Terror heißt es lapidar: «Wir anerkennen auch das Recht auf individuelle und kollektive Selbstverteidigung nach Artikel 51 der Charta der Vereinten Nationen, bis der Sicherheitsrat die zur Wahrung des Weltfriedens und der internationalen Sicherheit erforderlichen Maßnahmen getroffen hat».

Versucht man die wichtigsten Veränderungen in den Programmen der Grünen über die Zeit zusammenfassend zu würdigen, dann ist insbesondere hervorzuheben, daß sich Duktus und Diktion grundlegend gewandelt haben: Das Grundsatzprogramm des Jahres 2002 ist sehr viel weniger provokativ als das Bundesprogramm des Jahres 1980, es greift sehr viel seltener zum Stilmittel der Dramatisierung und bemüht sich sehr viel stärker um ein positives «Nachvornedenken», um eine Gestaltung des Wandels denn um eine kritische Abrechnung mit der Gegenwartsgesellschaft. Gleichzeitig ist es aber auch weniger detailliert und kleinschrittig in seinen Aussagen, was darauf zurückgeführt werden kann, daß es nicht länger ein zusammengestückeltes «Kompromißpapier», sondern ein argumentativ relativ ausgefeiltes, in sich geschlossenes Gesamtkonzept grüner Politik darstellt. Das Grundsatzprogramm des Jahres 2002 ist gleichzeitig sehr viel weniger ideologisch, als es noch das Bundesprogramm von 1980 war.

Das neue Bundesprogramm spiegelt aber auch die durch die Regierungsbeteiligung der Grünen erforderlich gewordenen Kompromisse und Kurskorrekturen wider. Während beispielsweise das erste Grundsatzprogramm der Grünen mit Bezug auf die Atomenergie klare Forderungen enthielt, nämlich einen sofortigen «Genehmigungs- und Baustop für Atomkraftwerke und Betriebsstop für bereits im Betrieb befindliche Atomanlagen» sowie den «Abbau der vorhandenen Nuklearanlagen unter Berücksichtigung schärfster Sicherheitsvorkehrungen», klingen die entsprechenden Passagen im Programm «Die Zukunft ist grün» angesichts der eher kümmerlichen Realität des «Atomkompromisses» viel vorsichtiger: «Die Atomkraft ist keine verantwortbare Option für die Energiewirtschaft der Zukunft. (...) Die Atomkraft ist keine Lösung für das Energieproblem, sie schafft nur unkalkulierbare neue. Deshalb muss der Atomausstieg innerhalb der gesetzlichen Regelungen beschleunigt zu Ende gebracht werden». Eher am Rande sei abschließend noch vermerkt, daß das neue Grundsatzprogramm der Grünen auch eine Abkehr von der «Verzichtsethik» darstellt, die die grüne Politik, aber auch die grünen Politikerinnen und Politiker in den Anfangsjahren der Partei unübersehbar geprägt hatte: «Ökologische Verantwortung und Lebensgenuß passen gut zusammen. Das gilt für die Ernährung ebenso wie für die Architektur und die Art des Wohnens, für die Freizeit, das Reisen». Die barocke Opulenz eines Rezzo Schlauch und die Cerruti-Anzüge von Joschka Fischer vor Augen, liest sich diese Passage fast wie eine Rechtfertigung für die Entwicklung vieler grünen Politiker von zottelbärtigen Parkaträgern hin zu genußvollen Bonvivants.

Gremien:

Die Strukturreform der Grünen

Die Grünen verstanden sich in ihren Anfangsjahren als politischer Arm der außerparlamentarischen Oppositionsgruppen und der Neuen Sozialen Bewegungen. Sie wollten die Arbeit in den Parlamenten primär dazu nutzen, die Anliegen und Forderungen der außerparlamentarischen Protestgruppen, der Bürgerinitiativen und gesellschaftlichen Minderheiten ins Parlament zu tragen, ohne selbst zu einer etablierten Partei zu werden. Demgemäß erhoben die Grünen in ihrem ersten Bundesprogramm den Anspruch, «eine Parteiorganisation neuen Typs» darzustellen, eine «grundlegende Alternative zu den herkömmlichen Parteien», ja eine «Anti-Parteien-Partei».

«Basisdemokratie» war dabei das Zauberwort, das die besondere Qualität der grünen Partei kennzeichnen sollte. Standen die Grünen in ihrer Programmatik der von ihnen als Zuschauerdemokratie bezeichneten repräsentativen parlamentarischen Demokratie insgesamt doch eher kritisch gegenüber und favorisierten direktdemokratische Beteiligungsformen bis hin zur Vision einer Rätedemokratie – wie hätte da die Partei selbst glaubwürdig eine klassische vertikale Binnenstrukturierung mit klaren Hierarchien aufweisen können? Allerdings waren die Grünen aufgrund der Regelungen des Parteiengesetzes bei der Wahl ihrer innerparteilichen Organisationsform nicht völlig frei. Auch konnte eine Partei, die sich im Rahmen einer repräsentativen Demokratie an demokratischen Wahlen beteiligen wollte, natürlich nicht auf die Benennung politischer Repräsentanten für die Parlamente verzichten. Angestrebt war aber eine dezentrale Parteiorganisation, in der die politischen Repräsentanten, Führungsfiguren und Mandatsträger stets an den Willen der Parteibasis rückgebunden bleiben, ihre Ämter nur zeitlich befristet ausüben und der stetigen Kontrolle durch die Parteibasis unterliegen sollten. Man wollte durch eine ganze Reihe von institutionellen Vorkehrungen verhindern, daß sich eine abgehobene Führungs- und Funktionärskaste von Berufspolitikern herausbildete, wie man sie bei den etablierten Altparteien wahrzunehmen glaubte.

Zu diesen Maßnahmen gehörte, daß in den Anfangsjahren der Grünen selbst höchste Parteiämter stets ehrenamtlich, d. h. unentgeltlich und neben einer etwaigen Berufstätigkeit ausgeübt werden mußten. Jeder sollte zwar für die Politik leben dürfen, niemand aber von der Politik. Hinter dieser Forderung stand der Glaube, daß Personen, die sich hauptamtlich der Politik widmen, ihre gesellschaftliche Verwurzelung verlieren und gegenüber normalen Parteimitgliedern einen zu großen Wissens- und Aktivitätsvorsprung aufbauen können. Dieses Prinzip führte in der Praxis allerdings dazu, daß insbesondere arbeitslose Akademiker, die sich beruflich bislang nicht hatten etablieren können und daher über ein hohes Maß an freier Zeit verfügten, in der grünen Partei aktiv wurden, auch mit der Perspektive, dort künftig womöglich bezahlte Beschäftigungsmöglichkeiten zu finden. Für all diejenigen aber, die einer geregelten Berufstätigkeit nachgingen, trat ein Engagement für die Grünen in Widerspruch zu dem Erfordernis, die eigene Existenz materiell bestreiten zu müssen. Als erste prominente Grüne forderte daher im Sommer 1982 Marie-Luise Beck-Oberdorf eine Entlohnung für ihre Tätigkeit als Landesvorsitzende in Baden-Württemberg. Diese Forderung blieb allerdings zunächst eine Einzelstimme.

Ergänzt wurde die Ehrenamtlichkeit der Parteiarbeit durch das Prinzip der kollektiven Führung. Funktionen, die in den klassischen Altparteien nur von einer einzigen Person bekleidet werden, versuchte man innerhalb der grünen Partei als Kollegialorgane auszugestalten, um die Machtfülle einzelner Führungspersönlichkeiten zu begrenzen. So gibt es bei den Grünen auf Bundesebene bis heute keine(n) Parteivorsitzende(n) sondern zwei (früher drei) Vorstandssprecher, die sich dieses Amt teilen. Neben der Begrenzung der Macht einzelner Personen ermöglichte es eine solche Gruppenlösung aber auch, die unterschiedlichen Strömungen innerhalb der Partei an der Führung der Partei gleichberechtigt zu beteiligen sowie die Geschlechterparität zu sichern. Eine weitere Maßnahme, um die Macht einzelner Personen zu beschränken, war die anfangs begrenzte, nämlich nur einmalige Möglichkeit der Wiederwahl in ein Parteiamt. Auch wenn diese formelle Regelung sehr schnell wieder abgeschafft wurde, sind die Führungspositionen der grünen Bundespartei doch bis zum heutigen Tag durch ein hohes Maß an Personalfluktuation geprägt.

Demselben Ziel wie das Prinzip der kollektiven Führung diente auch das Verbot von Ämterhäufungen. Niemand sollte mehrere wichtige Parteiämter auf sich vereinigen und dadurch eine große Machtfülle anhäufen können. Vielmehr sollten Macht und Einfluß innerhalb der grünen Partei auf möglichst viele Schultern breit verteilt werden. Ergänzt wurden die bisherigen Regelungen in den Anfangsjahren der grünen Partei außerdem durch das Prinzip der Öffentlichkeit aller Sitzungen. Jedes Parteimitglied, aber auch die Presse und die interessierte Öffentlichkeit sollten an den Sitzungen der Parteigremien sowie der Bundestagsfraktion teilnehmen dürfen. Dadurch wollte man Politik transparent gestalten und sich von den «Hinterzimmer-Mauscheleien» der etablierten Parteien abgrenzen. Da die Gremiensitzungen der Grünen aufgrund der schwelenden Flügelkämpfe in den Anfangsjahren aber überaus turbulent, teilweise auch chaotisch abliefen, was in den Medien genußvoll berichtet und ausgeschlachtet wurde, nahm man von dieser Form der Transparenz sehr schnell wieder Abstand.

Im Kontext der bislang beschriebenen Maßnahmen, die alle darauf abzielten, den Einfluß einzelner Personen innerhalb der Partei möglichst effektiv zu begrenzen, erscheint es nur konsequent, daß die Grünen in ihren Anfangsjahren auch darauf verzichteten, einen stark personenbezogenen Wahlkampf zu führen. So waren die Grünen durch das Wahlgesetz zwar gezwungen, in den einzelnen Bundesländern jeweils eine Kandidatenliste für den Bundestag aufzustellen, doch wurde darauf verzichtet, einen oder auch mehrere dieser Kandidaten in den Mittelpunkt des Wahlkampfs zu stellen oder gar als Spitzenkandidaten auszurufen. Dieser Verzicht auf die formelle Nominierung eines oder mehrerer Spitzenkandidaten sollte nicht nur die Entstehung einer besonders herausgehobenen Stellung einzelner Personen in der grünen Partei verhindern, sondern darüber hinaus auch zu einer Versachlichung des Wahlkampfs und einer Konzentration auf die politischen Streitfragen beitragen, da die etablierten Altparteien in den Augen der Grünen eine zu stark personalisierte Form der Wahlkampfauseinandersetzung betrieben. Wahlplakate mit den Abbildungen grüner Spitzenpolitiker waren in der Partei daher über lange Jahre hinweg verpönt.

Im Januar 1983 wurden dann auf einer außerordentlichen Bundesversammlung der Grünen in Sindelfingen die institutionellen Regeln zur Sicherung der Basisdemokratie mit Blick auf den möglichen Sprung der Partei in den Deutschen Bundestag auch für die künftigen grünen Bundestagsabgeordneten präzisiert. Im Rahmen dieser sog. «Sindelfinger Beschlüsse» wurden eine ganze Reihe von Maßnahmen verabschiedet, die in ihrer Gesamtheit sicherstellen sollten, daß sich bei den Grünen auch weiterhin keine innerparteilichen Eliten und keine innerparteilichen Hierarchien herausbilden. Diese Maßnahmen umfaßten die Trennung von Amt und Mandat, das Rotationsprinzip, das imperative Mandat sowie eine Begrenzung der Diäten.

Mit dem Prinzip der Trennung von Amt und Mandat wurde festgelegt, daß Mitglieder der Grünen nicht gleichzeitig ein wichtiges Amt innerhalb der Partei und ein Mandat in einem Parlament ausüben können. Durch diese Regelung sollte sichergestellt werden, daß es zu keiner Verquickung zwischen Fraktion und Partei kommt und die grünen Fraktionen in den Parlamenten von der grünen Partei ganz im Sinne der Basisdemokratie effektiv kontrolliert werden können. Die Trennung von Amt und Mandat wurde gleichzeitig aber auch dahingehend ausgelegt, daß etwaige grüne Minister und Staatssekretäre nicht gleichzeitig dem jeweiligen Landesparlament bzw. dem Bundestag angehören sollten, da dadurch das Prinzip der Gewaltenteilung und der wechselseitigen Kontrolle der Staatsgewalten unterlaufen werde.

Das Rotationsprinzip besagte, daß die Bundestagsabgeordneten der Grünen ihr Mandat nur für zwei Jahre ausüben sollten, um anschließend Platz zu machen für einen sog. «Nachrücker». Jeder Abgeordnete sollte während der ersten beiden Jahre der Legislaturperiode in einer Bürogemeinschaft mit seinem späteren Nachrücker zusammenarbeiten und diesem nach dem Ausscheiden aus dem Bundestag im Rahmen dieser Bürogemeinschaft beratend zur Seite stehen. Durch dieses Rotationsprinzip sollte eine Professionalisierung, eine Herausbildung parlamentarischer Eliten sowie eine mögliche Entfremdung von Bundestagsfraktion und Parteibasis verhindert und die parlamentarische Macht auf ein möglichst breites personelles Fundament gestellt werden.

Ein weiteres Kernelement des Maßnahmenpakets zur Disziplinierung der grünen Abgeordneten bildete das sog. imperative Mandat: Die grünen Abgeordneten sollten sich nach Meinung der Partei nicht ausschließlich oder auch nur vorrangig als ihrem eigenen Gewissen verpflichtet betrachten, sondern ihr Stimmverhalten im Bundestag von den Vorgaben der Parteibasis abhängig machen. Die Abgeordneten wurden also – bildhaft gesprochen – als weisungsgebundene Vertreter der grünen Parteibasis in den Parlamenten betrachtet.

Eine weitere Möglichkeit, eine etwaige Entwicklung der grünen Mandatsträger hin zu Berufspolitikern effektiv zu verhindern, wurde in der Begrenzung der Diäten gesehen: Damit kein grünes Parteimitglied einen ausschließlich finanziellen Anreiz habe, sich um ein Parlamentsmandat zu bewerben und um außerdem eine mögliche Entfremdung der Parlamentarier von ihrer Basis zu verhindern, wurde beschlossen, daß die Bundestagsabgeordneten der Grünen nicht ihre vollen Diäten zur persönlichen Verfügung erhalten sollten. Vielmehr sollten sie nur einen Betrag in Höhe eines durchschnittlichen Facharbeitergehaltes behalten dürfen und wurden verpflichtet, den Rest der Diäten an die Partei abzuführen.

Doch die institutionellen Regeln, die die Grünen gefunden hatten, um ihren Charakter als basisdemokratische Partei wahren zu können, erwiesen sich sehr schnell als problematisch und zudem wenig effizient: Das Rotationsprinzip und das imperative Mandat standen von Anfang an in einem deutlichen Spannungsverhältnis zu der grundgesetzlichen Regelung, daß die Abgeordneten des Deutschen Bundestages nur ihrem Gewissen verpflichtet sind und keiner Weisung unterliegen. Es kam daher um diese beiden Regelungen sehr schnell zu einer Reihe von Kontroversen verfassungsrechtlicher und politischer Art. In der Politikwissenschaft sowie in der Rechtswissenschaft wurde diskutiert, inwieweit das imperative Mandat und die Rotation mit den Regelungen des Grundgesetzes überhaupt in Einklang zu bringen sei, meist mit negativem Ergebnis. Von ihren politischen Gegnern wurden die Grünen des Verfassungsbruchs sowie eines gestörten Verhältnisses zur parlamentarischen Demokratie geziehen.

Während das imperative Mandat in der parlamentarischen Praxis aber von Anfang an keine allzu bedeutende Rolle spielte, führte die Rotation sehr schnell in verschiedener Hinsicht zu Problemen: Zum einen fühlten sich profilierte Parlamentarier der Grünen gedemütigt, da sie – obgleich sie ihrer Meinung nach eine gute parlamentarische Arbeit geleistet hatten – nach nur zwei Jahren das Mandat an fachlich vermeintlich unterlegene Personen weitergeben mußten. So weigerte sich beispielsweise die damalige grüne Bundestagsabgeordnete Petra Kelly, ihr Bundestagsmandat für einen Nachfolger freizumachen, da sie sich für unentbehrlich hielt. Ein solch offensichtlicher Verstoß gegen das Rotationsprinzip blieb allerdings die Ausnahme. Vielmehr wurde die Intention des Rotationsprinzips in der Praxis auf kaltem Wege durch die sog. «Querrotation» unterlaufen. Zwar schieden die Mandatsträger nach den ihnen von der Partei gesetzten maximalen Amtszeiten aus ihrer jeweiligen Funktion aus, um danach allerdings andere (bezahlte) Funktionen innerhalb der grünen Partei, ihren Umfeldorganisationen oder einem anderen Parlament oder einer anderen Regierung auszuüben. Durch diese Querrotation wurde es sehr vielen Personen eben doch möglich, als grüner Politiker von der Politik zu leben. Darüber hinaus erwies es sich aber auch als gar nicht sinnvoll, die Abgeordneten zur Rotation zu zwingen, da auch innerhalb der grünen Partei die politischen Talente und Begabungen nicht beliebig vermehrbar waren. So ging beispielsweise aus der Gruppe derjenigen Abgeordneten, die 1985 als Nachrücker in den deutschen Bundestag einzogen, kein einziger führender Politiker der Grünen hervor, während einige der grünen Parlamentarier der ersten Stunde für die Bundestagswahl 1987 «reaktiviert» wurden oder wie Joschka Fischer, Antje Vollmer und Otto Schily auch heute noch eine bedeutende Rolle in der bundesdeutschen Politik spielen. Insgesamt zeigte sich, daß eine erfolgreich arbeitende Parlamentsfraktion auch auf prominente und profilierte Politiker angewiesen ist, die die Arbeit der Fraktion nach außen hin überzeugend verkaufen. Ein zur Rotation vergleichbares Problem ergab sich auch in der Parteiführung. Der häufige Wechsel des Führungspersonals und die Kollegiallösung führten dazu, daß die jeweiligen Vorsitzenden der grünen Partei in der Regel keinen allzu großen Bekanntheitsgrad und kein klares politisches Profil entwickeln konnten. Auch führte der mit der zeitlichen Befristung von Abgeordnetenmandaten und Parteiämtern verbundene hohe Personalbedarf der Grünen dazu, daß oftmals Personen in Amt und Würden kamen, die den Anforderungen ihrer jeweiligen Funktion ganz offensichtlich nicht gewachsen waren.

Auch die Diätenregelung führte in der politischen Praxis zu Problemen: Zum einen wurden die finanziellen Zwangsabgaben an die Partei von zeitgenössischen Beobachtern aus Politik und Wissenschaft als versteckte und illegitime Form der Parteienfinanzierung kritisiert, zum anderen haperte es teilweise auch mit der Zahlungsmoral: So wird beispielsweise berichtet, daß Joschka Fischer in seiner Zeit als Bundestagsabgeordneter in den Jahren von 1983 bis 1985 die von ihm an die Partei abzuführenden Beträge erst entrichtete, nachdem der Bundesvorstand der Partei massiven Druck auf ihn ausgeübt hatte. So wurde Fischer damit gedroht, sein «unsolidarisches Verhalten» öffentlich zu machen. Darüber hinaus fühlten sich die Grünen aber sicherlich auch im Vergleich zu den Parlamentariern anderer Parteien benachteiligt, die ihre Diäten in voller Höhe entgegennehmen konnten, obwohl sie im wesentlichen die gleiche Arbeit leisteten.

All diese Probleme und Erfahrungen führten dazu, daß die Grünen in den Folgejahren ihre innerparteilichen Strukturen und Regelungen sukzessive zu verändern und anzupassen begannen. So wurde auf einer außerordentlichen Bundesversammlung der Grünen, die im Mai 1986 in Hannover stattfand, die 2-Jahres-Rotation abgeschafft, und zwar zu Gunsten einer modifizierten 4-Jahres-Rotation. Mit dieser neuen Regelung war es Bundestagsabgeordneten der Grünen nunmehr gestattet, künftig volle vier Jahre Mitglied des Deutschen Bundestages zu sein, allerdings sollte in der Regel keine erneute Kandidatur für eine weitere Legislaturperiode erfolgen. Diese Regelung wurde aber bereits bei der Bundestagswahl des Jahres 1987 von vielen Landesverbänden unterlaufen. Darüber hinaus wurde auf dieser Bundesversammlung die Quotierung aller von der Partei zu vergebenden Mandate und Ämter beschlossen. Auf einer weiteren außerordentlichen Bundesversammlung der Grünen, die im September 1986 in Nürnberg stattfand, wurde dann das bis heute gültige «Frauenstatut» verabschiedet, das die Maßnahmen zur Gleichstellung der Frauen in der grünen Partei detailliert regelt. In § 1 dieses Frauenstatuts heißt es: «Wahllisten sind grundsätzlich alternierend mit Frauen und Männern zu besetzen, wobei den Frauen die ungeraden Plätze zur Verfügung stehen (Mindestparität). Frauen können auch auf den geraden Plätzen kandidieren. Reine Frauenlisten sind möglich». In § 3 heißt es darüber hinaus: «Alle von Bündnis 90/Die Grünen und von Bündnis 90/Die Grünen zu beschickende Gremien sind paritätisch zu besetzen.»

Auf der 9. Bundesversammlung der Grünen, die im Mai 1987 in Duisburg stattfand, wurde dann für die Mitglieder des Bundesvorstands der Grünen die Möglichkeit geschaffen, auf Antrag eine finanzielle Absicherung zu erhalten. Damit war es nunmehr auch Menschen, die auf eine Sicherung ihrer materiellen Existenz angewiesen waren, möglich, eine führende Position in der grünen Partei zu übernehmen. Die Gründe für diese Abkehr vom Prinzip der Ehrenamtlichkeit der höchsten Parteiämter waren vielfältig. Zum einen hatte sich gezeigt, daß sich mit dem Einzug der Grünen in den deutschen Bundestag die innerparteilichen Gewichte, aber auch die Aufmerksamkeit der Öffentlichkeit von der grünen Partei auf die grüne Bundestagsfraktion verschoben hatte. Die Bundestagsabgeordneten standen sehr viel intensiver im Licht der Öffentlichkeit und der Medien, die Fraktion verfügte über einen vom Bundestag bezahlten Stab von Mitarbeitern und die Abgeordneten konnten sich hauptberuflich der Politik widmen, da sie ein regelmäßiges Einkommen aus ihrer politischen Tätigkeit bezogen. Dem Bundesvorstand der Partei hingegen standen kaum personelle und finanzielle Ressourcen zur Verfügung, sein Zugang zu den Medien war sehr viel schwieriger und schließlich waren die Ämter der Vorstandssprecher finanziell unattraktiv. Dies führte dazu, daß ein Amt im Bundesvorstand der Partei für talentierte grüne Politiker kaum attraktiv war.

Die gravierendste Reform der Parteistruktur wurde allerdings im April 1991 auf der 13. Bundesversammlung in Neumünster beschlossen, auf der sich die Grünen als «ökologische Reformpartei» definierten: Die Rotation wurde endgültig abgeschafft, die Zahl der Vorstandssprecher von drei auf zwei reduziert und das Amt eines politischen Geschäftsführers eingerichtet. Nicht abgeschafft wurde allerdings das Prinzip der Unvereinbarkeit von Amt und Mandat. Der entsprechende Antrag verfehlte in Neumünster knapp die notwendige Zweidrittelmehrheit. Das Prinzip der Trennung von Amt und Mandat gilt daher fort und stellt die Grünen immer wieder vor Probleme. So waren viele profilierte grüne Mandatsträger nicht bereit, eines der Ämter als Vorstandssprecher zu übernehmen, da sie hierfür ihr – finanziell attraktiveres – Abgeordnetenmandat hätten aufgeben müssen. Auch verhinderte die Aufrechterhaltung der Trennung von Amt und Mandat eine effiziente Koordination der politischen Arbeit der grünen Partei und der grünen Fraktionen in den Parlamenten. Oftmals entstand der Eindruck, als ob Partei und Fraktion nebeneinander her, teilweise sogar gegeneinander arbeiten würden. Dem öffentlichen Erscheinungsbild der Grünen und der Effektivität ihrer politischen Arbeit kam dies sicherlich nicht zugute.

Zumindest teilweise preisgegeben wurde das Prinzip der Unvereinbarkeit von Amt und Mandat schließlich im Zusammenhang mit der Bildung der rot-grünen Bundesregierung im Winter 1998. Hier wurde innerhalb der grünen Partei erbittert darüber gestritten, ob die drei frisch gekürten Bundesminister der Grünen ihre Bundestagsmandate behalten dürften oder nicht – eine Frage, die in den Anfangsjahren der Grünen eindeutig im Sinne einer strikten Trennung der Gewalten beantwortet worden wäre. Tatsächlich aber durften die grünen Regierungsmitglieder Abgeordnete des Bundestags bleiben. Als Grund wurde angeführt, daß die grünen Minister ohne diese

Lösung in hohem Maße erpreßbar gewesen wären, da sie im Falle eines Koalitionsbruchs ohne berufliche Rückfallposition dagestanden hätten und außerdem für die weitere Arbeit der Grünen in der parlamentarischen Opposition nicht verfügbar gewesen wären. Allerdings wurde diese Entscheidung im März 2001 auf dem Parteitag der Grünen in Stuttgart wieder revidiert. Dort wurde beschlossen, daß im Falle eines rot-grünen Wahlsiegs bei der Bundestagswahl 2002 die Regierungsmitglieder der Grünen ihr Bundestagsmandat freiwillig zurückgeben sollten – was nach der Wahl aber nicht geschah.

Seit dem Eintritt der Grünen in die Bundesregierung im Jahr 1998 haben sich die Bemühungen verstärkt, die Trennung von Amt und Mandat vollständig abzuschaffen, da sie sich in den Augen der führenden Köpfe der Grünen im Alltag des Regierungsgeschäfts auf Bundesebene einmal mehr als wenig hilfreich erwiesen hatte. Insbesondere Joschka Fischer drängte auf diese Entscheidung. Insgesamt vier Mal mußten sich die Delegierten eines grünen Parteitags in der Folgezeit mit dieser Frage befassen. Doch sowohl der Parteitag in Leipzig (1998) als auch diejenigen in Erfurt (1999), Karlsruhe (2000) und schließlich in Bremen (Oktober 2002) wollten der Abschaffung der Trennung von Amt und Mandat nicht mit der erforderlichen Mehrheit zustimmen. Da aber die beiden amtierenden Parteisprecher Fritz Kuhn und Claudia Roth bei der Bundestagswahl 2002 jeweils ein Bundestagsmandat errungen hatten, auf das sie auch nicht verzichten wollten, sah es folglich so aus, als ob sich die Grünen nach der Bundestagswahl 2002 eine neue Parteispitze suchen müßten. Diese Konsequenz vor Augen und angesichts der Tatsache, daß die Abschaffung der Trennung von Parteiamt und Abgeordnetenmandat auf dem Bremer Parteitag nur an 20 fehlenden Stimmen gescheitert war, wurden Forderungen laut, die Abstimmung über die Trennung von Amt und Mandat beim nächsten Parteitag der Grünen im Dezember 2002 zu wiederholen oder aber dort zumindest eine Ausnahmeregelung zugunsten von Kuhn und Roth beschließen zu lassen. Ebenfalls in der Diskussion war die Durchführung eines Mitgliederentscheids in dieser Frage.

Auch wenn uns zum Zeitpunkt der Abfassung dieses Buches das Ergebnis dieser Diskussionen noch nicht bekannt war, so kann man doch ohne allzu großes Risiko die Erwartung formulieren, daß die für die grüne Parteibasis so symbolträchtige Trennung von Amt und Mandat über kurz oder lang entweder fallen oder aber bis zur Unkenntlichkeit aufgeweicht werden wird. Was ihre innerparteilichen Strukturen betrifft, werden sich die Grünen dann nur noch dadurch von den anderen etablierten bundesdeutschen Parteien unterscheiden, daß viele Führungsfunktionen bei den Grünen in Gestalt einer Doppelspitze ausgeübt werden. Aber auch dieses letzte Unterscheidungsmerkmal der Grünen dürfte – wenn es nach dem heimlichen Parteivorsitzenden Joschka Fischer ginge – nicht mehr lange existieren. Bereits 1999 hatte dieser nämlich in einem Interview mit dem Nachrichtenmagazin «Der Spiegel» erklärt: «Wir müssen uns endlich als Partei organisieren, mit einem oder einer Vorsitzenden statt Doppelspitze, mit zwei, drei oder meinetwegen auch vier Stellvertretern, mit einem Präsidium, einem Vorstand, in dem die Landesverbände vertreten sind, mit Geschäftsführerin und Geschäftsführer. Und zwar von der Kreis- bis zur Bundesebene. Sonst verlieren wir unsere Kampagnenfähigkeit». Fischer fand für diese Forderung nach einer grundlegenden Strukturreform der Grünen das schöne Bild, die Partei müsse endlich aus der «Zeltmission» heraus und eine «feste Kirche bauen».

Basis:

Die Mitglieder der Grünen

In dem oben bereits erwähnten Positionspapier «Bündnis 90/ Die Grünen haben eine zweite Chance verdient» forderten 1999 die jungen Milden um den mittlerweile demissionierten Cem Özdemir und die heutige Vorsitzende der grünen Bundestagsfraktion Katrin Göring-Eckardt eine «teilweise Auswechslung der Mitgliedschaft» der Grünen. Angesichts des für die Grünen in früheren Zeiten sakrosankten Prinzips der Basisdemokratie eine durchaus befremdliche Forderung. Mit Bert Brecht konnte gespottet werden: Wenn sich die Basis das Vertrauen der Parteiführung verscherzt hat, wäre es da nicht einfacher, die Parteiführung löste die Basis auf und wählte eine andere? Doch auch ganz ohne das Zutun der Parteiführung hat sich die Mitgliedschaft der Grünen im Zeitablauf deutlich verändert. Die oben beschriebenen Auseinandersetzungen innerhalb der grünen Partei waren regelmäßig mit Parteiaustritten von Angehörigen des jeweils unterlegenen Flügels und entsprechenden Neueintritten von Anhängern der Gegenseite verbunden. Die Zusammensetzung der grünen Parteibasis war insofern ständigen Veränderungen unterworfen.

Ablesen läßt sich dieser Veränderungsprozeß der grünen Basis unter anderem an der Entwicklung der grünen Mitgliederzahlen (vgl. Abbildung 6). Bis Ende der 1980er Jahre war die Zahl der Mitglieder der Grünen in Westdeutschland kontinuierlich auf knapp über 41 000 angewachsen. Zwischen 1990 und

1992, genau dem Zeitraum also, während dessen Ökosozialisten und Radikalökologen aus der grünen Partei herausgedrängt worden waren, ging die Mitgliederzahl dann allerdings wieder auf knapp über 35000 zurück. Doch das Ausmaß des Mitgliederaustausches war größer, als es der Rückgang um 6000 Mitglieder innerhalb von nur drei Jahren vermuten ließe, da in diesem Zeitraum gleichzeitig eine nennenswerte Zahl realpolitisch ausgerichteter Menschen den Grünen neu beitrat. Die Veränderung der Mitgliederzahlen spiegelt aber nur den Saldo der beiden gegenläufigen Ein- und Austrittsbewegungen wieder, ohne das gesamte Ausmaß der dahinter stehenden Mitgliederbewegungen sichtbar machen zu können. In den Jahren 1992 bis 1998 stieg die Mitgliederzahl der Grünen in den alten Bundesländern dann wieder deutlich auf knapp 50000 an. Seit dem Eintritt der Grünen in die Bundesregierung ist die Mitgliederzahl der Partei bis 2001 allerdings wieder um ungefähr 6000 Personen zurückgegangen. In den fünf neuen Bundesländern hat sich die Zahl der Parteimitglieder nach der Vereinigung der Ost-Grünen mit dem Bündnis 90 sprunghaft von gut 1000 auf ungefähr 3000 erhöht. Nach 1998 setzte aber auch in Ostdeutschland eine rückläufige Bewegung ein. Die Mitgliederzahl ging auf gut 2500 zurück. Die ostdeutschen Landesverbände der Grünen haben damit über die Jahre hinweg nur einen Anteil von zwischen 6 und 7 Prozent der grünen Parteimitglieder gestellt.

Es wäre interessant, den aus der Veränderung ihrer personellen Zusammensetzung resultierenden Einstellungswandel der grünen Parteibasis anhand von Umfragen nachzuvollziehen. Leider ist dies nicht möglich, da keine wiederholten Befragungen der grünen Parteimitglieder existieren. Allerdings liegt mit der Potsdamer Parteimitgliederstudie eine breit angelegte Umfrage unter den Mitgliedern aller im Deutschen Bundestag vertretenen Parteien vor, die in den ersten drei Monaten des Jahres 1998, also gut ein halbes Jahr vor dem Eintritt der Grünen in die Bundesregierung, durchgeführt wurde. Im

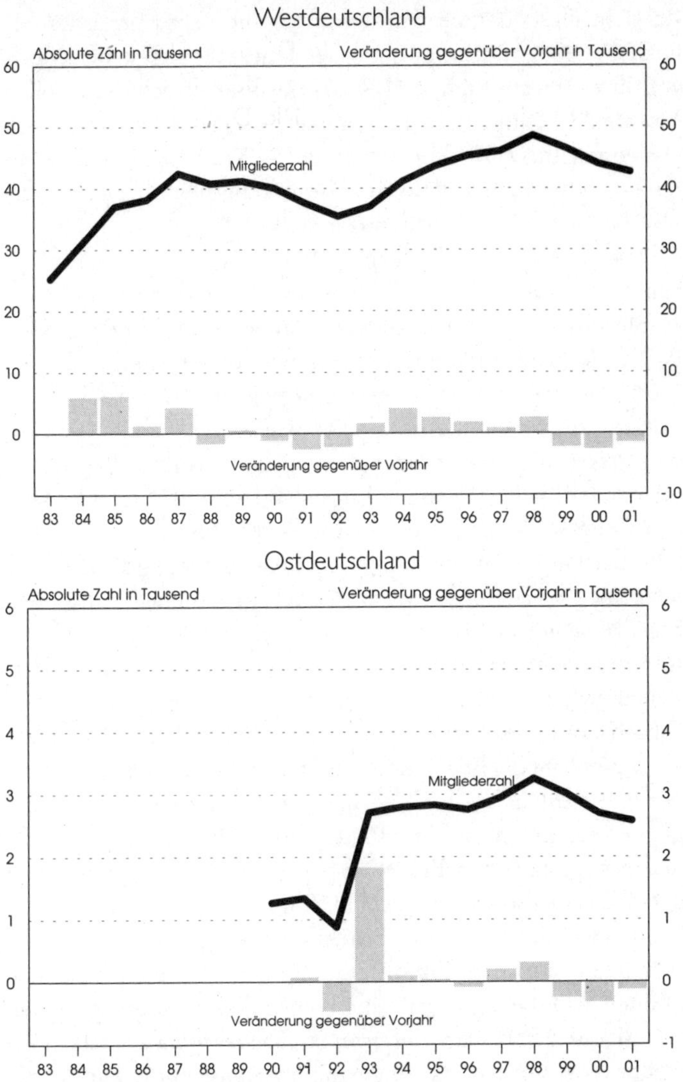

Quelle: Angaben der Bundesgeschäftsstelle der Grünen

Abb. 6: Die Entwicklung der Mitgliederzahl der Grünen zwischen 1983 und 2001

Rahmen dieser Studie wurden insgesamt 2247 Mitglieder der Grünen bezüglich ihrer politischen Überzeugungen, den Motiven ihrer Parteimitgliedschaft sowie ihrer sozialstrukturellen Merkmale befragt. Die Ergebnisse dieser Befragung wurden uns von Wilhelm Bürklin, dem wissenschaftlichen Leiter dieser Studie, freundlicherweise im Vorgriff auf seine eigenen Veröffentlichungen zur Verfügung gestellt.

Die Daten der Potsdamer Parteimitgliederstudie ermöglichen es uns dabei unter anderem, das Ausmaß des Mitgliederaustauschs der Grünen genauer zu bestimmen. Die grünen Parteimitglieder wurden im Rahmen dieser Studie danach gefragt, wann sie ihrer Partei beigetreten sind. Dabei zeigt sich, daß nur 44 Prozent der Mitglieder den Grünen bereits vor 1990 beigetreten waren. 56 Prozent hingegen schlossen sich erst 1990 oder später den Grünen an. Ein Großteil ihrer Mitglieder sind den Grünen also zu einem Zeitpunkt beigetreten, als sich der innerparteiliche Sieg der Realos entweder eindeutig abzeichnete oder aber bereits errungen war. Daß die Mitglieder die oben beschriebenen innerparteilichen Flügelkämpfe sehr wohl zur Kenntnis genommen haben, zeigen die in Abbildung 7 dargestellten Antworten auf die Frage, ob nach der persönlichen Einschätzung des befragten Mitglieds Bündnis 90/Die Grünen aus unterschiedlichen Flügeln bestehen. 73 Prozent der Mitglieder bejahten dies, nur 3 Prozent glaubten das nicht. Darüber hinaus rechneten sich 72 Prozent der Grünen selbst einem der innerparteilichen Flügel zu. Die stärkste Gruppe bildeten dabei die Realos, denen sich 53 Prozent der Parteimitglieder zugehörig fühlten. Nur 11 Prozent der Mitglieder der Grünen rechneten sich den Fundis zu. Man wird davon ausgehen können, daß die nach 1998 einsetzende Austrittsbewegung den Anteil der Fundis an der grünen Parteimitgliedschaft noch weiter reduziert hat, da gerade diese Gruppe mit den im Laufe der Regierungsbeteiligung der Grünen notwendig gewordenen Kompromissen und Kurskorrekturen unzufrieden gewesen sein dürfte.

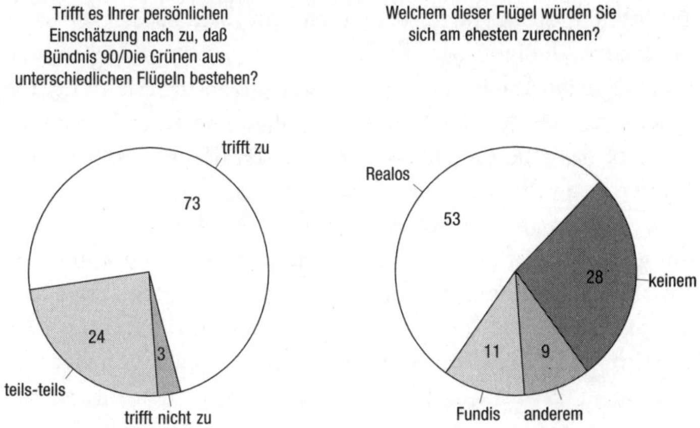

Quelle: Potsdamer Parteimitgliederstudie 1998

Abb. 7: Die Wahrnehmung der verschiedenen innerparteilichen Flügel und die Selbstzurechnung zu diesen unter den grünen Parteimitgliedern

Wenn ein Parteimitglied mit seiner Partei unzufrieden ist, dann stehen ihm – so lange es nicht in Lethargie verfallen will – prinzipiell zwei Handlungsmöglichkeiten offen, um seiner Unzufriedenheit Ausdruck zu verleihen: Exit oder Voice. Es kann also entweder die Partei verlassen oder aber aufbegehren und sich für Veränderungen innerhalb der Partei stark machen. Unter den Mitgliedern der Grünen finden beide dieser Möglichkeiten deutlichen Anklang. Danach gefragt, wie sie zu einem Austritt aus ihrer Partei stehen, gaben nur 13 Prozent der Grünen an, dies hielten sie für ausgeschlossen. Immerhin 19 Prozent gaben an, gegenwärtig über einen Austritt nachzudenken. 66 Prozent der Grünen hatten zumindest 1998 keine konkreten Austrittsgedanken. Immerhin 3 Prozent wollten die Grünen demnächst verlassen. Die Bereitschaft, auf Leistungsdefizite der Parteiführung oder nicht erwünschte programmatisch-ideologische Kurskorrekturen der Partei mit dem Austritt zu reagieren, ist unter den Mitgliedern der Grünen folglich ausgesprochen ausgeprägt. Aber auch unterhalb dieser Schwelle des Exit ist die innerparteiliche Protestbereitschaft der Grünen hoch. Nur 30 Prozent der Mitglieder waren der Meinung, die innerparteiliche Diskussion sollte niemals so intensiv geführt werden, dass die Geschlossenheit der Partei gefährdet werde. Immerhin 49 Prozent aber verneinten dies.

Interessante Informationen liefert die Potsdamer Parteimitgliederstudie auch hinsichtlich der soziodemographischen Zusammensetzung der grünen Parteimitglieder. So zeigt sich beispielsweise, daß 1998 nur 5 Prozent der Grünen jünger als 25 Jahre waren. 40 Prozent waren zwischen 26 und 40 Jahre und weitere 51 Prozent 41 bis 60 Jahre. Älter als 60 Jahre waren 4 Prozent der Mitglieder der Grünen. Mit dieser Altersverteilung weisen die Grünen zwar die jüngste Alterstruktur aller deutschen Parteien auf, doch sind sie gleichwohl weit davon entfernt, weiterhin die Partei der Jugend zu sein, als die sie sich in früheren Zeiten ausgaben. Vielmehr sind die über vierzigjährigen mittlerweile auch innerhalb der grünen Partei deutlich in der Mehrheit: Dies mag erklären, warum sich die Grünen im Januar 1994 bemüßigt sahen, eine eigene Jugendorganisation, das Grün-Alternative Jugendbündnis, zu gründen.

Ein deutlich erkennbares Charakteristikum der Mitgliedschaft der Grünen ist der (relativ) hohe Frauenanteil, der 1998 immerhin 38 Prozent betrug. Einen geringfügig höheren Frauenanteil weist nur die PDS auf. Die Mitglieder der Grünen besitzen darüber hinaus ein deutlich höheres Bildungsniveau als die Mitglieder aller anderen deutschen Parteien. Immerhin 58 Prozent verfügen über ein abgeschlossenes Studium, weitere 22 Prozent besitzen zumindest das Abitur. Die Mittlere Reife weisen 14 Prozent der Grünen auf, und über den Hauptschulabschluß nicht hinausgekommen sind nur 7 Prozent. Ausgesprochen hoch ist auch der Anteil der Erwerbstätigen unter den Mitgliedern der Grünen (vgl. Abbildung 8). 75 Prozent von ihnen sind ganz- oder halbtags erwerbstätig. Weitere 6 Prozent sind arbeitslos und 5 Prozent befinden sich noch in Ausbildung. Nicht-erwerbstätig im engeren Sinne, sei es als Hausfrau bzw. Hausmann oder Rentner, sind nur jeweils ca. 5 Prozent. Die Erwerbstätigkeit wiederum findet bevorzugt im öffentlichen Dienst statt. 48 Prozent der erwerbstätigen Grünen, d.h. 36 Prozent aller Mitglieder, arbeiten als Angestellte oder Beamte im öffentlichen Dienst! 24 Prozent der erwerbstätigen Mitglieder der Grünen arbeiten als Angestellte in der Wirtschaft, 7 Prozent sind Arbeiter. 8 Prozent arbeiten als akademische Freiberufler, weitere 14 Prozent sind selbständig.

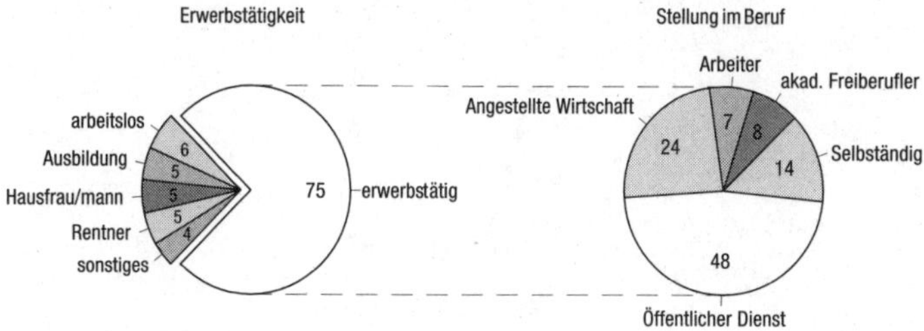

Quelle: Potsdamer Parteimitgliederstudie 1998

Abb. 8: Erwerbstätigkeit und berufliche Stellung der grünen Parteimitglieder

Im Rahmen der Potsdamer Parteimitgliederstudie wurde den Befragten auch eine Variante des oben bereits vorgestellten Inglehart-Index vorgelegt, mit dessen Hilfe die Wertorientierungen einer Person erfaßt werden können. Die Mitglieder der Grünen neigen dabei in ihrer übergroßen Mehrheit den neuen Werten zu (vgl. Abbildung 9): 74 Prozent der Befragten werden als Postmaterialisten klassifiziert, 25 Prozent als Mischtypen und nur ein Prozent als Materialisten. Der Anteil der Postmaterialisten unter den grünen Parteimitgliedern ist damit zweieinhalbmal so groß wie der Anteil der Postmaterialisten unter den Mitgliedern der SPD, die unter den Mitgliedschaften der deutschen Parteien die zweitgrößte Affinität zu den neuen Werten aufweisen. In der hohen Affinität der grünen Parteimitglieder zu postmaterialistischen Werten spiegeln sich die Wurzeln der grünen Partei in der studentischen Protestbewegung und den Neuen Sozialen Bewegungen also auch heute noch wider. Diese Verwurzelung zeigt sich aber auch darin, daß 35 Prozent der Mitglieder der Grünen gleichzeitig einem Umweltschutzverband angehören, 23 Prozent einer Bürgerinitiative und 10 Prozent einer Frauengruppe.

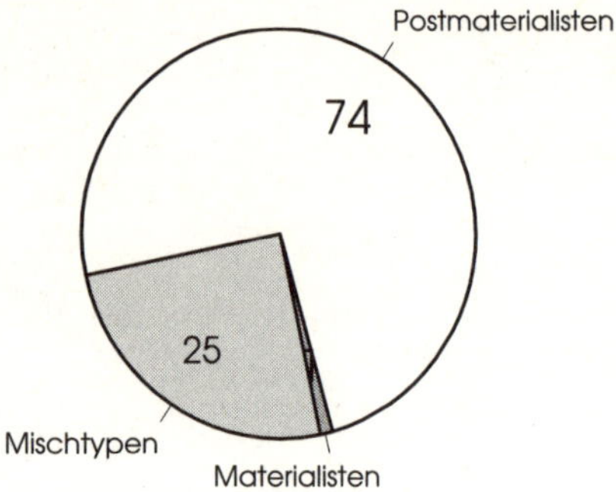

Quelle: Potsdamer Parteimitgliederstudie 1998

Abb. 9: Die Wertorientierungen der grünen Parteimitglieder

Es mag an den partizipationsorientierten Werten der grünen Parteibasis oder aber an den Bewegungstraditionen ihrer Partei liegen: Die Grünen sind im Vergleich zu den Mitgliedern anderer Parteien innerparteilich vergleichsweise aktiv. 22 Prozent von ihnen wenden im Monat 20 Stunden oder mehr für die Parteiarbeit auf. 41 Prozent investieren immerhin noch zwischen 5 und 19 Stunden pro Monat in die Parteiarbeit. Weniger als 5 Stunden ihrer Zeit opfern monatlich nur 38 Prozent der Grünen. Betrachtet man die von den Mitgliedern der Grünen in den letzten fünf Jahren ausgeübten innerparteilichen Aktivitäten genauer, dann ergibt sich das in Abbildung 10 dargestellte Bild. 85 Prozent haben während dieses Zeitraums (mindestens) eine Parteiversammlung besucht, 71 Prozent ein oder mehrere Parteifeste. Beim Plakatekleben oder Verteilen von Info-Materialien haben 68 Prozent der grünen Parteimitglieder geholfen, und immerhin 66 Prozent haben in ihrer Partei an der Politikformulierung mitgewirkt. 61 Prozent der grünen Parteimitglieder haben über ihren regulären Mitgliedsbeitrag hinaus in den letzten fünf Jahren eine Geldspende an ihre Partei geleistet. In der Mitgliederwerbung und der Organisation der Parteiarbeit haben sich jeweils ungefähr 60 Prozent der grünen Parteimitglieder engagiert. Das Verfassen von Beiträgen für Parteizeitungen und die Mitarbeit im Rahmen von sozialen Aktionen rangieren mit einer Beteiligungsquote von 42 bzw. 39 Prozent am Ende der Aktivitätshierarchie.

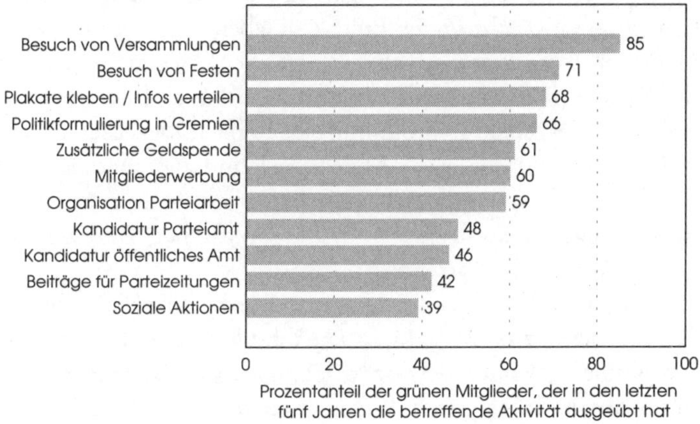

Quelle: Potsdamer Parteimitgliederstudie 1998

Abb. 10: Die innerparteilichen Aktivitäten der grünen Parteimitglieder

Der auffälligste Befund in Abbildung 10 besteht allerdings darin, daß immerhin 48 Prozent der Mitglieder der Grünen in den letzten fünf Jahren für ein Parteiamt kandidiert haben und weitere 46 Prozent für ein öffentliches Amt. Diese Anteile liegen deutlich über den entsprechenden Quoten bei SPD und CDU und ungefähr vergleichbar hoch wie in der FDP. Dieses hohe Ausmaß ämterorientierter Partizipation innerhalb der Grünen ist dabei auf verschiedene Ursachen zurückzuführen: Zum einen auf den relativ kleinen Mitgliederbestand, zum zweiten auf die hohe Zahl von innerparteilichen Ämtern, die aufgrund der prinzipiellen Bevorzugung von Kollegialorganen zu besetzen sind, sowie drittens schließlich wohl auch darauf, daß innerhalb der grünen Partei ein relativ hoher Anteil der Mitglieder daran interessiert ist, die Politik zum Beruf zu machen.

Mit ihrer Etablierung im System der parlamentarischen Demokratie hatte die grüne Bewegung nämlich auch im Hinblick auf die Motive ihrer Mitglieder ihre Unschuld verloren. Während viele Aktivisten der Neuen Sozialen Bewegungen noch für die Politik lebten, begannen viele Aktivisten der grünen Partei plötzlich von der Politik zu leben – und das teilweise nicht schlecht. Waren doch auf den verschiedenen Ebenen der Parteiorganisation Geschäftsführerposten und Referentenstellen zu vergeben, im kommunalen Bereich Dezernenten zu stellen und – last not least – Abgeordnete in Landesparlamente, den Bundestag sowie das Europäische Parlament zu entsenden. Von Ministern, Staatsekretären und politischen Beamten in grünen Ministerien ganz zu schweigen.

Um nicht mißverstanden zu werden: Es ist nicht ehrenrührig, Politik zum Beruf zu machen. Im Falle der Grünen aber hat es einen gewissen Beigeschmack, hatten sich die Grünen in ihren Anfangsjahren doch vehement gegen abgehobene Berufspolitiker gewandt, denen vermeintlich die gesellschaftliche Verwurzelung fehle und eine neue Kultur des ehrenamtlichen Engagements in der Politik gefordert. Mittlerweile aber kann ein großer Teil der grünen Spitzenpolitiker auf eine ebenso geradlinige und eindimensionale Parteilaufbahn zurückblicken wie das Spitzenpersonal der anderen etablierten Parteien auch. Insbesondere Mitglieder der jüngeren Politikergeneration der Grünen, die zur Partei stießen, als deren parlamentarische Etablierung bereits vollzogen war, weisen teilweise Lebensläufe auf, die sie direkt von der Schule oder der Hochschule in den Bundestag geführt haben. Als Beispiele seien Matthias Berninger, Ekin Deligöz, Grietje Bettin und Anna Lührmann genannt.

Aber auch die jetzige Fraktionsvorsitzende Katrin Göring-Eckardt hat eine grüne Bilderbuchkarriere hinter sich: Zunächst Referentin für Frauenpolitik, Familie und Jugend der grünen Fraktion im thüringischen Landesparlament, dann Mitarbeiterin des grünen Bundestagsabgeordneten Matthias Berninger und schließlich selbst Bundestagsabgeordnete. Jürgen Trittin – um noch ein letztes Beispiel zu nennen – war zunächst Geschäftsführer einer Alternativen Liste in Göttingen, dann Pressesprecher der Grünen Landtagsfraktion in Niedersachsen, schließlich Landtagsabgeordneter, zwischendurch Landesminister, dann Sprecher des Bundesvorstands der Grünen und schließlich Bundestagsabgeordneter und gleichzeitig Bundesumweltminister.

Daß innerhalb der grünen Partei immer mehr Menschen in der beschriebenen Weise von der Politik leben, mag dabei nicht ohne Einfluß auf ihr politisches Handeln geblieben sein. Womöglich steigt die Akzeptanz des Bestehenden und die Kompromißbereitschaft gegenüber dem jeweiligen Koalitionspartner an, wenn als Ergebnis bestimmter politischer Entscheidungen die eigene berufliche Existenz bedroht ist. Die vielfältigen Kompromisse, die die Grünen im Rahmen ihrer Beteiligung an der Bundesregierung haben schließen müssen und die teilweise Kernbereich der grünen Identität berührten, deuten zumindest darauf hin.

Wechselbäder:

Die Wahlergebnisse der Grünen zwischen 1978 und 2002

Politik ist ein überaus schnellebiges Geschäft, und der Wähler bereitet den Parteien oftmals Wechselbäder der Gefühle. Nicht anders verhält sich dies bei den Grünen. So hat die grüne Partei bei der Bundestagswahl 2002 zwar das beste Bundestagswahlergebnis ihrer bis dahin zweiundzwanzigjährigen Geschichte erzielt, doch gerät darüber allzu leicht in Vergessenheit, daß die Grünen in den letzten Jahren bei Landtagswahlen eher schlecht abgeschnitten haben. Will man die Zukunftschancen der Grünen also realistisch beurteilen, so genügt es nicht, sich auf ein einziges Wahlergebnis zu konzentrieren. Im folgenden werden wir daher die Wahlergebnisse der Grünen bei den Bundestags-, Landtags- und Europawahlen der Jahre 1978 bis 2002 untersuchen, also über die gesamte bisherige Geschichte der grünen Partei hinweg. Diese Zahlen geben einen Eindruck davon, welchen Rückhalt die Grünen bei den Wählern finden und ob sich dieser Rückhalt im Zeitverlauf systematisch verändert hat. Erst auf der Grundlage dieser langfristig angelegten Betrachtung lassen sich tragfähige Aussagen über die Zukunftschancen der Grünen ableiten.

Zwischen 1978 und 2002 sind die Grünen oder eine ihrer Vorläuferorganisationen bei insgesamt 99 Wahlen angetreten. Die Ergebnisse all dieser Wahlen sind in Abbildung 11 überblicksartig zusammengestellt. Die horizontale Achse der

Abbildung bildet die Zeitachse, vertikal ist die Abbildung nach den verschiedenen Wahlen aufgefächert. Die Wahlergebnisse der Grünen bei den Bundestags- und Europawahlen sind dabei für West- und Ostdeutschland getrennt ausgewiesen, um die Entwicklung in den beiden Teilen Deutschlands separat analysieren zu können. In den neuen Bundesländern wurden dabei bis zur Vereinigung von Bündnis 90 und Grünen im Jahr 1993 die Stimmenanteile dieser beiden Parteien jeweils addiert. Bevor wir uns der Analyse der Entwicklung der Wahlergebnisse der grünen Partei im Zeitverlauf zuwenden, sollen zunächst kurz einige wichtige Marksteine hervorgehoben werden. So ist zu erwähnen, daß die Grünen – obgleich erst 1980 gegründet – sich in Gestalt einer ihrer Vorgängerorganisationen, der «Grünen Liste Umweltschutz», bereits am 4. Juni 1978 zum ersten Mal bei Landtagswahlen beteiligten, und zwar bei den beiden am gleichen Tag stattfindenden Wahlen in Hamburg und Niedersachsen. In Hamburg trat darüber hinaus eine «Bunte Liste» zur Wahl an. Die Fünf-Prozent-Hürde wurde mit 5,1 Prozent der Stimmen zum ersten Mal am 7. Oktober 1979 in Bremen durch die sog. «Bremer Grüne Liste» überwunden. Nur ein halbes Jahr später, im März 1980, gelang es den Grünen dann auch in einem bundesdeutschen Flächenstaat, die fünf Prozent-Hürde zu überwinden. Bei den Landtagswahlen in Baden Württemberg gewannen sie 5,3 Prozent der Stimmen. Diesmal handelte es sich auch schon um die Partei «Die Grünen», die nur knapp drei Monate zuvor gegründet worden war. Das höchste Wahlergebnis, das die Grünen jemals erzielen konnten, waren bei der Berliner Abgeordnetenhauswahl des Jahres 1995 im Westteil der Stadt 15 Prozent. Überhaupt liegen die Stimmenanteile der Grünen in den Stadtstaaten Bremen, Hamburg und Berlin in der Tendenz durchgängig höher als in den Flächenstaaten. Das höchste Ergebnis in einem Flächenstaat waren 1996 bei der Landtagswahl in Baden Württemberg 12,1 Prozent der Stimmen, dicht gefolgt von den 11,2 Prozent,

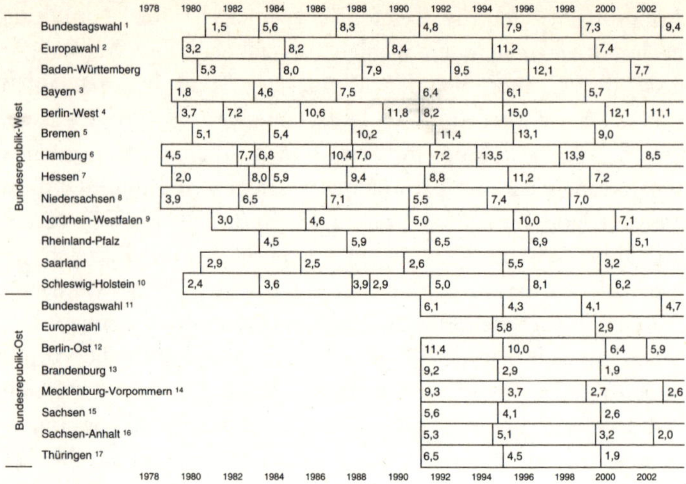

Anmerkungen:

1 1990: Grüne West einschließlich West-Berlin
2 1979: «Sonstige Politische Vereinigung» (SPV) Die Grünen
3 1979: «Aktionsgemeinschaft Unabhängiger Deutscher» (AUD) Kennwort: Die Grünen
4 1981–1989: «Alternative Liste» (AL), 1990: «Grüne/AL» 6,9 Prozent, «Bündnis 90/Grüne/Unabhängiger Frauenverband» 1,3 Prozent
5 1979: «Bremer Grüne Liste» (BGL)
6 1978: «Bunte Liste» 3,5 Prozent, «Grüne Liste Umweltschutz» (GLU) 1,0 Prozent
7 1978: «Grüne Liste Hessen» (GLH) 1,1 Prozent, «Grüne Aktion Zukunft» (GAZ) 0,9 Prozent
8 1978: «Grüne Liste Umweltschutz» (GLU)
9 1990: 4,97 Prozent
10 1979: «Grüne Liste Schleswig-Holstein» (GLSH)
11 1990: Bündnis 90/Grüne einschließlich Ost-Berlin
12 1990: «Grüne/AL» 1,7 Prozent, «Bündnis 90/Grüne/Unabhängiger Frauenverband» 9,8 Prozent
13 1990: «Bündnis 90» 6,4 Prozent, «Grüne» 2,8 Prozent
14 1990: «Bündnis 90» 2,2,Prozent, «Grüne» 4,2 Prozent, «Neues Forum» 2,9 Prozent
15 1990: «Neues Forum/Bündnis 90/Grüne»
16 1990: «Grüne Liste/Neues Forum»
17 1990: «Neues Forum/Die Grünen/Demokratie Jetzt»

Abb. 11: Der Stimmenanteil der Grünen und ihrer Vorgängerparteien bei den Bundestags-, Landtags- und Europawahlen der Jahre 1978 bis 2001 (Gesamtdeutschland)

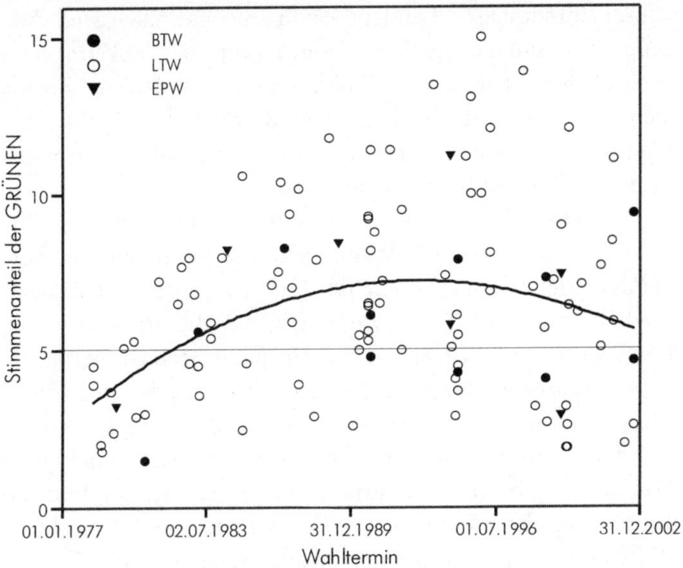

Abb. 12: Der Stimmenanteil der Grünen bei den Bundestags-, Landtags- und Europawahlen der Jahre 1978 bis 2002 (Gesamtdeutschland)

die die hessischen Grünen bei der Landtagswahl des Jahres 1994 erreichen konnten.

Abbildung 11 war zunächst darauf ausgelegt, alle Wahlergebnisse der grünen Partei zwischen 1978 und 2002 umfassend zu dokumentieren. Es stellt sich nun die Frage, ob die Wahlergebnisse der Grünen über die Zeit hinweg einem erkennbaren Entwicklungstrend folgen. Um einen solchen Trend – so er denn existiert – augenfällig machen zu können, wurden die Wahlergebnisse in einem sogenannten Streuungsdiagramm abgetragen (vgl. Abbildung 12). Jede Wahl wird in diesem Diagramm jeweils durch einen der abgetragenen Punkte repräsentiert. Die Koordinaten dieses Punktes geben dabei an, wann die betreffende Wahl stattfand (horizontale Achse) und wie groß der Stimmenanteil der Grünen bei dieser Wahl war (vertikale

Achse). Bundestags-, Landtags- und Europawahlen sind aufgrund der unterschiedlichen Gestaltung der abgetragenen Punkte unterscheidbar. In Abbildung 12 ist darüber hinaus auch die 5-Prozent-Hürde des bundesdeutschen Wahlrechts graphisch repräsentiert, und zwar durch eine einfache horizontale Linie bei einem Stimmenanteil von 5 Prozent.

Sodann wurde eine Trendfunktion durch die in Abbildung 12 abgetragenen Wahlergebnisse gelegt, die die Entwicklung der Stimmenanteile der Grünen im Zeitverlauf bestmöglich beschreibt. Dabei zeigt sich, daß die Stimmenanteile der Grünen zunächst einem ansteigenden Trend unterliegen, sich die Entwicklung später aber umkehrt. Im Jahr 2002 nähert sich die Trendfunktion bereits wieder bedrohlich der 5-Prozent-Hürde an. Die Grünen scheinen also ungeachtet des guten Abschneidens bei der Bundestagswahl 2002 in der langfristigen Betrachtung ihren Zenit bereits überschritten zu haben. Ihren Höhepunkt in der Gunst der Wähler erreichten die Grünen zu Beginn der neunziger Jahre. Der Abwärtstrend setzt kurz nach der Vereinigung der westdeutschen Grünen mit dem ostdeutschen Bündnis 90 ein. Es ist also zumindest nicht auszuschließen, daß die in Abbildung 12 diagnostizierte Trendumkehr in den Wahlergebnissen der Grünen damit zusammenhängen könnte, daß seit 1990 auch die Wahlergebnisse der Partei in den neuen Bundesländern mit in die Berechnungen eingehen, die den Trend womöglich «nach unten ziehen».

In Abbildung 13 ist daher die Entwicklung der Stimmenanteile bei den Bundestags-, Landtags- und Europawahlen getrennt für die neuen Bundesländer dargestellt. Hier fällt der Trend der Wahlergebnisse sehr viel eindeutiger aus als in Gesamtdeutschland. Während die Partei 1990 bei allen Wahlen mehr als 5 Prozent der Stimmen erringen konnte, geht der Stimmenanteil der Grünen in den Folgejahren deutlich zurück und liegt in der Mehrzahl der Fälle gar unterhalb der 5-Prozent-Hürde. Tatsächlich ist es also so, daß die Wahlergebnisse in den neuen Ländern einen deutlichen Abwärtstrend aufweisen

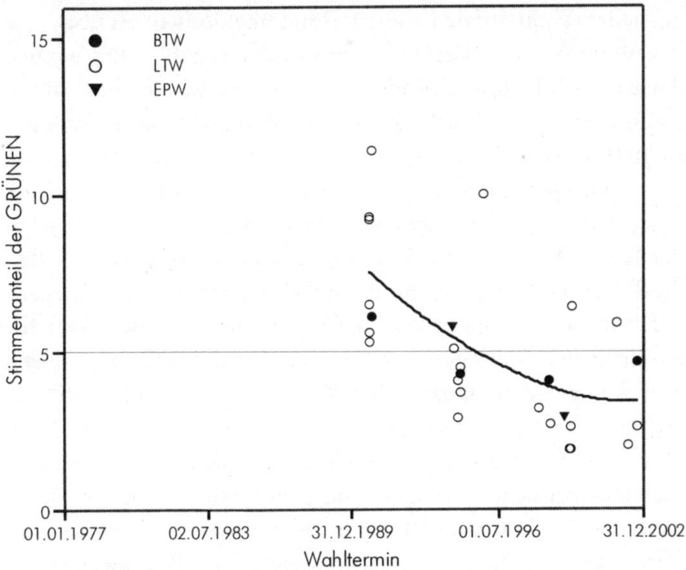

Abb. 13: Der Stimmenanteil der Grünen bei den Bundestags-, Landtags- und Europawahlen der Jahre 1990 bis 2002 (nur Ostdeutschland)

und den Trend für Gesamtdeutschland dadurch negativ beeinflussen.

Wie dramatisch sich die Situation von Bündnis 90/Die Grünen in den neuen Bundesländern darstellt, zeigt sich daran, daß die Bündnisgrünen in den Landesparlamenten der ostdeutschen Flächenstaaten gegenwärtig überhaupt nicht mehr vertreten sind, nachdem sie bereits bei den Landtagswahlen des Jahres 1994 mit Ausnahme Sachsen-Anhalts in allen ostdeutschen Ländern die 5-Prozent-Hürde – zum Teil deutlich – verfehlt hatten. Auch bei Bundestags- und Europawahlen liegen die Grünen seit 1994 in den neuen Bundesländern unterhalb der 5-Prozent-Hürde. Einzig in Ost-Berlin konnten Bündnis 90/Die Grünen auch 2001 noch 5,9 Prozent der Stimmen für sich erringen. Insgesamt aber gilt, daß sich die Grünen bei jeder Wahl in den neuen Bundesländern gegenüber der jeweils vorhergehenden Wahl verschlechtert haben. Die einzige Ausnahme bildete die Bundestagswahl 2002, bei der die Grünen in Ostdeutschland im Vergleich zur Bundestagswahl 1998 geringfügig um 0,6 Prozentpunkte zulegen konnten.

Wo aber liegen die Gründe für diesen Absturz der grünen Partei auf dem Gebiet der ehemaligen DDR? Unmittelbar nach der Wende konnte das Bündnis 90 von dem Kredit zehren, den die Bürgerrechtsbewegung bei den Bürgerinnen und Bürgern der fünf neuen Länder genoß. Die ordentlichen Resultate für die Listenverbindungen aus Bündnis 90 und den Grünen waren also weniger dem spezifischen Politikangebot und Profil der Grünen zuzuschreiben, als vielmehr dem von Bündnis 90. Doch dieser Kredit konnte nicht ewig vorhalten. Mit zunehmendem zeitlichen Abstand zur Wiedervereinigung gerieten auch die Verdienste der Bürgerrechtsbewegung zunehmend in Vergessenheit. Die neuen, gesamtdeutschen «Bündnisgrünen» wurden nun verstärkt zum Gegenstand der Bewertung. Was ihnen nicht gut bekam, denn in der Wahrnehmung vieler potentieller Wählerinnen und Wähler im Osten wurde das Bild von Bündnis 90/Die Grünen immer stärker von den West-Grünen geprägt. Dies um so mehr, als es keinem prominenten Ost-Grünen gelang, in der Bundestagsfraktion von Bündnis 90/Die Grünen oder gar der 1998 gebildeten rot-grünen Bundesregierung in eine Schlüsselposition zu gelangen. Erst 2002 sollte mit Katrin Göring-Eckardt eine Ostdeutsche in eine Schlüsselposition der grünen Bundestagsfraktion gelangen. Mit den West-Grünen allerdings können die Ostdeutschen wenig anfangen. Sie sind ein Gewächs, das seine Wurzeln und Traditionen in der alten Bundesrepublik der ausgehenden siebziger und beginnenden achtziger Jahre hat und nur aus den damaligen Zeitumständen verstanden werden kann. Anti-Atomkraft- und Friedensbewegung, Bürger- und Wählerinitiativen, Kommunistische und Umweltgruppen, Hausbesetzer- und Wohngemeinschaftsszene – aus ihnen sind die Grünen und ihr Milieu erwachsen.

Und eben dieses Milieu ist es, das den Grünen im Osten fehlt. Die westdeutschen Traditionslinien der Grünen sind den meisten Wählerinnen und Wählern des Bündnis 90 fremd und befremdlich geblieben; auf ein genuines ostdeutsches Milieu konnte sich die Partei nie stützen. Die Gegnerschaft zum SED-Regime war in der Endphase der ehemaligen DDR die inhaltliche Klammer, die eine große Bandbreite von politischen Strömungen und Denktraditionen verband. Vom evangelischen Pfarrer bis zum überzeugten Sozialisten reichte die Spannweite der handelnden Akteure. Diese Allianz war aber zu fragil und zerbrechlich, um nach der Wende lange Bestand haben zu können. Die Verbindung mit den westdeutschen Grünen war somit rückblickend die einzige Möglichkeit, wenigstens den Namen Bündnis 90 und einige wenige der handelnden Personen in die gesamtdeutsche Zukunft zu retten. Die Partei Bündnis 90/Die Grünen aber ist in den neuen Bundesländern ein lebloser Organisationsmantel geblieben: Bei den Wahlen konnte sie eine Zeit lang von den Verdiensten der Bürgerrechtsbewegung profitieren. Sehr schnell erwies sie sich dann aber als eine Partei ohne gesellschaftliche Verankerung. Ebenso wie die PDS im Osten sind die Grünen eine Regionalpartei des Westens. Ihre Chancen, auch in den neuen Bundesländern auf hohem Niveau Fuß zu fassen, scheinen aus heutiger Sicht eher gering. In Anbetracht der Tatsache, daß die Ostdeutschen ein Fünftel der bundesdeutschen Wahlberechtigten stellen, ist dies ein massives Handicap, da dadurch bei gesamtdeutschen Wahlen in Westdeutschland die 5-Prozent-Hürde für die Grünen gewissermaßen auf über 6 Prozent angehoben wird; die Partei muß im Westen die notwendigen Stimmen gewinnen, um gesamtdeutsch über fünf Prozent zu kommen.

Nachdem die Situation in den neuen Bundesländern nun einer eingehenden Betrachtung unterzogen ist, soll abschließend noch die Entwicklung der Stimmenanteile der Grünen in den alten Bundesländern untersucht werden. Hier stellt sich die Frage, ob der in Abbildung 12 diagnostizierte Abwärts-

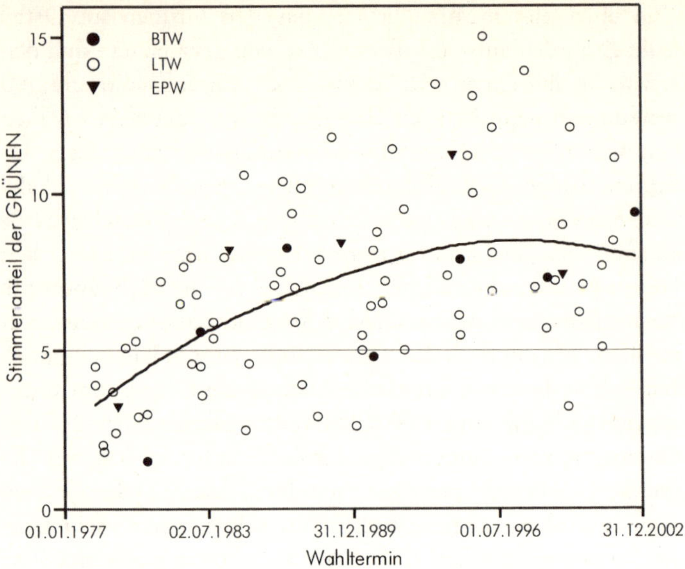

Abb. 14: Der Stimmenanteil der Grünen bei den Bundestags-, Landtags- und Europawahlen der Jahre 1978 bis 2002 (nur Westdeutschland)

trend der grünen Wahlergebnisse auch dann erhalten bleibt, wenn man die extrem ungünstige Entwicklung der Situation in den neuen Bundesländern bei der Analyse unberücksichtigt läßt. In Abbildung 14 sind daher noch einmal die Ergebnisse der Grünen bei den Bundestags-, Europa- und Landtagswahlen der Jahre 1978 bis 2002 dargestellt, allerdings diesmal beschränkt auf das Gebiet der alten Bundesrepublik. Auch in diesem Fall zeigt sich, daß der Stimmenanteil der Grünen zunächst tendenziell ansteigt und die Entwicklung dann ab einem gewissen Zeitpunkt rückläufig ist. Allerdings setzt der Rückgang in diesem Fall erst Ende der neunziger Jahre ein und nähert sich außerdem nicht derart dicht der 5-Prozent-Hürde wie im gesamtdeutschen Fall. Auch findet sich nach 1990 nur ein einziges Wahlergebnis unterhalb der 5-Prozent-Hürde.

Die Tatsache, daß der Rückgang der Stimmenanteile der Grünen in den alten Bundesländern ungefähr zu der Zeit einsetzte, als die Partei zum ersten Mal in ihrer Geschichte als Koalitionspartner an einer Bundesregierung beteiligt war, legt den Verdacht nahe, daß der rückläufige Stimmenanteil von Bündnis 90/Die Grünen direkt mit ihrer Regierungsbeteiligung zusammenhängt. Für eine solche Interpretation spricht, daß in jedem Bundesland, in dem nach der Bundestagswahl 1998 eine Landtagswahl stattfand, die Grünen ihren bei der jeweiligen Vorwahl errungenen Stimmenanteil nicht halten konnten und – teilweise drastische – Stimmeneinbußen hinnehmen mußten. Zumindest deutet das zeitliche Aufeinanderfolgen von Regierungsbeteiligung und rückläufigen Stimmenanteilen bei den Landtagswahlen auf einen solchen Zusammenhang hin. Es spricht gleichzeitig aber auch einiges dafür, daß die Grünen auch ohne ihre Regierungsbeteiligung keine weiteren Stimmenzuwächse erzielt hätten, da sich der Trend ihrer Wahlergebnisse bereits Mitte der neunziger Jahre deutlich abflachte. Womöglich sind die Grünen mittlerweile schlicht und einfach an der natürlichen Obergrenze ihres Wählerpotentials angelangt. Es könnte für die Grünen dadurch schwieriger geworden sein, dieses nicht mehr weiter wachstumsfähige Potential bei jeder Wahl neu für den Urnengang zu motivieren. Im folgenden wird daher unter anderem zu untersuchen sein, ob die Stimmeneinbußen von Bündnis 90/Die Grünen nach der Bundestagswahl 1998 wirklich und ausschließlich auf die Tatsache der Beteiligung an der Regierungsverantwortung zurückzuführen ist oder ob andere Prozesse für diese Trendumkehr (mit)verantwortlich gemacht werden können.

Dynamik:

Die Grünen in den Meinungsumfragen

Die Analyse der Wahlergebnisse der Grünen, die im Mittelpunkt des vorangegangenen Abschnitts stand, ist wichtig, da Wahlen periodisch wiederkehrende Zäsuren im Prozeß der politischen Willensbildung darstellen, die zu einem bestimmten Stichtag dessen Ergebnis bilanzieren und über die Zusammensetzung des Parlaments und damit letztlich auch über die politischen Einflußmöglichkeiten der verschiedenen Parteien bestimmen. Die Analyse von Wahlergebnissen weist gleichzeitig aber auch eine Reihe von Beschränkungen auf: So ist es auf der Grundlage amtlicher Wahlergebnisse nicht möglich, der Frage nach den Motiven und der sozialstrukturellen Zusammensetzung der Wählerinnen und Wähler einer Partei nachzugehen. Darüber hinaus ist es ebenfalls nicht möglich, die Dynamik des politischen Willensbildungsprozesses zwischen den Wahlterminen zu analysieren, da Wahlen singuläre historische Ereignisse darstellen.

Die genannten Probleme können durch die Analyse von Meinungsumfragen überwunden werden, in deren Rahmen jeweils eine annähernd repräsentative Stichprobe von wahlberechtigten Bürgern aus der Gesamtbevölkerung gezogen und bezüglich ihrer politischen Präferenzen befragt wird. Im Rahmen solcher Umfragen stehen für jede befragte Person Angaben über deren Wahlabsicht und eine Reihe weiterer Einstellungs- und Verhaltensvariablen sowie ihre sozialstrukturellen Charakteristika für Analysezwecke zur Verfügung. Diese Informationen können auf Befragtenebene miteinander in Beziehung gesetzt werden, so daß es möglich ist, die Motivstruktur der Wählerinnen und Wähler der Grünen sowie deren sozialstrukturelle Eigenarten zu ermitteln. Werden solche Meinungsumfragen mit einem weitgehend identischen Fragenkanon regelmäßig wiederholt, so ist es außerdem möglich, die Dynamik der Unterstützung für die Grünen und mögliche Strukturverschiebungen innerhalb der Wählerschaft der Partei zu analysieren.

Die im folgenden präsentierten empirischen Analysen wurden im wesentlichen auf der Grundlage der sog. Politbarometer der Mannheimer Forschungsgruppe Wahlen (FGW) durchgeführt. Bei den Politbarometern handelt es sich um Meinungsumfragen, die jeden Monat im Auftrag des ZDF durchgeführt werden. Die Politbarometer wurden erstmals 1977 erhoben, decken also die gesamte Geschichte der grünen Partei ab. Die Analysen werden sich im folgenden allerdings auf den Zeitraum 1980 bis 2001 beschränken. Der Startpunkt 1980 wurde gewählt, da die grüne Bundespartei erst im Januar 1980 offiziell gegründet wurde, auch wenn es bereits Ende der siebziger Jahre in verschiedenen Bundesländern Vorläuferorganisationen der Grünen gab. Diese wurden allerdings nicht alle einzeln im Rahmen des Politbarometers erfaßt, so daß es uns – anders als bei der Analyse der Wahlergebnisse – aus Gründen der Vergleichbarkeit angemessen erschien, mit der Analyse der Daten des Politbarometer erst 1980 zu beginnen. Die Analysen enden in den meisten Fällen im Jahr 2001, da aktuellere Daten von der Forschungsgruppe Wahlen der Wissenschaft bislang nicht zur Verfügung gestellt wurden. Die Datenanalyse erfolgte auf der Basis von Quartalen, d.h. es wurden jeweils die Daten von drei aufeinanderfolgenden Monaten zusammengefaßt, so daß für jedes Untersuchungsjahr vier Zeitpunkte für die Auswertung zur Verfügung stehen. Die Zusammenfassung der Monatswerte zu Quartalen war angesichts des relativ geringen

Bevölkerungsanteils von Grünen-Wählern notwendig, um zu jedem analysierten Zeitpunkt eine ausreichende Zahl von Fällen für die empirische Analyse zur Verfügung zu haben. Die auf den folgenden Seiten abgebildeten Grafiken enthalten außerdem jeweils die durch einen gleitenden Mittelwert «geglätteten» Ergebnisse der längsschnittlichen Analyse. Dadurch treten die – auch durch Stichprobenverzerrungen bedingten – kurzfristigen Schwankungen zugunsten der mittel- und langfristigen Entwicklungstrends in den Hintergrund. Die Analyseergebnisse werden darüber hinaus im folgenden jeweils für West- und Ostdeutschland getrennt dargestellt, da sich die Strukturen der grünen Wähler zwischen den beiden Teilen Deutschlands immer noch erheblich voneinander unterscheiden. Die Zeitreihe für Ostdeutschland beginnt dabei naturgemäß erst im Jahr 1990. Bis zur Vereinigung von Bündnis 90 und Grünen im Jahr 1993 wurden dabei jeweils die entsprechenden Angaben für die ostdeutschen Grünen und das Bündnis 90 für die Analyse herangezogen.

Wir haben zunächst untersucht, wie sich die in den Umfragen gemessene Unterstützung für die Grünen über die ersten gut 20 Jahre ihrer Existenz hinweg entwickelt hat. Dabei wird zwischen zwei verschiedenen Unterstützungsformen unterschieden, die auch im folgenden noch von einiger Bedeutung sein werden. Wir unterscheiden erstens potentielle Wähler der grünen Partei, d.h. solche Befragte, die im Rahmen der sog. «Sonntagsfrage» angeben, daß sie die Grünen wählen würden, wenn am nächsten Sonntag Bundestagswahl wäre. Darüber hinaus weisen wir außerdem den Anteil der Parteigebundenen aus. Dabei handelt es sich um all diejenigen Befragten, die angeben, sich langfristig an die grüne Partei gebunden zu fühlen, selbst wenn sie in der Vergangenheit auch schon einmal eine andere Partei gewählt haben sollten.

Der Anteil der Parteigebundenen ist also ein sehr viel härterer Indikator der Unterstützung für die grüne Partei als der Anteil der Wähler, da die Parteibindung eine langfristig stabile affektive Komponente umfaßt, während Wähler auch oder ausschließlich kurzfristig-konjunkturell motiviert sein können. Wie Abbildung 15 zeigt, schlägt sich dies unter anderem darin nieder, daß der Anteil der Parteigebunden sowohl in West- als auch in Ostdeutschland über den gesamten Zeitraum hinweg deutlich unterhalb des Anteils der Wähler liegt. In Westdeutschland schwankt der Anteil der Parteigebundenen über den Betrachtungszeitraum hinweg um einen Wert von fünf Prozent. Seit Anfang 1996 unterliegt dieser Anteil allerdings einer deutlich erkennbaren rückläufigen Tendenz, nachdem er sich zwischen 1991 und 1996 zunächst von ca. 4 auf ca. 7 Prozent erhöht hatte. In den neuen Bundesländern hingegen ist der Anteil der Parteigebunden seit 1991 stetig rückläufig und zwar von knapp über 5 Prozent im Jahr 1991 auf knapp 2 Prozent im Jahr 2000. Da man die Parteigebundenen auch als das Kernwählerpotential der Grünen interpretieren kann, bedeutet dies, daß die Grünen im Westen zwar über ein relativ stabiles Potential an Kernwählern verfügen, daß dieses Potential aber gerade einmal knapp 5 Prozent der Bevölkerung umfaßt. Für die neuen Bundesländer hingegen muß man eine kontinuierliche Erosion des Kernwählerpotentials der Grünen konstatieren.

Im Gegensatz hierzu unterliegt der Anteil der Wähler über die Zeit hinweg sehr viel größeren Schwankungen. Da die Wahlbereitschaft zugunsten der grünen Partei auch durch kurzfristige Überlegungen der Wählerinnen und Wähler beeinflußt werden kann, macht dies durchaus Sinn. Betrachtet man den Kurvenverlauf der Stimmenanteile der Wähler in Westdeutschland etwas genauer, dann zeigt sich, daß die Unterstützung der Grünen im Vorfeld der Bundestagswahlen der Jahre 1990, 1994 und 1998 jeweils deutlich zurückgeht (die Wahltermine sind in Abbildung 15 durch vertikale Linien kenntlich gemacht). Dies könnte zum einen mit dem normalen politischen Konjunkturzyklus erklärt werden, in dessen Verlauf die Oppositionsparteien in der Mitte der Legislaturperiode jeweils höhere Unterstützung erfahren als unmittelbar vor konkreten Wahlen, da die

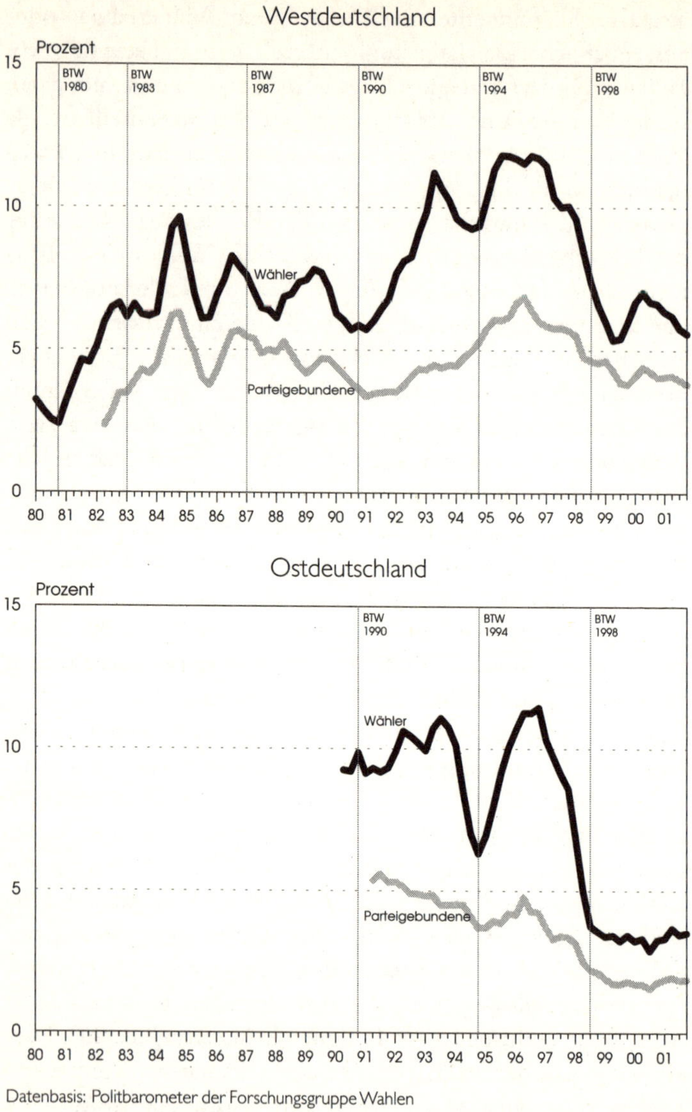

Datenbasis: Politbarometer der Forschungsgruppe Wahlen

Abb. 15: Die Entwicklung der Unterstützung für die Grünen in den Jahren 1980 bis 2001

Regierungsparteien die notwendigen Grausamkeiten gewöhnlich zu Beginn einer Legislaturperiode begehen, damit diese bis zu den nächsten Wahlen wieder in Vergessenheit geraten sind. Zum anderen könnte der Rückgang der Stimmenanteile für die Grünen vor konkreten Wahlen aber auch bedeuten, daß die Unterstützung für die grüne Partei immer dann hoch ist, wenn sie abstrakt bleibt und sich nicht in konkretes Handeln übersetzen muß. So mag man die Grünen prinzipiell sympathisch und unterstützenswert finden, sich aber dann, wenn konkret ein Gang zur Wahlurne ansteht, letztlich doch für eine der etablierten Parteien entscheiden. Auch in Ostdeutschland zeigt sich bei den Bundestagswahlen der Jahre 1994 und 1998 ein analoger Befund. Hier fällt allerdings der Rückgang der Unterstützung der Grünen im Vorfeld der Wahlen noch gravierender aus als im Westen.

Bei der Betrachtung der Entwicklung des Stimmenanteils der Grünen über die Zeit fällt in Westdeutschland außerdem ins Auge, daß die Unterstützung für die Grünen nach der verlorenen Bundestagswahl des Jahres 1990 deutlich anstieg und im Zeitraum von 1993 bis 1997 fast durchgängig bei über 10 Prozentpunkten lag. Geht man von der Annahme aus, daß die Unterstützung für die Grünen um so höher ist, je weiter sie von realer Machtausübung entfernt sind, dann könnte das Nicht-Vertreten-Sein der Grünen im Bundestag eine Art Mitleids-Effekt ausgelöst haben, der die Unterstützung der Grünen kurzzeitig nach oben trieb. Nach der Bundestagswahl 1994, bei der die Grünen wieder in den Bundestag zurückkehrten, stagniert die Unterstützung der Grünen dann aber noch einige Zeit auf hohem Niveau, um erst kurz vor der Bundestagswahl 1998 wieder abzunehmen. Ein Grund für diese weiterhin hohe Unterstützung der Grünen könnte in der damaligen Schwäche der SPD-Opposition im Bundestag zu sehen sein. Wie Abbildung 16 zeigt, wurde zwischen Anfang 1995 und Mitte 1997 die Oppositionsarbeit der Grünen im Bundestag von der Bevölkerung im Durchschnitt etwas besser bewertet als die Oppositionsarbeit der SPD. Dieser empirische Befund spiegelt aller Wahrscheinlichkeit nach die Tatsache wider, daß in der Wahrnehmung der Öffentlichkeit während dieser Legislaturperiode der eigentliche Oppositionsführer im Deutschen Bundestag Joschka Fischer und nicht Rudolf Scharping hieß. Erst nach der Wahl Oskar Lafontaines zum neuen SPD-Parteivorsitzenden im November 1995 beginnt sich die Beurteilung der SPD-Oppositionsarbeit langsam zu verbessern, während die Bewertung der Grünen-Opposition mit Beginn des Jahres 1998 in den negativen Bereich der Bewertungsskala abfiel.

Die zunehmend bessere Bewertung der SPD, die sich im Vorfeld der Bundestagswahl 1998 neu sortiert und ihre Truppen neu aufstellt, ist sicherlich ein Grund für die Verschlechterung der Bewertung der Grünen-Opposition. Auch die im Anschluß an die niedersächsische Landtagswahl im März 1998 erfolgte Nominierung Gerhard Schröders zum Kanzlerkandidaten mag die Wahrnehmung und Bewertung der SPD nachhaltig verbessert haben. Dazu kamen aber auch hausgemachte Fehler der Grünen: Im Vorfeld der Bundestagswahl 1998 wurden einige unrealistische politische Forderungen breit diskutiert und schließlich in die Wahlplattform der Grünen für die Bundestagswahl aufgenommen. Als Stichworte seien die Forderung nach einem Benzinpreis von fünf Mark sowie die Ablehnung von Bundeswehreinsätzen im Kosovo genannt. In der Folgezeit verschlechterte sich sowohl die Bewertung der Arbeit der Grünen-Oppositionen als auch der Wählerrückhalt der Partei deutlich.

Der enorme Einfluß, den der 5-Mark-Beschluß auf die Unterstützung der grünen Partei ausgeübt hat, zeigt sich auch dann, wenn man die Entwicklung der Unterstützung der Grünen in Abhängigkeit von den oben unterschiedenen Entwicklungsphasen der Partei betrachtet, wie dies in Abbildung 17 geschieht. Die verschiedenen Entwicklungsphasen der Grünen werden dabei durch die vertikalen Linien voneinander abgegrenzt und mit römischen Zahlen bezeichnet. Es zeigt sich, daß

Westdeutschland

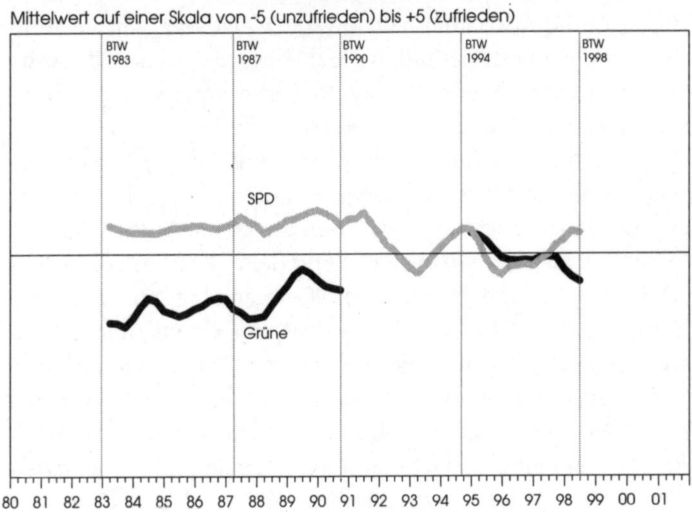

Ostdeutschland

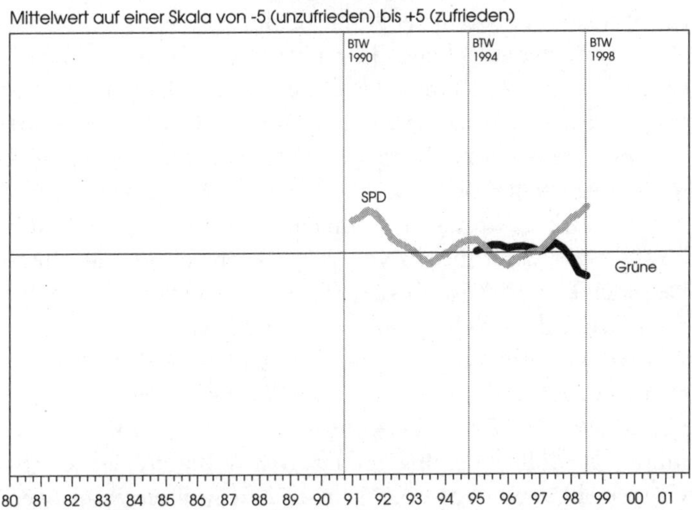

Datenbasis: Politbarometer der Forschungsgruppe Wahlen

Abb. 16: Die Zufriedenheit mit der SPD- und der Grünen-Opposition im Deutschen Bundestag in den Jahren 1983 bis 1998

in der Phase des 5-Mark-Beschlusses (VII) die Unterstützung für die grüne Partei innerhalb kürzester Zeit von zehn auf sechs Prozent absinkt. In der unmittelbar vorangegangenen Phase der realpolitischen Dominanz (VI) hingegen hatte sich der Stimmenanteil der Grünen zunächst von sechs auf über zehn Prozent erhöht, um dann in den Jahren zwischen 1993 und 1997 relativ stabil auf diesem Niveau zu liegen. In den beiden vorangegangenen Entwicklungsphasen der Grünen, der «einheitsbedingten Repolarisierung» (V) und dem «Grünen Aufbruch» (IV) lagen die Stimmenanteile der Grünen hingegen zu keinem Zeitpunkt über 8 Prozent. In der Phase der «Fundi-Realo-Kontroverse» (III) konnten die Grünen zwar im Laufe des Jahres 1984 kurzzeitig eine Unterstützung von bis zu zehn Prozent der wahlberechtigten Bevölkerung erzielen, doch war dieser Erfolg eher den günstigen Zeitumständen denn der Popularität der Grünen selbst zuzuschreiben. Während der Phase der «ökosozialistischen Dominanz» (II) kamen die Grünen sogar nie über sieben Prozent der Stimmen hinaus.

Es deutet also einiges darauf hin, daß die klar erkennbare realpolitische Ausrichtung der Grünen in den Jahren 1991 bis 1997 deren Unterstützung durch die Wähler deutlich verbessert hatte. Das in dieser Zeit aufgebaute Vertrauenskapital der Grünen bei ihren potentiellen Wählerinnen und Wählern wurde mit dem 5-Mark-Beschluß der Grünen aber innerhalb kürzester Zeit zerstört. Fast gleichzeitig zu der sich schlagartig offenbarenden Unprofessionalität der Grünen erfolgte die Nominierung Gerhard Schröders zum Kanzlerkandidaten der SPD, was die Wettbewerbssituation zwischen diesen beiden Parteien ebenfalls nachhaltig veränderte: Viele Wechselwähler, die angesichts der schlechten Performance des SPD-Oppositionsführers Rudolf Scharping im Deutschen Bundestag zu den Grünen abgewandert waren, kehrten nun zu ihrer vormaligen politischen Heimat zurück. Der enorme Rückgang im Wählerrückhalt vor der Bundestagswahl 1998 wäre dann im Ergebnis auf drei Faktoren zurückzuführen gewesen: Erstens auf die

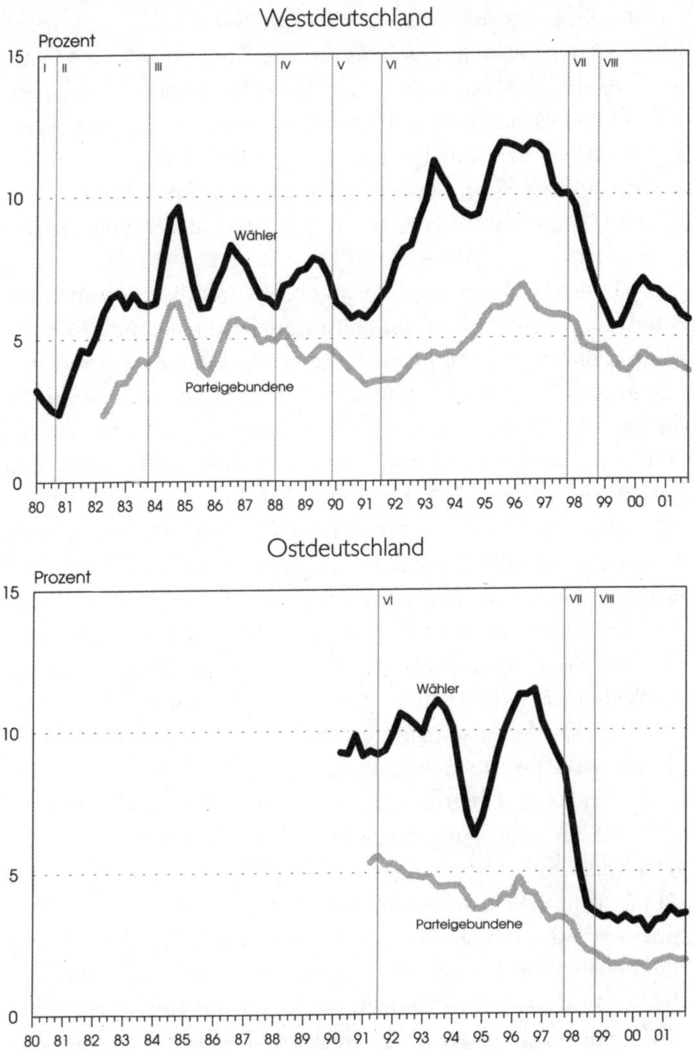

Datenbasis: Politbarometer der Forschungsgruppe Wahlen

Abb. 17: Die Entwicklung der Unterstützung für die Grünen in den verschiedenen Entwicklungsphasen der Partei

vor Bundestagswahlen traditionell ohnehin rückläufige Unterstützung der Grünen, zweitens auf die Tatsache, daß die Grünen von der Bevölkerung zum ersten Mal in ihrer Geschichte auf Bundesebene als mögliche Regierungspartei wahrgenommen wurden und die Partei just zu dieser Zeit mit einigen unrealistischen Programmpunkten aus der grünen Mottenkiste an die Öffentlichkeit ging sowie drittens auf die sich verbessernde Außendarstellung der SPD.

Überraschen muß allerdings, daß nach der gewonnenen Bundestagswahl 1998 und der Bildung der rot-grünen Regierungskoalition die Stimmenanteile der Grünen auch weiterhin nur knapp über der 5-Prozent-Hürde stagnierten: Hatten die Grünen doch im Rahmen ihrer Regierungsbeteiligung fast alle früheren Prinzipien aufgegeben und sich nun in allen relevanten Bereichen einer dezidiert realpolitischen Strategie verschrieben. Vor dem Hintergrund der zuvor beobachteten Zusammenhänge zwischen der programmatisch-strategischen Ausrichtung der Grünen und ihrer Unterstützung durch die Wähler hätte man erwarten können, daß diese realpolitische Kehrtwende der Grünen von einer nun wieder steigenden Unterstützung durch die Wählerinnen und Wähler begleitet werden würde. Doch ein solcher «Wiederaufschwung» der Grünen in der öffentlichen Meinung stellte sich nicht ein.

Ein Grund hierfür mag in der überaus schlechten Bewertung der Regierungsarbeit der Grünen im Rahmen des neugewählten Kabinetts Schröder zu finden sein. Nachdem die Oppositionsarbeit der Grünen noch bis weit in das Jahr 1997 hinein von der Bevölkerung leicht positiv bewertet wurde, liegt die Bewertung der grünen Regierungsarbeit von Anfang an deutlich im negativen Bereich, während die Regierungsarbeit des Koalitionspartners SPD selbst im «Pleiten, Pech und Pannen»-Jahr 1999 nicht in den negativen Bereich der Bewertungsskala abrutschte. In den neuen Bundesländern wurde die Regierungsarbeit der Grünen dabei durchgängig sogar noch etwas negativer bewertet als in Westdeutschland. Darüber hinaus ist nicht auszuschließen, daß die Regierungsbeteiligung der Grünen ihnen gerade bei ihren bisherigen Stammwählern geschadet hat, da diese nun eine Art Ausverkauf grüner Ideale wahrzunehmen glaubten. Die in den Jahren 1991 bis 1997 gewonnenen Wechselwähler wären also mit dem Wiedererstarken der SPD verloren gegangen, während das eigentliche Kernwählerpotential der Grünen durch die im Rahmen der Regierungsverantwortung notwendig gewordenen Kompromisse teilweise abgeschreckt wurde.

Daß der kurze «Aufschwung» in der Unterstützung der Grünen zwischen 1990 und 1997 nicht von Dauer sein konnte, zeigt sich auch dann, wenn man die beiden Unterstützungsformen Wahl und Parteibindung, die bislang getrennt voneinander analysiert wurden, miteinander in Beziehung setzt, wie dies in Abbildung 18 geschehen ist. In dieser Abbildung ist der Anteil der Parteigebundenen an den Wählern der verschiedenen Parteien dargestellt. Man kann anhand dieser Abbildung also ersehen, inwieweit es den verschiedenen Parteien zu unterschiedlichen Zeitpunkten ihrer Existenz gelungen ist, über ihr ureigenstes Stammwählerpotential hinaus Wähler zu gewinnen. Ist der Anteil der Parteigebundenen an den Wählern hoch, dann konnten – bei mehr oder minder stabilem Gebundenenanteil – nur wenige Wechselwähler hinzugewonnen werden, ist der Anteil hingegen niedrig, dann konnte erfolgreich in fremden Revieren gewildert, d.h. viele Wechselwähler gewonnen werden.

In Westdeutschland zeigt sich, daß zwischen 1982 und 1988 der Anteil der Parteigebundenen an den Wählern der Grünen zunächst sukzessive von 35 auf 70 Prozent ansteigt. Dies ist insofern plausibel, als sich Parteibindungen gemäß ihrer theoretischen Konzeptualisierung nicht sofort, sondern erst über einen bestimmten Zeitraum hinweg herausbilden können. 1988 liegen die Grünen bezüglich dieses Indikators bereits nahezu auf dem Niveau der beiden Volksparteien SPD und CDU/CSU. Nach 1988 sinkt der Anteil der Parteigebunden an den Wählern der Grünen dann aber wieder deutlich ab, um sich im Zeitraum bis 1997 auf einem Niveau von ungefähr 40 bis 50 Prozent einzupendeln. Während dieses Zeitraums entspricht der Anteil der Parteigebundenen an den grünen Wählern ungefähr dem entsprechenden Anteil bei den FDP-Wählern. Im Jahr 1998 steigt der Anteil der Gebundenen an den Wählern wieder an, was inhaltlich bedeutet, daß bei relativ konstantem Anteil an parteigebundenen Wählern das Wählerpotential der Grünen sich in zunehmendem Maß auf deren Stammwählerschaft reduziert und es ihnen kaum noch gelingt, Wechselwähler zur Wahl der grünen Partei zu mobilisieren. Ende 2001 liegt der Anteil der Parteigebundenen unter den Wählern der Grünen wieder bei 60 Prozent, also fast so hoch wie zuvor bereits im Jahr 1988.

In den neuen Bundesländern liegt der Anteil der Parteigebundenen an den Wählern der Grünen Anfang bis Mitte der neunziger Jahres mit 40 bis 45 Prozent auf einem vergleichbaren Niveau wie in Westdeutschland. Ende der neunziger Jahre erhöht sich dieser Anteil aber auch in Ostdeutschland von 40 auf 60 Prozent, was bedeutet, daß sich auch in den neuen Bundesländern die Wählerschaft der Grünen zunehmend auf deren Kernklientel reduziert, wobei diese Kernklientel – wie bereits Abbildung 15 zeigte – im Osten noch dazu im Schrumpfen begriffen ist.

Ein rückläufiger Anteil von Parteigebundenen unter den Wählern einer Partei muß aber nicht zwangsläufig bedeuten, daß die Partei tatsächlich mehr Wechselwähler anziehen konnte. Ein solcher Effekt kann auch dadurch eintreten, daß es der Partei zu einem bestimmten Zeitpunkt nicht mehr gelingt, die eigenen Anhänger dazu zu bewegen, sie zu unterstützen – sei es, weil die Anhänger kurzfristig mit dem politischen Personal unzufrieden sind, oder sei es, weil sich die Partei von ihrer Ursprungsklientel wegzubewegen droht. Um die Existenz eines solchen Effekt untersuchen zu können, ist in Abbildung 19 die Entwicklung des Stimmenanteils der grünen Partei unter den langfristig an sie gebundenen Personen – den sogenannten Parteiidentifizierern – dargestellt. Dabei zeigt sich, daß in den

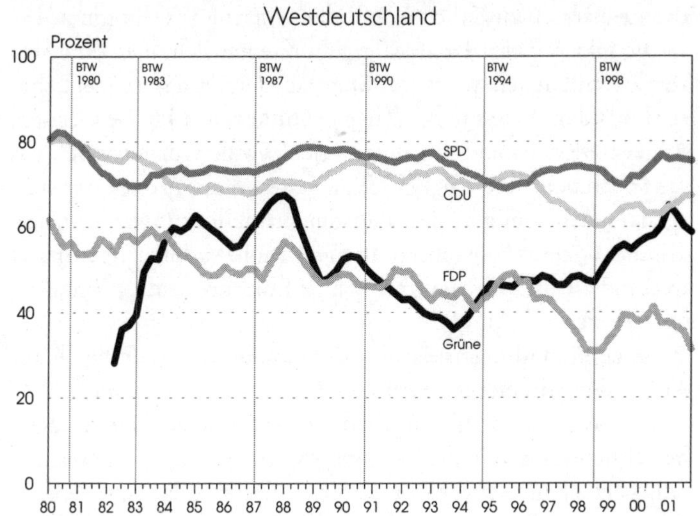

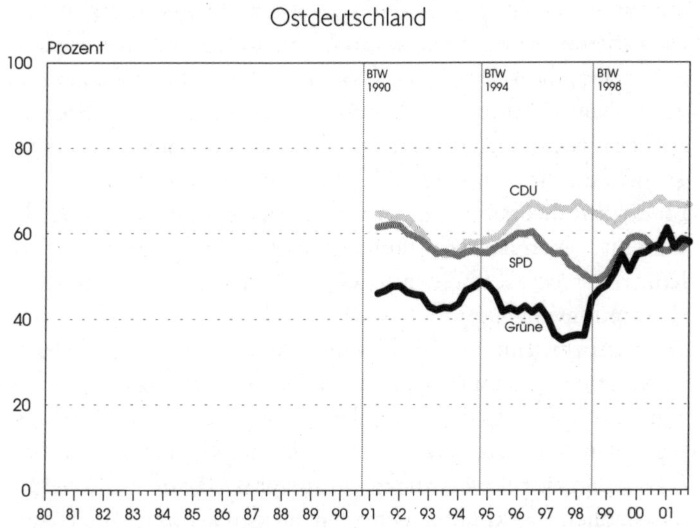

Datenbasis: Politbarometer der Forschungsgruppe Wahlen

Abb. 18: Die Entwicklung des Anteils der Parteigebundenen an den Wählern der verschiedenen Parteien in den Jahren 1980 bis 2001

alten Bundesländern der Anteil der Grünen-Wähler unter den an die grüne Partei langfristig gebundenen Personen eine sinkende Tendenz aufweist. Wählten zu Beginn der 1980er Jahre noch über 90 Prozent der Parteigebundenen auch die Grünen, so liegt dieser Anteil seit Beginn der 1990er Jahr nur noch um die 80 Prozent. Womöglich zeigt sich hier ein Prozeß der sukzessiven Ablösung von Teilen der grünen Kernwählerschaft, die die Grünen zunächst nur nicht mehr wählen und später womöglich auch ihre gefühlsmäßige Bindung an die grüne Partei verlieren.

In Abbildung 19 ist darüber hinaus außerdem auch der Anteil der potentiellen Grünen-Wähler unter denjenigen Personen ausgewiesen, die angeben, bei der jeweils vorangegangenen Bundestagswahl die Grünen gewählt zu haben. Dieser Anteilswert ist ein Indikator dafür, inwieweit es den Grünen gelingt, ihre ehemaligen Wähler «bei der Stange zu halten». Über die Zeit hinweg lassen sich in den alten Bundesländern zwei Phasen beobachten, während derer dieser Anteil erkennbar rückläufig war. So ging zwischen 1987 und 1990 die Haltequote der Grünen von knapp 90 auf 60 Prozent deutlich zurück, was die Wahlniederlage bei der «Einheitswahl» maßgeblich erklären dürfte. Als Ursache für die schwindende Bindekraft der Grünen wird man wohl in erster Linie die sich im genannten Zeitraum abspielenden innerparteilichen Kontroversen anführen müssen, die mit dem Austritt vieler «Strömungsfürsten» aus der Partei und einer Desintegration der entsprechenden Wählerpotentiale einhergingen. Deutlich rückläufig war die Haltequote der Grünen aber auch zwischen 1995 und 1998. Dieser Prozeß kann dabei auf das Wiedererstarken der SPD und die taktischen Fehler der Grünen im Bundestagswahlkampf 1998 zurückgeführt werden. In den neuen Bundesländern war außerdem in den Jahren zwischen 1991 und 1994 eine rückläufige Fähigkeit der Grünen zu beobachten, ihre Wähler erneut für sich zu gewinnen. Dies wiederum läßt sich sehr einleuchtend mit der Vereinigung von Bündnis 90 und den

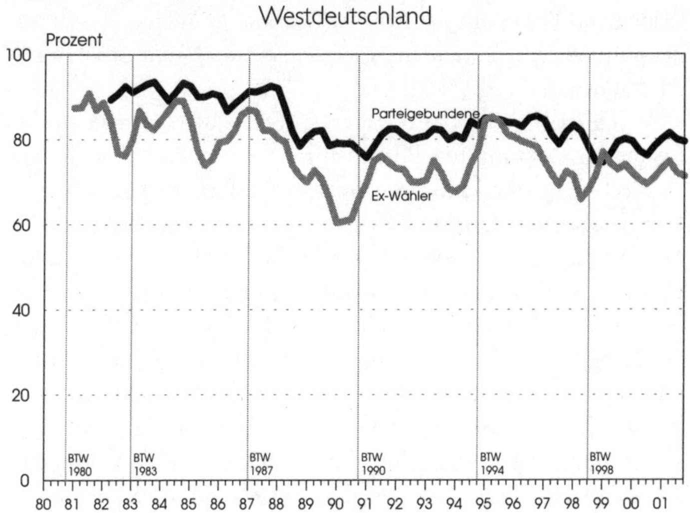

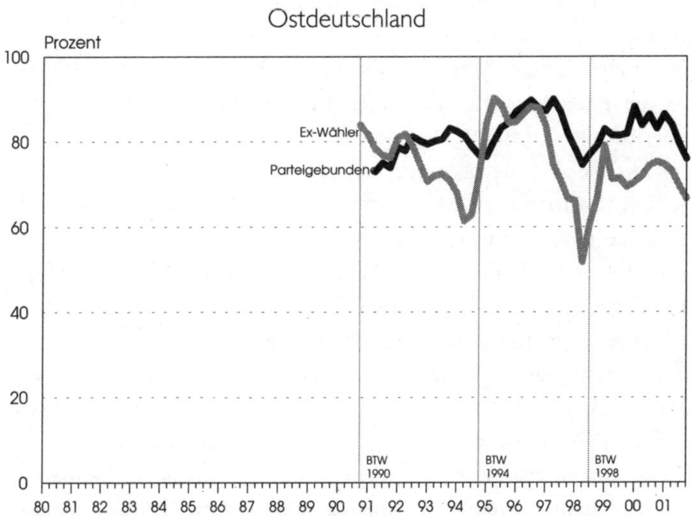

Datenbasis: Politbarometer der Forschungsgruppe Wahlen

Abb. 19: Der Stimmenanteil der Grünen unter den an die Grünen affektiv gebundenen Personen sowie unter den Grün-Wählern der jeweils vorausgegangenen Bundestagswahl in den Jahren 1980 bis 2001

Grünen erklären, mit der mancher vormalige Wähler des Bündnis 90 nicht einverstanden gewesen sein mag und deshalb mit Abwanderung reagierte.

Es ist bislang viel davon die Rede gewesen, daß es den Grünen in bestimmten Phasen ihrer Geschichte gelungen sei, eine relativ große Zahl von Wechselwählern zu einer Stimmabgabe zu ihren Gunsten zu bewegen. Im folgenden soll nun untersucht werden, woher diese Wechselwähler kamen und wie sich die Wählerschaft der Grünen bezüglich ihres Verhaltens bei der jeweils letzten Bundestagswahl über die Zeit hinweg zusammensetzt. In Abbildung 20 ist daher die Zusammensetzung der Wähler der Grünen bezüglich der Wahlentscheidung bei der jeweils vorangegangenen Bundestagswahl dargestellt. Im Unterschied zu den bisherigen Grafiken wurde hierzu eine andere Darstellungsform gewählt. Bei Abbildung 20 handelt es sich um eine sog. Flächengrafik, d.h. sie visualisiert die Zusammensetzung der Grün-Wähler. Die Höhe der verschiedenfarbigen Flächen gibt dabei jeweils an, welchen Anteil die verschiedenen Parteien unter den aktuellen Wählern der Grünen bei der jeweils vorausgegangenen Bundestagswahl erzielen konnten. Diese Anteile addieren sich natürlich definitionsgemäß zu jedem untersuchten Zeitpunkt zu 100 Prozent. Es zeigt sich, daß die Grünen in den Anfangsjahren der Partei ihre Wähler vor allem aus ehemaligen Wählern der SPD, den Wählern anderer Parteien sowie den Erstwählern rekrutierten. Erst nach der Bundestagswahl des Jahres 1983, bei der die Grünen zum ersten Mal einen nennenswerten Stimmenanteil erreichen konnten, konsolidierte sich das Wählerpotential der Grünen dann etwas – bis zur Bundestagswahl des Jahres 1987 gaben jeweils mindestens fünfzig Prozent der Grünen-Wähler an, ihre Partei bereits 1983 gewählt zu haben. Zuspruch erhielten die Grünen darüber hinaus von ehemaligen SPD-Wählern sowie von erstmals wahlberechtigten Personen.

Unmittelbar nach der Bundestagswahl 1987 gaben dann gut achtzig Prozent der potentiellen Wähler der Grünen an, die

Partei bei dieser Wahl gewählt zu haben. Bis 1994 sinkt dann aber der Anteil der grünen «Wiederwähler» von achtzig auf unter fünfzig Prozent. Im Jahr 1994 kommen knapp dreißig Prozent der potentiellen Grün-Wähler von der SPD und weitere 10 Prozent von der CDU. Dieser Prozeß reflektiert zum einen den teilweisen Austausch der Grünen-Wähler im Zusammenhang mit der programmatischen Häutung der Grünen in den Jahren zwischen 1987 und 1991, zum anderen den großen Zuspruch, den die Grünen in den Jahren danach aufgrund ihrer realpolitischen Neuausrichtung bei gleichzeitiger Schwäche der SPD erfuhren. In den Jahren nach der Bundestagswahl 1995 liegt der Anteil der loyalen Grün-Wähler bereits wieder bei um die sechzig Prozent, um sich nach der Bundestagswahl 1998 auf ein Niveau von siebzig Prozent zu erhöhen.

Die Entwicklung in den neuen Bundesländern unterscheidet sich von den eben berichteten Verhältnissen in der alten Bundesrepublik nur geringfügig. Einzig in den Jahren 1991 bis 1994 ist ein etwas stärkerer Rückgang des Anteils loyaler Grün-Wähler zu beobachten als im Westen, was allerdings plausibel mit den durch die Vereinigung der beiden Parteien Bündnis 90 und Grüne verbundenen Austauschprozessen erklärt werden kann.

Bei den bislang berichteten Analysen haben sich keine allzu großen Unterschiede zwischen den west- und den ostdeutschen Wählerinnen und Wählern der Grünen gezeigt. Daß die Unterstützung der Grünen in West- und Ostdeutschland aber sehr wohl durch unterschiedliche Prozesse beeinflußt wird, zeigt sich bei Betrachtung von Abbildung 21, in der die Entwicklung der Sympathie für die Grünen dargestellt ist. So zeigt sich für Westdeutschland, daß zwischen 1990 und 1994 der Anteil der Personen, die die Grünen sympathisch finden, von 15 auf ca. 30 Prozent deutlich ansteigt, während gleichzeitig der Anteil derjenigen, die die Grünen unsympathisch finden, von 30 auf ca. 15 Prozent zurückgeht. Nach 1995 aber dreht sich diese Entwicklung wieder um, das heißt der Anteil

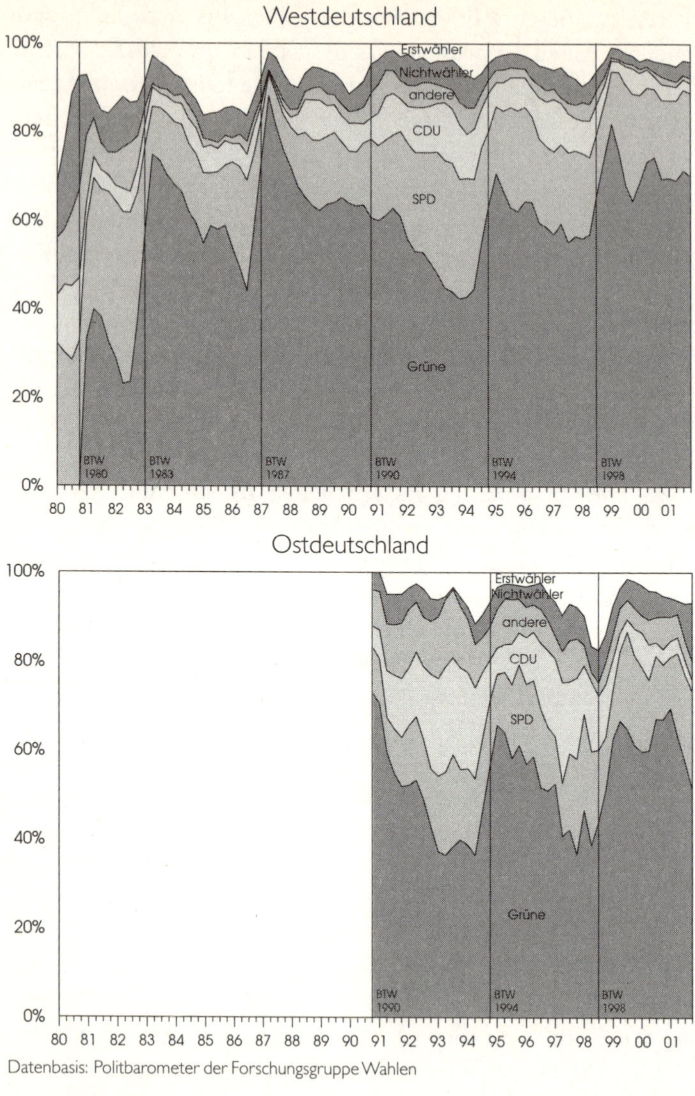

Datenbasis: Politbarometer der Forschungsgruppe Wahlen

Abb. 20: Die Zusammensetzung der Wähler der Grünen bezüglich der Wahlentscheidung bei der jeweils vorausgegangenen Bundestagswahl in den Jahren 1980 bis 2001

der Sympathisanten geht deutlich bis auf knapp über 10 Prozent zurück, während der Anteil derjenigen, die die Grünen unsympathisch finden, zwischen 1995 und 2000 von 15 auf 30 Prozent ansteigt. Diese Entwicklung könnte durchaus im Sinne des oben beschriebenen «Mitleidseffekts» interpretiert werden, das heißt als kurzfristiger und nicht dauerhafter Anstieg der Sympathie für die Grünen nach dem Ausscheiden der Partei aus dem Bundestag, der sich nach dem Wiedereinzug in den Bundestag sehr schnell wieder aufbraucht.

In Ostdeutschland hingegen finden im Jahr 1990 immerhin 30 Prozent der Bevölkerung die Grünen bzw. das Bündnis 90 sympathisch. Dieser Anteil geht zwischen 1990 und 1994 allerdings auf knapp über 20 Prozentpunkte zurück, während gleichzeitig der entsprechende Wert in Westdeutschland ansteigt. Zwischen 1995 und 1997, also während der erneuten Präsenz der Grünen im deutschen Bundestag, steigt der Anteil der Sympathisanten wieder deutlich an, um dann allerdings in der Folgezeit nach 1997 bis auf knapp 10 Prozent drastisch abzusinken. Zwischen 1997 und 2000 steigt gleichzeitig der Anteil derjenigen, der die Grünen unsympathisch findet, von 15 Prozent auf über 40 Prozent fast raketenhaft an. In den neuen Bundesländern scheint folglich der oben beschriebene «Mitleidseffekt» durch einen Prozeß der Erosion der Reputation der Bürgerrechtsbewegung modifiziert bzw. überlagert zu werden. Gleichzeitig scheint sich der 5-Mark-Beschluß in Ostdeutschland besonders stark in einer nachlassenden Unterstützung für die grüne Partei niedergeschlagen zu haben.

Einen weiteren Beleg dafür, daß sich die Motive zur Wahl der Grünen in den alten und den neuen Bundesländern deutlich voneinander unterscheiden, stellt Abbildung 22 dar. Aus ihr läßt sich ablesen, daß in den alten Bundesländern die Bereitschaft zur Wahl der Grünen in Abhängigkeit von der Konfessionszugehörigkeit deutlich variiert. So liegt der Stimmenanteil der Grünen in der Gruppe der Konfessionslosen über den gesamten Zeitraum hinweg erkennbar über dem Stimmenanteil

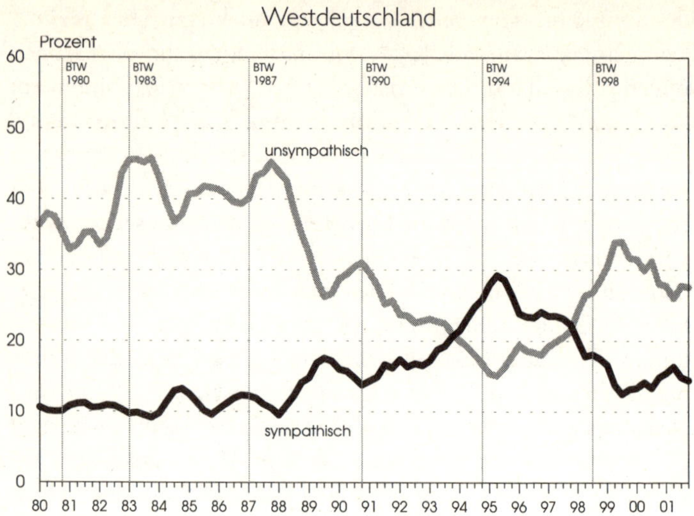

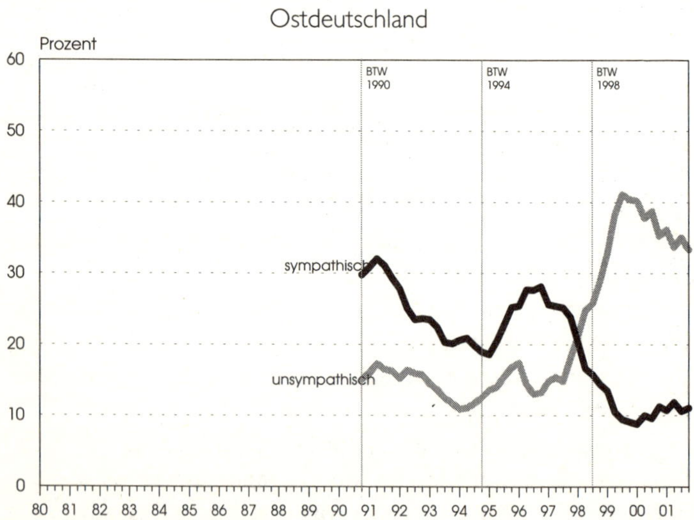

Datenbasis: Politbarometer der Forschungsgruppe Wahlen

Abb. 21: Die Entwicklung der Sympathie für die Grünen in den Jahren 1980 bis 2001

der Grünen unter konfessionell gebundenen Personen. Dies läßt sich plausibel dadurch erklären, daß die grüne Partei sehr schnell durch linke Gruppen dominiert wurde und außerdem die Positionen der Grünen bezüglich des Schwangerschaftsabbruchs, der gleichgeschlechtlichen Lebensgemeinschaften sowie vieler anderer die menschliche Sexualität tangierender Fragen mit traditionellen christlichen Vorstellungen nicht kompatibel sind.

In den neuen Bundesländern hingegen macht die Konfessionszugehörigkeit kaum einen Unterschied hinsichtlich der Bereitschaft zur Unterstützung der Grünen. Dies kann darauf zurückgeführt werden, daß die Oppositionsbewegung in der ehemaligen DDR nicht zuletzt durch kirchliche Gruppierungen getragen wurde. Diese Traditionslinie des ostdeutschen Bündnis 90 mag dazu beitragen, daß die Konfessionszugehörigkeit in den neuen Bundesländern kein sonderlich gutes Merkmal für die Vorhersage einer Wahlentscheidung zugunsten der Partei Bündnis 90/Die Grünen darstellt.

Differenziert man darüber hinaus die Bereitschaft zur Wahl der Grünen nach der Kirchgangshäufigkeit der Befragten, dann zeigt sich in Westdeutschland erwartungsgemäß, daß mit steigender Kirchenferne die Bereitschaft zur Wahl der Grünen ansteigt, wobei sich dieser Effekt Ende der neunziger Jahre allerdings etwas abschwächt. In den neuen Bundesländern hingegen stellt sich dieser Zusammenhang umgekehrt dar: Fast durchgängig liegen in der Gruppe der regelmäßigen Kirchgänger die Stimmenanteile der Grünen höher als in der Gruppe der Nicht-Kirchgänger, auch wenn dieser Effekt nur schwach ausfällt.

Diese Befunde deuten darauf hin, daß die oben beschriebenen Mentalitätsunterschiede zwischen den Mitgliedern der westdeutschen Grünen und des ostdeutschen Bündnis 90, die die Vereinigung dieser Parteien nach 1993 so schwer gemacht hatten, in ähnlicher Form auch zwischen den Wählern von Bündnis 90/Die Grünen in den alten und den neuen Bundes-

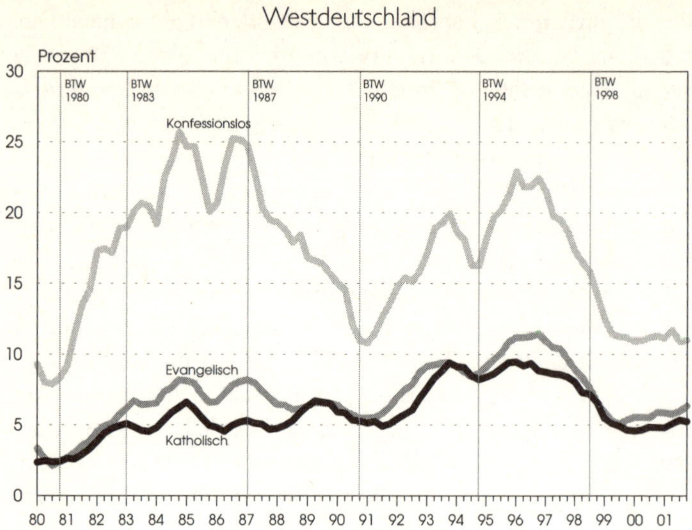

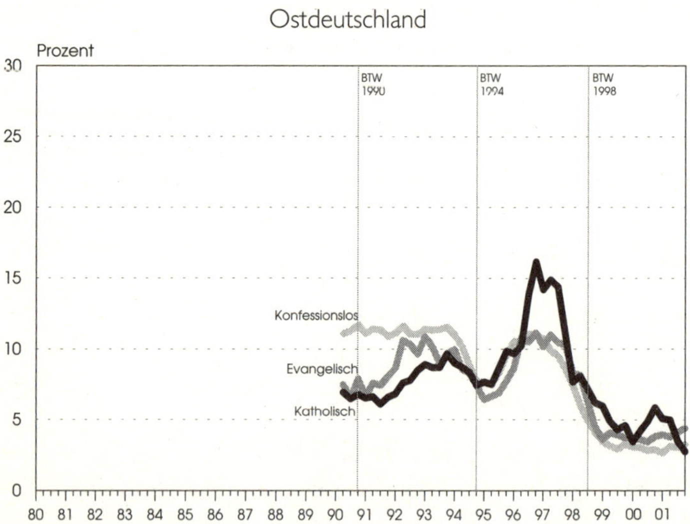

Datenbasis: Politbarometer der Forschungsgruppe Wahlen

Abb. 22: Der Stimmenanteil der Grünen in Abhängigkeit von der Konfessionszugehörigkeit in den Jahren 1980 bis 2001

ländern existieren. Die Grünen bedienen auf dem westdeutschen und dem ostdeutschen Wählermarkt also durchaus unterschiedlicher Zielgruppen. Auf lange Sicht werden die Grünen wohl eines dieser widersprüchlichen Wählersegmente vollständig verlieren, da sie mit ihrer Politik nicht beide gleichermaßen werden zufriedenstellen können. Die rückläufigen Stimmenanteile von Bündnis 90/Die Grünen in den neuen Bundesländern bestätigen dies.

Motive:

Wer wählt grün und warum

Die bisher berichteten Ergebnisse der demoskopischen Analysen haben sich in erster Linie auf die Beschreibung der Entwicklung der Unterstützung für die grüne Partei im Zeitverlauf und einige ausgewählte Detailanalysen konzentriert. Im folgenden soll es nun darum gehen, die Motive und die Wirkmechanismen hinter einer Wahlentscheidung zugunsten der Grünen genauer zu analysieren. Es geht also mit anderen Worten um die Beantwortung der Frage «Wer wählt die Grünen und warum?». Um diese Frage sinnvoll beantworten zu können, braucht man aber zunächst eine Theorie darüber, warum Menschen die Grünen wählen. Erst aus einer solche Theorie lassen sich Erwartungen über die Affinität der verschiedenen sozialen Gruppen zu den Grünen sowie über die Zusammensetzung der grünen Wählerschaft ableiten, die dann anhand von Umfragedaten einem empirischen Test unterzogen werden können. Ohne ein solche Theorie über die Motive der Wählerinnen und Wähler der Grünen bliebe die empirische Analyse unstrukturiert und blind.

Die in der akademischen Wahlforschung diskutierten Theorien über die Motive hinter einer Wahlentscheidung zugunsten der Grünen nahmen ihren Ausgangspunkt zunächst vor allem in der Tatsache, daß das Alter lange Zeit die bei weitem erklärungskräftigste Determinante der Bereitschaft zur Wahl der Grünen darstellte: Junge Menschen neigten den Grünen in stark überdurchschnittlichem Maße zu. Damit unterschieden sich die Grünen deutlich von den etablierten Parteien des bundesdeutschen Parteiensystems, deren Wählerschaften primär über ihre Schicht- bzw. Konfessionszugehörigkeit beschrieben werden konnten. Das Phänomen der Grünen wurde dementsprechend häufig unter den Etiketten «Partei der Jungwähler», «Partei der 68er» bzw. «Partei der Nicht-Etablierten» diskutiert. Vor diesem Hintergrund wurden in der wahlsoziologischen Forschung der letzten beiden Jahrzehnte drei konkurrierende Erklärungen für die Alterseffekte der Wahl der Grünen diskutiert: Die *These von der Protestgeneration*, die *These von der generationalen Wasserscheide* und die *Lebenszyklusthese*.

- Die *These von der Protestgeneration* interpretierte die Grünen als die parteipolitisch organisierte «Nachhut» der 1968er Studentenbewegung und der Neuen Sozialen Bewegungen: eine ganze Generation von jungen Menschen sei während dieser historischen Phase in eine kritische Haltung zur bundesdeutschen Gesellschaft und ihren Institutionen hineinsozialisiert worden und habe diesen kritischen Impetus bis heute nicht abgelegt. Diese umgangssprachlich zuweilen nicht ganz zutreffend auch als «Alt-68er» titulierten Personen seien es folglich auch, die die Kernwählerschaft der grünen Partei darstellten. Für die Zukunftschancen der Grünen ergab sich dementsprechend ein eher düsteres Szenario: die Wähler der Grünen würden zunehmend älter, während gleichzeitig die nach der Studentenbewegung und nach der Hochphase der Neuen Sozialen Bewegungen sozialisierten Geburtskohorten keine besondere Affinität zu der grünen Partei aufweisen würden. In sehr langfristiger Perspektive wäre folglich der Exitus der Grünen unvermeidlich: Ihre Wählerschaft würde schlicht aussterben.
- Die *These von der generationalen Wasserscheide* unterscheidet sich von der oben vorgestellten These der Protestgenerationen dadurch, daß sie die Bereitschaft zur Wahl der Grünen

nicht auf einzelne Generationseinheiten beschränkt sieht, sondern allen nachwachsenden Generationen eine erhöhte Affinität zur Wahl der grünen Partei unterstellt. Man spricht in diesem Fall von einem sogenannten Kohorteneffekt. Ihre theoretische Grundlage findet diese These in der weiter oben bereits ausführlich beschriebenen Wertewandelstheorie Ronald Ingleharts, nach der sich in den letzten Jahrzehnten ein über die Generationenabfolge vermittelter Wandel politischer Wertprioritäten weg vom Materialismus hin zum Postmaterialismus vollzogen habe. Die Zukunftschancen der Grünen stellten sich im Lichte dieser These sehr positiv dar: Da alle nachwachsenden Generationseinheiten eine erhöhte Bereitschaft zur Wahl der Grünen aufweisen sollten und diese Bereitschaft als im individuellen Lebensverlauf stabil angenommen wurde, hätten die Grünen mit einem stabilen und darüber hinaus stetig wachsenden Wählerpotential rechnen können.

- Die *Lebenszyklusthese* hingegen besagte in ihrem Kern, daß die Menschen in Anpassung an sich im Lebensverlauf verändernde Rollenanforderungen ihre politischen Einstellungen verändern, und zwar dahingehend, daß sie den idealistischen Elan der Jugend ablegen und verstärkt pragmatisch-realistische Vorstellungen herausbilden. Sogenannte «kritische Lebensereignisse», die zu einem Einstellungswandel führten, seien insbesondere das Ende der schulischen bzw. universitären Ausbildung, der darauf folgende Eintritt in das Erwerbsleben, die Heirat, die Geburt des ersten Kindes, der Auszug des letzten Kindes aus dem elterlichen Haushalt sowie der Eintritt in den Ruhestand. Die so abgegrenzten Lebensphasen zeichneten sich vor allem durch ein unterschiedlich starkes Maß an sozialer Verantwortung und durch eine unterschiedlich starke Integration in das bestehende Gesellschaftssystem aus. Diese beiden Charakteristika der verschiedenen Phasen des Lebenszyklus folgten dabei dem Muster sozialer Zentralität, d.h., daß in den mittleren Altersgruppen die soziale Verantwortung und die Integration in das bestehende Gesellschaftssystem am größten seien, während die älteren und die jüngeren Altersgruppen ein eher geringes Maß an sozialer Verantwortung und gesellschaftlicher Integration aufweisen würden. Erstere stellten daher die Kerngruppe der Realisten dar, während letztere eher idealistischen Werten zuneigten. Die Grünen sind in dieser theoretischen Perspektive vorrangig die Partei der nicht etablierten Jugend, ihr politischer Idealismus sei dementsprechend auch als «Überbauphänomen gesellschaftlicher Nicht-Etabliertheit» zu verstehen. Das idealistische Politikangebot der Grünen werde demnach vorrangig von Personen präferiert, die im etablierten System der politischen Interessenvermittlung, das primär nach ökonomischen Kriterien organisiert ist, strukturell benachteiligt sind und daher stärker auf eine «wertrational-idealistische Begründung des Verteilungsanspruchs» und der politischen Herrschaft drängen. Das aus dieser These ableitbare Szenario für die Zukunft der Grünen war eher undramatisch: zwar könnten die Grünen dauerhaft mit den Stimmen der jungen, beruflich und sozial nicht etablierten Wähler rechnen, doch würden sich diese mit ihrer Etablierung von den Grünen auch wieder abwenden. Dies würde implizieren, daß der Stimmenanteil der Grünen über die Zeit zwar relativ stabil ist, aber in Zukunft auch keine dramatischen Zuwächse mehr zu erwarten sind. Bei stark sinkenden Geburtenziffern wäre gar mit einem Rückgang der Wählerstimmen für die Grünen zu rechnen.

Die eben vorgestellten Theorieansätze haben gezeigt, daß sich hinter der Variable «Alter» eine Reihe inhaltlich sehr unterschiedlicher Prozesse verbergen können. So könnte der Einfluß des Alters auf die Wahl der Grünen einen Generationen-, einen Kohorten- oder aber einen Lebenszykluseffekt reflektieren. Welcher dieser drei Effekte dominiert und die alterspezifische Verteilung der Grünen-Wahl letztlich hervorruft, kann empirisch nur mit Hilfe längsschnittlicher Analysen geklärt werden.

Dies sei an einem kurzen Beispiel illustriert: Wenn die Wahlforschung beispielsweise Mitte der achtziger Jahre festgestellt hat, daß die Wahlbereitschaft zugunsten der Grünen mit steigendem Lebensalter abnimmt, dann konnte dies zum damaligen Zeitpunkt inhaltlich durchaus unterschiedliches bedeuten. So könnte dies a) bedeutet haben, daß sich die Partei der Grünen als die Interessenvertretung der jungen, gesellschaftlich (noch) nicht integrierten Wähler im Parteiensystem der Bundesrepublik Deutschland positionierte, es könnte b) bedeutet haben, daß die Grünen die Interessen der in den sechziger bzw. siebziger Jahren prägend sozialisierten Geburtskohorte vertraten, die zum damaligen Zeitpunkt die jüngste Altersgruppe bildeten, und es könnte schließlich c) bedeutet haben, daß die Grünen die Interessen aller nachwachsenden Geburtskohorten vertraten, da beispielsweise der Wertewandel dazu geführt haben könnte, daß sich alle nachwachsenden Geburtskohorten in ihren politischen Präferenzen deutlich von den Vorgängerkohorten unterscheiden.

Welche dieser drei Erklärungen der Realität letztlich am ehesten gerecht wird, kann erst durch die Beobachtung der Entwicklung der alterspezifischen Wahlbereitschaft zugunsten der Grünen im Zeitverlauf entschieden werden. Träfe Deutung a) zu, dann sollte über die Zeit hinweg der Anteil der Grünen unter den Jungwählern immer über dem Anteil der älteren Wähler liegen und die Unterschiede in der Grünen-Affinität der verschiedenen Altersgruppe konstant bleiben. Träfe Interpretation b) zu, dann müßte der Anteil der Grünen unter den Jungwählern im Zeitverlauf zurückgehen, da die Geburtskohorte, die das zentrale Wählerpotential der Grünen darstellt, im Zeitverlauf natürlich immer älter wird. In dem Maße, in dem sich diese Kohorte also durch die Alterspyramide «schiebt», müßte die Affinität der verschiedenen Altersgruppen für die Grünen zeitversetzt nacheinander zu- und wieder abnehmen, bis die Grün-Wähler aufgrund ihrer nur begrenzten biologischen Haltbarkeit schließlich ganz aus dem Elektorat ausscheiden.

Die Interpretation c) schließlich ließe erwarten, daß der Anteil der Grünen unter den Jungwählern weiterhin hoch bleibt, daß aber in den Folgejahren die Affinität zu den Grünen auch in den älteren Altersgruppen ansteigt, da in diesem Szenario alle nachwachsenden Kohorten eine höhere Affinität zu den Grünen aufweisen sollten.

Um nun eine empirisch fundierte Entscheidung darüber treffen zu können, welche der diskutierten Erklärungen der Alterseffekte der Grünen-Wahl der Realität am angemessensten ist, wurde in Abbildung 23 die Affinität der verschiedenen Altersgruppen zur Wahl der Grünen über den Zeitraum 1980 bis 2001 hinweg zusammengestellt. Die Einteilung der Altersgruppen erfolgt dabei in Anlehnung an die in der empirischen Wahlforschung gängige Unterteilung. Dabei wurde zwischen den 18- bis 24jährigen, den 25- bis 34jährigen, den 35- bis 49jährigen sowie den über 50jährigen unterschieden. Die Gruppe der über 50jährigen wird in der Wahlforschung gemeinhin noch differenziert in die 50- bis 64jährigen und die über 65jährigen. Darauf wurde im Rahmen der vorliegenden Untersuchung jedoch verzichtet, da die Anteile der Grünen bei den über 50jährigen ohnehin derart gering sind, daß durch eine weitere Unterteilung keine weiterführenden Erkenntnisse mehr hätten erzielt werden können. Die Einteilung der Altersgruppen erfolgte dabei in Anlehnung an die verschiedenen Phasen des Lebenszyklus. So sollten sich die 18- bis 24jährigen mehrheitlich noch in der schulischen, universitären oder beruflichen Ausbildung befinden, während die 25- bis 34jährigen mit dem Einstieg in den Beruf, der Gründung einer Familie und dem Aufbau einer Karriere beschäftigt sein sollten. Die Altersgruppe der 35- bis 49jährigen sollte mehrheitlich familiär und beruflich bereits etabliert sein sowie ein hohes Maß an gesellschaftlicher Verantwortung tragen. Die Altersgruppe der über 50jährigen hingegen setzt sich vorwiegend aus Personen zusammen, die sich in der Familienzyklusphase des «empty nest» befinden, deren Kinder – sofern vorhanden – das Elternhaus also bereits verlassen haben. Die berufliche und gesellschaftliche Verantwortung ist zwar weiterhin hoch, läßt aber beim Übergang in das Rentnerdasein wieder nach. Ein reiner Lebenszykluseffekt sollte sich dementsprechend über die Zeit hinweg in einem über die verschiedenen Altersgruppen der Grünen hinweg rückläufigen Stimmenanteil der Grünen niederschlagen.

Betrachtet man zunächst die Entwicklung in Westdeutschland, so zeigt sich, daß bis ca. 1988 eine klare altersmäßige Differenzierung der Bereitschaft zur Wahl der Grünen existierte. In der Gruppe der 18- bis 24jährigen lag die Bereitschaft zur Wahl der Grünen am höchsten, während in der Gruppe der über 35jährigen die Stimmenanteile in der Regel unterhalb der 5-Prozent-Marke lagen. Ab 1988 lag dann in der Gruppe der 18- bis 24jährigen und der 25- bis 34jährigen die Bereitschaft zur Wahl der Grünen auf ungefähr gleichem Niveau. Nach 1991 schließlich stieg auch die Wahlbereitschaft zugunsten der Grünen in der Altersgruppe der 35- bis 49jährigen stark an, so daß ab 1997 die drei jüngsten Altersgruppen in ihrer Affinität zur grünen Partei nahezu gleichauf lagen. Nach 1998 kehren sich die Verhältnisse dann gar um. Ab diesem Zeitpunkt weisen die 35- bis 49jährigen die höchste Affinität zu den Grünen auf, gefolgt von den 25- bis 34jährigen sowie den 18- bis 24jährigen. Die Anteile der Grünen in der Gruppe der über 50jährigen näherte sich nur in den Jahren 1993 bis 1998 zeitweilig der 5-Prozent-Hürde an, um danach wieder erkennbar abzusinken.

Geht man nun der Frage nach, welche der drei oben skizzierten theoretischen Erklärungen der Alterseffekte der Grünen-Wahl mit den empirisch beobachtbaren Strukturen am ehesten in Einklang steht, so deutet einiges auf eine gemischte Erklärung hin. Die Tatsache, daß der Stimmenanteil der Grünen in der jüngsten Altersgruppe über die Zeit hinweg eine rückläufige Tendenz aufweist, spricht zunächst sicherlich gegen die These der generationalen Wasserscheide. In Einklang zu bringen wäre sie hingegen mit der These von den Grünen als

«Ein-Generationen-Projekt», nach der die Anteile der Grünen in den jüngsten Altersgruppen sukzessive rückläufig sein sollten, während ihre Stimmenanteile bei den älteren Altersgruppen zeitversetzt nacheinander ansteigen und wieder abnehmen müßten. Allerdings ist der Rückgang der Grünen-Unterstützung in der jüngsten Altersgruppe nicht so stark, wie vor dem Hintergrund der Ein-Generationen-These zu erwarten gewesen wäre. Immerhin ist der Stimmenanteil der Grünen bis in die neunziger Jahre hinein in der Gruppe der 18- bis 24jährigen am höchsten. Offensichtlich wird der Generationenmechanismus zumindest partiell durch ein lebenszyklisches Muster überlagert bzw. modifiziert. Die lebenszyklische Komponente der Grünen-Wahl bricht offensichtlich erst nach 1998 in sich zusammen, als die Grünen von der Oppositions- zur Regierungspartei werden.

Daß für eine solche Interpretation durchaus einiges spricht, zeigt auch die Betrachtung der Entwicklung in Ostdeutschland. Für die neuen Bundesländer ist die Interpretation der Grünen als einer Partei der «68er» natürlich nicht plausibel. Bestenfalls könnte man sie als die Partei der «89er» interpretieren, als eine Partei also, die ihren Rückhalt unter denjenigen Personen findet, die während der «Wende» in der Bürgerrechtsbewegung aktiv gewesen sind. Dann sollten sich mit einer Verzögerung von dreißig Jahren dieselben Prozesse wie bei den Westgrünen abspielen. Tatsächlich aber lassen sich in Abbildung 23 (noch) keine Indizien dafür finden, daß sich in den neuen Bundesländern ein solcher Prozeß anbahnt. Vielmehr ist die altersmäßige Differenzierung der Grünen-Unterstützung bis 1998 weitgehend stabil, wobei ein klares Muster dahingehend besteht, daß mit steigendem Alter die Unterstützung für die Grünen nachläßt. Offensichtlich existiert in den neuen Bundesländern ein primär lebenszyklisches Muster der Unterstützung der Grünen. Erst nach der Bundestagswahl 1998 bricht die Unterstützung der Grünen bei den Jungwählern gravierend ein. Bereits im Jahr 2001 stellt sich dann aber bereits

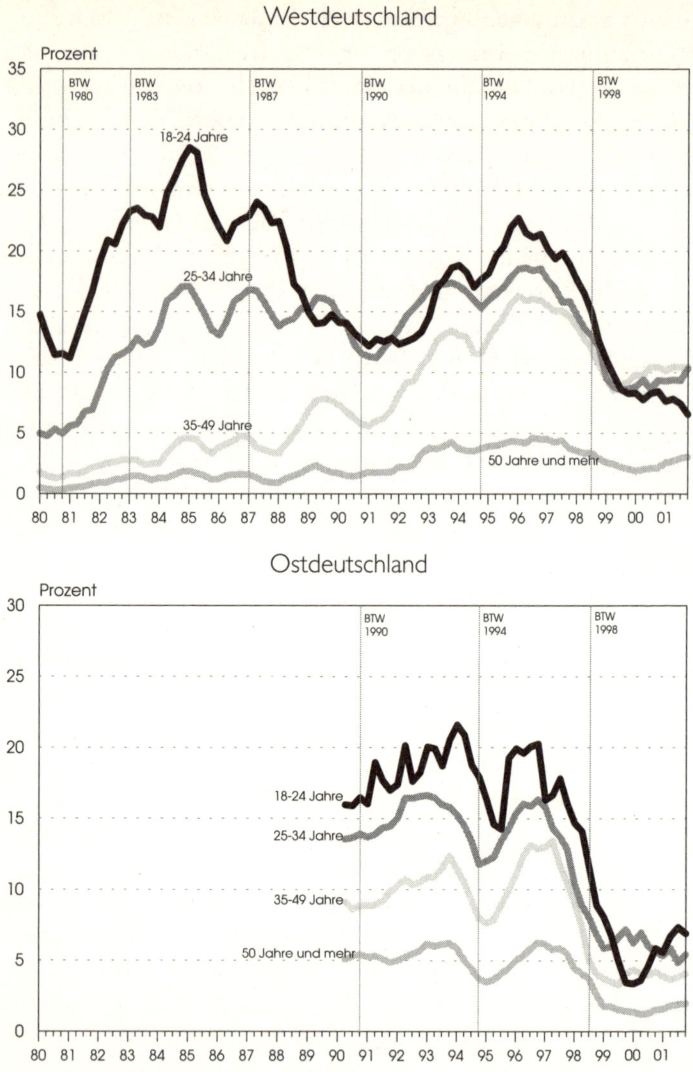

Datenbasis: Politbarometer der Forschungsgruppe Wahlen

Abb. 23: Die Entwicklung der Wahlbereitschaft zugunsten der Grünen in den verschiedenen Altersgruppen zwischen 1980 und 2001

wieder das klassische lebenszyklische Muster der Unterstützung für die Grünen ein.

Die veränderte Affinität der verschiedenen Altersgruppen zu den Grünen hat naturgemäß auch Auswirkungen auf die altersmäßige Zusammensetzung der Wähler der Grünen: Diese werden im Laufe der Zeit im Durchschnitt immer älter. Wilhelm Bürklin und Russel J. Dalton haben für diese Entwicklung bereits im Jahr 1994 die hübsche Metapher vom «Ergrauen der Grünen» geprägt. In Abbildung 24 ist die Entwicklung der altersmäßigen Zusammensetzung der Wählerinnen und Wähler der Grünen zwischen 1980 und 2001 dargestellt, wobei als Darstellungsform wiederum eine Flächengrafik gewählt wurde. Abbildung 24 zeigt, daß sich unter den Wählern der Grünen in den alten Bundesländern immer weniger 18- bis 24jährige befinden. Betrug deren Anteil an den Grün-Wählern zu Beginn der achtziger Jahre noch ca. 50 Prozent, so ging er in den Folgejahren auf knapp 10 Prozent zurück. Der Anteil der 25- bis 34jährigen betrug Anfang der achtziger Jahre ca. 30 Prozent, stieg dann bis Ende der achtziger/Anfang der neunziger Jahre auf 40 Prozent an, um dann bis zum Jahr 2001 wieder auf ca. 25 Prozent abzusinken. Der Anteil der 35- bis 49jährigen an den Wählern der Grünen stieg parallel dazu zwischen 1980 und 2000 deutlich von ca. 15 auf knapp 50 Prozent an, und selbst der Anteil der über 50jährigen erhöhte sich von ca. 5 Prozent im Jahr 1980 auf knapp 20 Prozent im Jahr 2001. Die Wählerschaft der Grünen hat sich also in den letzten 20 Jahren fundamental gewandelt. Waren noch im Jahr 1980 fast 80 Prozent jünger als 35 Jahre, so sind es heute nur noch 35 Prozent. Inhaltlich bedeutet dies, daß die Wählerinnen und Wähler der Grünen heute beruflich, familiär und gesellschaftlich zu einem Großteil etabliert und integriert sind, während sie noch vor zwanzig Jahren das genaue Gegenteil waren. Der diagnostizierte Wandel der Wählerschaft der Grünen schließt dabei aber nicht aus – dies sei ausdrücklich betont –, daß es sich bei den heutigen Wählern der Grünen zu einem großen Teil um dieselben Personen handelt, die die Partei bereits vor zwanzig Jahren gewählt haben. Dies würde auch mit den Implikationen der These von den Grünen als «Ein-Generationen-Projekt» in Einklang stehen, auf deren Gültigkeit die eben berichteten Befunde über die altersmäßige Zusammensetzung der Grünen in ihrer Gesamtheit hindeuten. Die Grünen haben demnach eine klar abgrenzbare Generation, aus der heraus sie unterstützt werden, die aber immer weiter «altert».

In den neuen Bundesländern stellt sich die Situation etwas anders dar. Hier unterliegt die altersmäßige Zusammensetzung der Grünen über die Zeit hinweg keinem erkennbaren Trend, ins Auge fallen allenfalls leichte Verschiebungen nach der Bundestagswahl 1998, die aber sicherlich nicht im Sinne einer langfristigen Entwicklung gedeutet werden können. Generell gilt, daß der Anteil der unter 35jährigen an den ostdeutschen Wählern der Grünen von 1990 bis 2000 jeweils ungefähr bei 50 Prozent liegt, während der entsprechende Anteil im genannten Zeitraum in Westdeutschland von 60 auf 35 Prozent zurückgeht. In den neuen Bundesländern scheint folglich tatsächlich ein lebenszyklisches Muster der Grünen-Wahl zu dominieren, das allerdings nach 1998 durch den Wechsel der Grünen von der Regierung in die Opposition beschädigt wurde.

In den bisherigen Analysen wurden ausschließlich die verschiedenen Altersgruppen in den Blick genommen. Dieses Vorgehen hat den Nachteil, daß sich die Zusammensetzung der Altersgruppen über die Jahre hinweg natürlich verändert. Die 18jährigen von 1980 sind nicht identisch mit den 18jährigen des Jahres 2000. Ganz anders stellt sich dies dar, wenn man nicht Altersgruppen sondern Geburtsjahrgänge betrachtet: So bleibt beispielsweise die Gruppe der im Jahr 1958 geborenen Personen – von Auswanderung und Tod einzelner einmal abgesehen – über die Zeit hinweg natürlich gleich. Will man Generationseffekte untersuchen, so liegt es folglich nahe, sich im Rahmen der empirischen Analyse nicht auf Altersgruppen zu konzen-

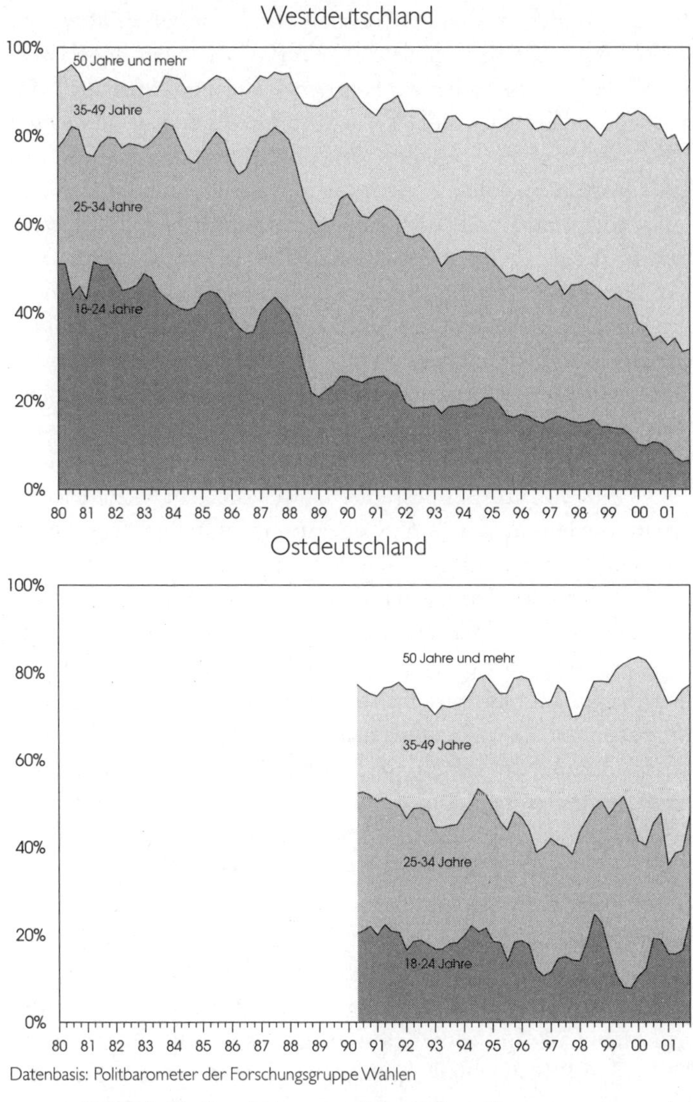

Datenbasis: Politbarometer der Forschungsgruppe Wahlen

Abb. 24: Die Entwicklung der altersmäßigen Zusammensetzung der Grünen-Wähler zwischen 1980 und 2001

trieren, sondern vielmehr Gruppen von Personen in den Blick zu nehmen, die benachbarten Geburtsjahrgängen zugehören. Fraglich ist dabei aber zunächst, wie die verschiedenen Geburtsjahrgänge sinnvoll zu Generationseinheiten zusammengefaßt werden können. Gemäß der Theorie der Generationen von Karl Mannheim sollte man die Gruppen so definieren, daß ihre Angehörigen während der primären Sozialisationsphase jeweils durch die gleichen historischen Ereignisse und Zeitumstände geprägt wurden. In Anlehnung an die verschiedenen Entwicklungsphasen der bundesrepublikanischen Geschichte müssen daher Generationseinheiten definiert werden, von denen plausiblerweise erwartet werden kann, daß sie in der für ihre politische Entwicklung prägenden Lebensphase dieselben historischen Schlüsselereignisse erfahren haben.

Für die alte Bundesrepublik ist von dem Sozialwissenschaftler Helmut Fogt eine Generationeneinteilung entwickelt worden, die wir im folgenden unseren Analysen zugrunde legen werden: Die Gruppe der bis 1921 Geborenen wird im Rahmen dieser Einteilung als Vorkriegsgeneration bezeichnet, da diese Personen ihre prägende politische Sozialisation in der Zeit des Nationalsozialismus, während der Weimarer Republik oder im Extremfall gar noch im Kaiserreich erfahren haben. Die Geburtsjahrgänge zwischen 1922 und 1934 werden zur Kriegs- bzw. Nachkriegsgeneration zusammengefaßt, da sie maßgeblich während des Zweiten Weltkriegs bzw. während der Jahre des Wiederaufbaus sozialisiert wurden. Die Adenauer-Generation bilden die zwischen 1935 und 1945 geborenen Personen, die während der Regierungszeit des ersten Bundeskanzlers und parallel zum deutschen Wirtschaftswunder aufwuchsen. Für unsere Analyse besonders interessant ist die Generation der zwischen 1946 und 1953 Geborenen, die sog. APO-Generation. Diese wurde maßgeblich durch die Studentenbewegung und die Ereignisse im Umfeld des Jahres 1968 geprägt. Im Zusammenhang mit den Grünen ebenfalls interessant ist die Generation der Neuen Sozialen Bewegungen, die die Geburtsjahrgänge von

1954 bis 1971 umfaßt und während der Hochphase der Friedens- und der Umweltschutzbewegung sozialisiert wurde. Alle nachfolgenden Geburtsjahrgänge können vorläufig als Wende-Generation bezeichnet werden, da sie ihre prägenden politischen Erfahrungen nach der politischen Wende des Jahres 1982 machten.

Die Analyse der generationalen Zusammensetzung der Wählerschaft der Grünen kann nun aber nicht mehr auf der Grundlage der Politbarometer-Umfragen erfolgen, da in diesen Datensätzen das Lebensalter der Befragten nur in klassifizierter Form vorliegt, was die Bildung der von uns unterschiedenen Geburtskohorten zu einigen Zeitpunkten unmöglich macht. Wir sind daher auf den sogenannten ALLBUS, die Allgemeine Bevölkerungsumfrage der Sozialwissenschaften, ausgewichen. Dieser wird alle zwei Jahre in West- und Ostdeutschland erhoben. In der oberen Hälfte von Abbildung 25 ist auf der Grundlage der eben vorgestellten Generationseinteilung zunächst die Entwicklung der generationalen Zusammensetzung der gesamten westdeutschen Erwachsenenbevölkerung dargestellt. Dabei zeigt sich sehr klar, wie die Bevölkerung insgesamt «altert», d.h. wie sich die einzelnen Generationen langsam durch die Alterspyramide hindurchschieben, alte Generationen sukzessive aussterben und neue Generationen hinzukommen. Vergleicht man nun die generationale Zusammensetzung der Erwachsenenbevölkerung insgesamt mit der generationalen Zusammensetzung der westdeutschen Grünen-Wähler, die in der unteren Hälfte von Abbildung 25 dargestellt ist, so zeigt sich zunächst, daß Angehörige der Vorkriegs-, der Kriegs- bzw. Nachkriegs- sowie der Adenauergeneration unter den Wählern der Grünen deutlich unterrepräsentiert sind. Leicht überrepräsentiert sind hingegen die Angehörigen der «APO-Generation». Diese machen unter den Wählern der Grünen über die Jahre hinweg durchschnittlich knapp 20 Prozent aus, während ihr Anteil an der Gesamtbevölkerung über die Jahre hinweg nur ca. 13 Prozent beträgt. Den größten Anteil unter den Grünen-Wählern macht aber die Generation der Neuen Sozialen Bewegungen aus. Diese ist unter den Wählern der Grünen deutlich überrepräsentiert, auch wenn sich ihr Anteil seit 1988 erkennbar verringert hat. Noch 1988 waren 80 Prozent der Grünen-Wähler der Generation der Neuen Sozialen Bewegungen zuzurechnen. Dieser Anteil reduzierte sich bis ins Jahr 2000 auf nur noch knapp 50 Prozent. Im Vergleich dazu betrug der Anteil dieser Generation an der Erwachsenenbevölkerung zu beiden Zeitpunkten jeweils gut ein Drittel.

Der Rückgang des Anteils der Generation der Neuen Sozialen Bewegungen an den Wählern der Grünen kann dabei potentiell auf mehrere Ursachen zurückgeführt werden: Zum einen ist nicht auszuschließen, daß die zunehmend realpolitische Ausrichtung der Grünen einige ihrer Kernanhänger aus der Generation der Neuen Sozialen Bewegungen verprellt hat. Zum anderen überlagern sich – wie unsere vorstehenden Analysen gezeigt haben – hinsichtlich der Altersabhängigkeit der Grünen-Wahl in Westdeutschland aller Wahrscheinlichkeit nach ein Lebenszyklus- und ein Generationeneffekt. Bis 1995 waren Teile der Gruppe der 18- bis 24jährigen Jung- und Erstwähler gleichzeitig auch der Generation der Neuen Sozialen Bewegungen zugehörig, so daß die lebenszyklisch bedingte höhere Bereitschaft dieser Personengruppe zur Wahl der Grünen gleichzeitig auch einen höheren Anteil der Generation der Neuen Sozialen Bewegungen an den Wählern der Grünen verursachte. Beginnend mit dem Jahr 1990 rekrutieren sich die Jung- und Erstwähler in zunehmendem Maße aus der Wende-Generation, wodurch die – kontraintuitive, aber sogar leicht überproportionale – Repräsentation der Wende-Generation unter den Wählern der Grünen zustandegekommen sein mag. Daß der Anteil der Wende-Generation an den Wählern der Grünen im Jahr 2000 deutlich zurückgeht, steht in Einklang mit der oben berichteten Vermutung, daß das lebenszyklische Muster der Unterstützung der Grünen mit der Regierungsbeteiligung der Grünen Schaden genommen hat.

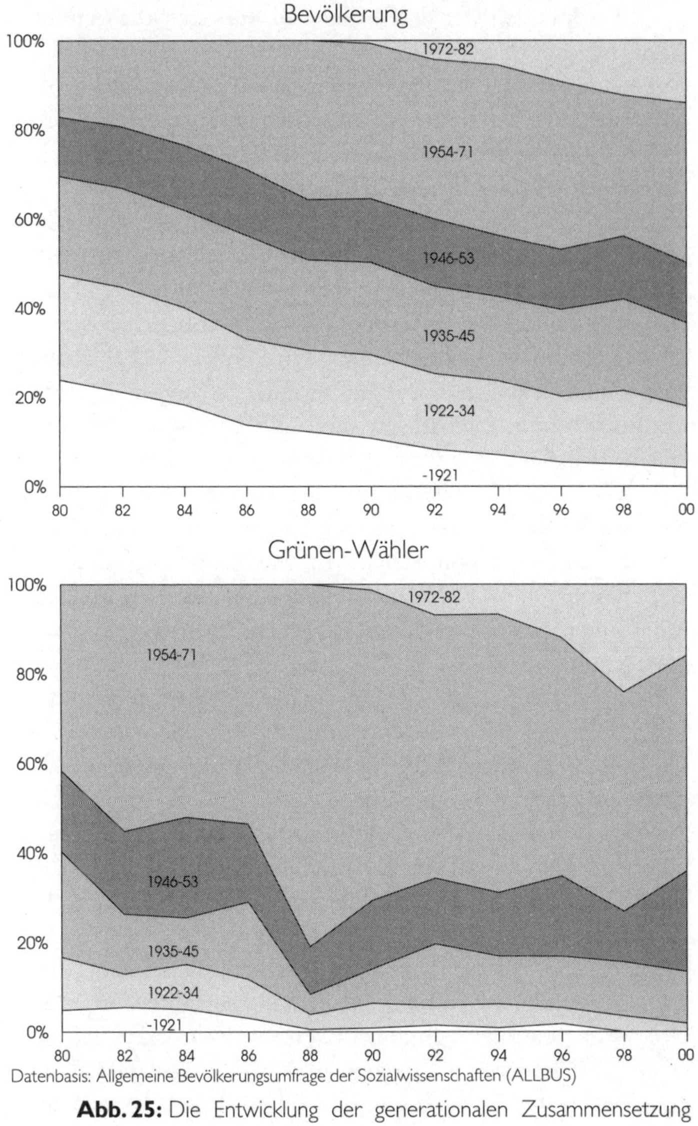

Datenbasis: Allgemeine Bevölkerungsumfrage der Sozialwissenschaften (ALLBUS)

Abb. 25: Die Entwicklung der generationalen Zusammensetzung der westdeutschen Erwachsenenbevölkerung sowie der westdeutschen Grünen-Wähler zwischen 1980 und 2000

Im Rahmen der drei bislang diskutierten theoretischen Erklärungsansätze für eine Wahlentscheidung zugunsten der Grünen in Westdeutschland bildete das Alter die ausschließlich entscheidende Variable. Die empirischen Analysen deuten in diesem Zusammenhang darauf hin, daß die Altersabhängigkeit der Grünen-Wahl aller Wahrscheinlichkeit nach durch einen dominanten Generationeneffekt bedingt ist, der von einem schwächeren – und sich zudem abschwächenden – Lebenszykluseffekt überlagert wird. In der wissenschaftlichen Diskussion über die Motive der Grünen-Wähler wurde neben den drei bislang diskutierten Thesen aber noch ein weiterer Erklärungsansatz vorgeschlagen, der über das Alter hinaus einige weitere Einflußfaktoren thematisiert und die Mechanismen hinter einem etwaigen Generationeneffekt genauer ausführt.

Dieser Erklärungsansatz, den man als die *These von den akademischen Plebejern* bezeichnen kann, interpretierte die Grünen als den politischen Arm einer negativ privilegierten Generation mit blockierten Aufstiegschancen: Die Bildungsexpansion habe mit Beginn der achtziger Jahre zu einem starken Anwachsen der Zahl von Absolventen höherer Bildungseinrichtungen geführt, das zudem noch durch eine demographische Welle geburtenstarker Jahrgänge verstärkt worden sei. Diese jungen, hochgebildeten Geburtsjahrgänge seien allerdings aufgrund der Finanzierungsprobleme der öffentlichen Haushalte und der damit verbundenen rückläufigen Einstellungszahlen im öffentlichen Dienst in ihren Aufstiegserwartungen zunächst weitgehend blockiert gewesen. Die Wählerschaft der Grünen habe sich folglich aus den frustrierten Kindern der Bildungsrevolution rekrutiert, die lautstark den ihnen ihrer Ansicht nach zustehenden sozialen Aufstieg einforderten. Die Grünen hätten ihre Wähler im Laufe der Zeit dann aber auch wieder verlieren müssen, da diese nach dem Ende der durch Bildungsexpansion, Baby-Boom und Ölpreiskrisen verursachten Mobilitätsblockade zum allergrößten Teil in ihrer Qualifikation entsprechende Positionen aufgerückt sind. Gemäß der These der akademischen Plebejer hätten sie durch lebenszyklische Etablierungseffekte zunehmend konservativere Einstellungen erwerben und sich in der Folge schließlich von den Grünen abwenden müssen. Letzteres ist aber, wie die vorstehenden Analysen gezeigt haben, nicht geschehen. Die Generation der Neuen Sozialen Bewegungen stellt auch heute noch das Kernklientel der Grünen.

Die These von den akademischen Plebejern liegt also aller Wahrscheinlichkeit nach richtig, wenn sie die zeithistorischen Entstehungsursachen der grünen Partei beschreibt. Sie liegt falsch, wenn sie den unvermeidlichen Niedergang der Grünen als Konsequenz aus der erfolgreichen beruflichen und gesellschaftlichen Etablierung ihrer Wähler behauptet. Die Ursache für diese Fehlprognose ist in der Tatsache zu sehen, daß sie implizit von einer Konstanz des ideologisch-programmatischen Angebots der grünen Partei ausgeht. Tatsächlich aber – und genau davon handelt dieses Buch – hat sich die grüne Partei im Laufe ihrer Geschichte grundlegend verändert. Sie hat eine Entwicklung weg von radikal-systemoppositionellen Politikentwürfen hin zu eher pragmatisch-reformerischen Konzepten durchlebt. Man kann folglich davon sprechen, daß nicht nur ihre Wähler, sondern auch die grüne Partei selbst «ergraut» ist. Womöglich gab es also die von der These der akademischen Plebejer behaupteten lebenszyklischen Etablierungseffekte bei den Wählerinnen und Wählern der Grünen, die unter sonst gleichen Bedingungen zu einer Abwendung von ihrer Partei geführt hätten. Der programmatische Wandel der Grünen hätte ihren Wählern dann aber die Möglichkeit eröffnet, trotz ihrer geänderten Interessenlagen und Einstellungen der grünen Partei auch weiterhin treu zu bleiben. Die Grünen hätten also durch die programmatische Anpassung an den Einstellungswandel ihrer Anhängerschaft selbst erst die Voraussetzung für ihr dauerhaftes Überleben geschaffen.

Eine solchermaßen modifizierte Theorie über die Wählerschaft der Grünen birgt eine Reihe von Folgerungen in sich. So sollten die Wählerinnen und Wähler der Grünen zu Beginn der 1980er Jahre ökonomisch objektiv depriviert gewesen sein und dies außerdem auch subjektiv so empfunden haben. In den Folgejahren sollte sich dann aber eine deutliche Verbesserung ihrer objektiven Situation und deren subjektiver Bewertung eingestellt haben. Die objektive ökonomische Lage der Grün-Wähler kann dabei anhand des Haushaltsnettoeinkommens relativ gut gemessen werden. Untersucht man dementsprechend die Entwicklung des durchschnittlichen Haushaltsnettoeinkommens der westdeutschen Wähler der Grünen im Vergleich zu den entsprechenden Einkommen der Wähler von CDU, SPD und FDP, so zeigt sich, daß die Wähler der Grünen 1982 über das geringste Haushaltsnettoeinkommen unter den Wählern der verschiedenen Parteien verfügten. Bis 1990 bewegte sich ihr Durchschnittseinkommen dann ungefähr auf dem Niveau der SPD-Wähler. Nach 1990 stieg das Einkommen der Wähler der Grünen sprunghaft an, um in der Folgezeit deutlich über dem entsprechenden Einkommen sowohl der SPD- als auch der CDU-Wähler zu liegen. Im Jahr 2000 lagen die Wähler der Grünen bezüglich ihres durchschnittlichen Haushaltsnettoeinkommens schließlich sogar knapp vor den im Schnitt gut betuchten Wählern der FDP.

Nun ist die Betrachtung des Einkommens aber noch kein hinreichender Indikator dafür, ob sich eine Personengruppe subjektiv benachteiligt fühlt oder nicht. So könnte das geringe Einkommen der Wähler der Grünen zu Beginn der achtziger Jahre beispielsweise mit deren zu dieser Zeit relativ niedrigem Alter zusammengehangen haben und daher subjektiv womöglich als gerecht empfunden worden sein. Umgekehrt mag das hohe Einkommen, das die Wähler der Grünen heute erzielen, vor dem Hintergrund ihrer hohen formalen Bildung von diesen immer noch als unbefriedigend und ungerecht empfunden werden. Es ist folglich geboten, die Zufriedenheit mit der eigenen wirtschaftlichen Lage direkt zu untersuchen, um Aufschluß darüber zu erhalten, ob und in welchem Ausmaß sich die Wähler der Grünen über die Zeit hinweg benachteiligt fühlten.

In Abbildung 25 ist daher die Zusammensetzung der Grünen-Wähler hinsichtlich ihrer Zufriedenheit mit der eigenen wirtschaftlichen Lage zwischen 1980 und 2001 graphisch dargestellt. In Übereinstimmung mit unseren theoretischen Erwartungen zeigen sich dabei deutliche Veränderungen: In den 1980er Jahren schätzten nur weniger als 40 Prozent der westdeutschen Grün-Wähler ihre eigene wirtschaftliche Lage als «gut» ein. Demgegenüber hielten bis zu 30 Prozent der Wähler ihre eigene wirtschaftliche Lage für «schlecht». In den darauffolgenden Jahren vollzog sich ein nahezu kontinuierlicher Prozeß der Verbesserung der Beurteilung der eigenen wirtschaftlichen Lage. Im Jahr 2001 schätzten 60 Prozent der Grün-Wähler ihre eigene wirtschaftliche Lage als gut ein, nur noch knapp 10 Prozent hielten sie für schlecht. Auch in den Neuen Bundesländern steigt der Anteil der mit der eigenen Wirtschaftslage zufriedenen Personen unter den Wählern der Grünen deutlich erkennbar an. Allerdings ist diese Entwicklung dort wahrscheinlich in erster Linie der allgemeinen Verbesserung der Lebensverhältnisse seit der deutschen Wiedervereinigung geschuldet.

Insgesamt gesehen läßt sich also tatsächlich eine Entwicklung beobachten, in deren Verlauf die objektive und subjektive Deprivation der Grünen-Wähler deutlich nachläßt. Sie bleiben ihrer Partei dessen ungeachtet aber auch weiterhin treu. Dies kann unserer Ansicht nach damit erklärt werden, daß sich parallel zur beruflichen und gesellschaftlichen Etablierung der Wählerinnen und Wähler der Grünen auch die grüne Partei im politischen System der Bundesrepublik Deutschland etablierte. Der programmatische Wandel der Grünen ließ keine allzu großen Diskrepanzen zwischen den sich wandelnden Interessenlagen ihrer Wähler und dem konkreten Politikangebot der grünen Partei entstehen. Die Angehörigen der «Generation der Neuen Sozialen Bewegungen» konnten sich folglich auch

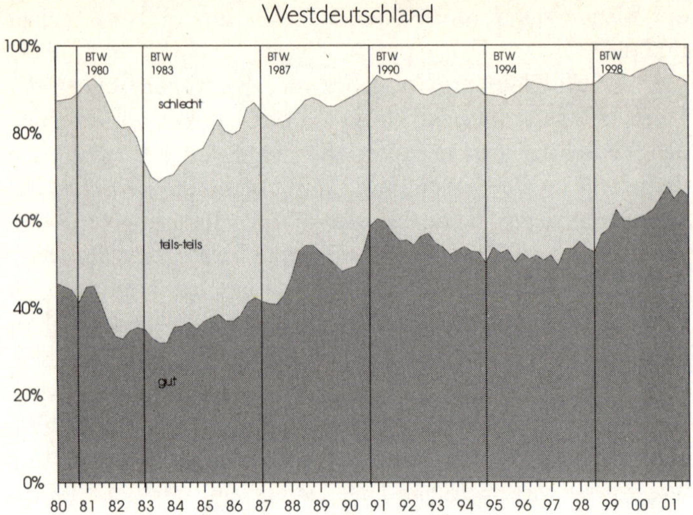

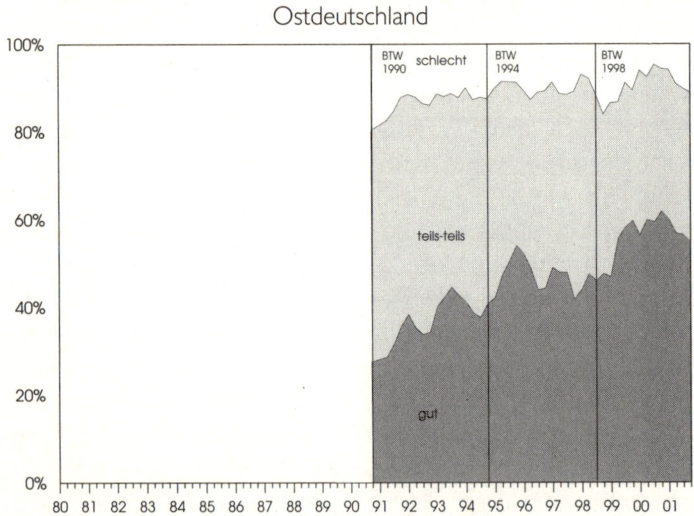

Datenbasis: Politbarometer der Forschungsgruppe Wahlen

Abb. 26: Die Entwicklung der Zusammensetzung der Grünen-Wähler hinsichtlich der Zufriedenheit mit der eigenen wirtschaftlichen Lage zwischen 1980 und 2001

weiterhin bei den Grünen politisch heimisch und menschlich geborgen fühlen.

Eine alternative Erklärung für die Tatsache, daß die Wähler der Grünen ihrer Partei auch weiterhin die Treue halten, könnte allerdings darin gesehen werden, daß die Wähler der Grünen mit ihrer wirtschaftlichen Situation zwar in zunehmendem Maße zufrieden sind, daß ihre Unzufriedenheit mit dem politischen System der Bundesrepublik Deutschland aber weiterhin bestehen bleibt, da sie grundlegend andere Vorstellungen von einer wünschens- und unterstützenswerten Gesellschaft besitzen. Die Politbarometer der Forschungsgruppe Wahlen enthalten mit der Frage nach der Demokratiezufriedenheit eine duchgängig erhobene Variablen, die es ermöglicht, den Einfluß der politischen Zufriedenheit auf die Bereitschaft zur Wahl der Grünen einer längsschnittlichen empirischen Betrachtung zu unterziehen. Auf der Grundlage dieser Daten ist in Abbildung 27 die Entwicklung der Wahlbereitschaft zu Gunsten der Grünen in Abhängigkeit von der Zufriedenheit mit der Demokratie dargestellt.

Es zeigt sich, daß vor allem in den 1980er Jahren die Bereitschaft zur Wahl der Grünen deutlich höher lag, wenn eine Person mit dem Funktionieren der bundesdeutschen Demokratie unzufrieden war, als wenn sie mit ihr zufrieden war. Dieser Unterschied bleibt auch in den neunziger Jahren grundsätzlich bestehen, bewegt sich allerdings auf einem sehr viel geringeren Niveau und verschwindet außerdem bis Ende der neunziger Jahre fast völlig. Nach der Bundestagwahl 1998 lag dann in einigen Quartalen die Bereitschaft zur Wahl der Grünen bereits unter den Demokratiezufriedenen höher als unter den mit der Demokratie Unzufriedenen. In den neuen Bundesländern verlief die Entwicklung relativ analog zu derjenigen in der alten Bundesrepublik: Anfang bis Mitte der neunziger Jahre lag die Bereitschaft zur Wahl der Grünen unter den mit der Demokratie unzufriedenen Befragten jeweils ungefähr doppelt so hoch wie unter den mit der Demokratie zufriedenen Befragten. In

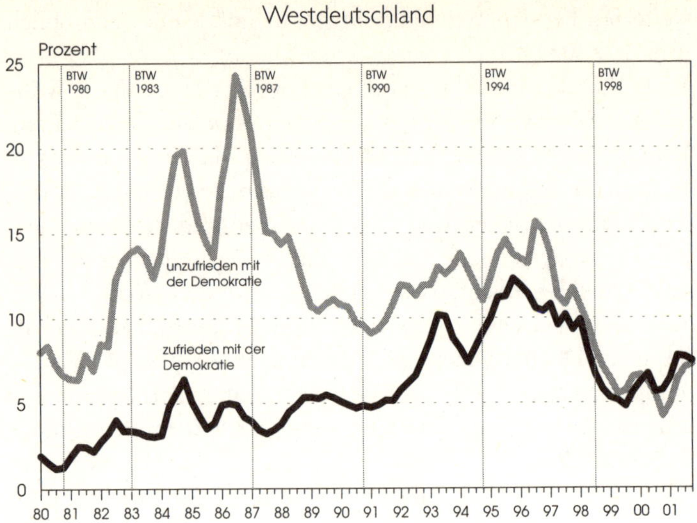

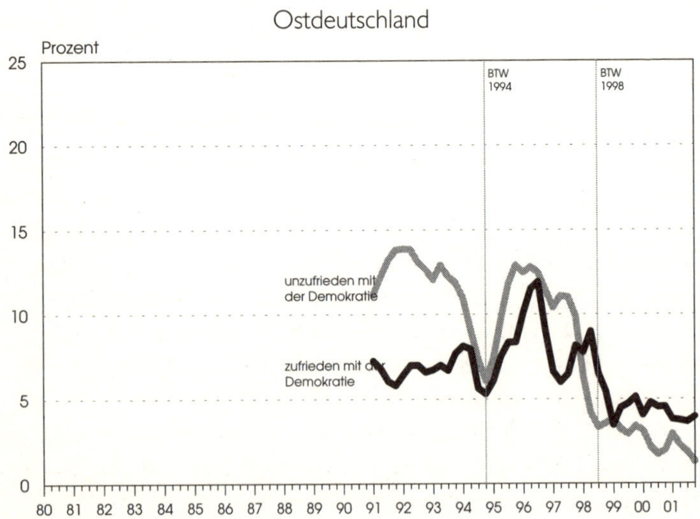

Datenbasis: Politbarometer der Forschungsgruppe Wahlen

Abb. 27: Die Entwicklung der Wahlbereitschaft zugunsten der Grünen in Abhängigkeit von der Zufriedenheit mit der Demokratie zwischen 1980 und 2001

der Folgezeit veschwand dieser Unterschied dann aber weitgehend, um sich nach der Bundestagswahl des Jahres 1998 in sein Gegenteil zu verkehren.

Fast noch wichtiger als die Wahlbereitschaft zugunsten der Grünen in Abhängigkeit von der Zufriedenheit mit der Demokratie ist allerdings die Betrachtung der Zusammensetzung der Wähler der Grünen hinsichtlich ihrer Zufriedenheit mit der Demokratie. Eine Partei, deren Wähler mehrheitlich mit der Demokratie unzufrieden sind, wird sich sehr viel radikaler gebärden können bzw. müssen als eine Partei deren Wähler mehrheitlich mit dem real existierenden politischen System der Bundesrepublik zufrieden sind. In Abbildung 28 ist daher die Entwicklung der Zusammensetzung der Wähler der Grünen hinsichtlich ihrer Zufriedenheit mit der bundesrepublikanischen Demokratie im Zeitraum 1980 bis 2001 dargestellt. Es zeigt sich für die alten Bundesländer, daß die Mehrheit der Wählerinnen und Wähler der Grünen ab etwa Ende der achtziger Jahre mit der Demokratie zufrieden war, während in den Jahren zuvor die Unzufriedenen überwogen. Nach der Bundestagswahl 1998 steigt der Anteil der mit der Demokratie Zufriedenen unter den Wählern der Grünen bis Ende 2001 dann gar auf über drei Viertel an. In den neuen Bundesländern hingegen dominierten die mit dem politischen System der Bundesrepublik Deutschland Unzufriedenen bis Ende der achtziger Jahre die Wählerschaft der Grünen. Erst ab dem Jahr 1998 liegt in den neuen Bundesländern unter den Wählerinnen und Wählern der Grünen der Anteil der Demokratiezufriedenen höher als der entsprechende Anteil der Demokratieunzufriedenen.

Der gestiegene Anteil der mit der bundesdeutschen Demokratie zufriedenen Personen unter den Wählern der Grünen könnte allerdings auch schlicht die Tatsache reflektieren, daß den Grünen im Laufe der Jahre ein immer größeres Gewicht in der deutschen Politik zugewachsen ist. Spätestens seit ihrer Beteiligung an Regierungen auf Länder- und Bundesebene wird das politische Leben in Deutschland von den Grünen maßgeb-

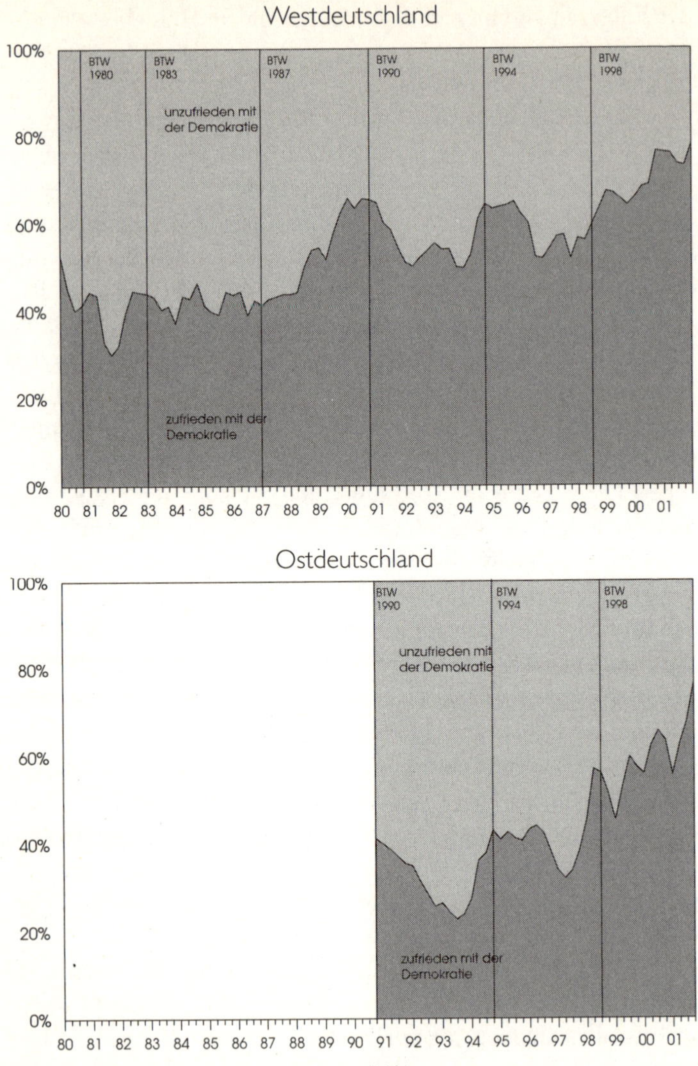

Datenbasis: Politbarometer der Forschungsgruppe Wahlen

Abb. 28: Die Entwicklung der Zusammensetzung der Grünen-Wähler hinsichtlich der Zufriedenheit mit der Demokratie zwischen 1980 und 2001

lich mitgeprägt und mitgestaltet. Da kann es kaum verwundern, daß unter den Wähler der Grünen die Zufriedenheit mit der bundesdeutschen Demokratie wächst. Doch dieser Effekt ist nicht gemeint, wenn wir im vorangegangenen Text von der beruflichen und gesellschaftlichen Etablierung der Grünen-Wähler und den damit verbundenen lebenszyklischen Anpassungsprozessen ihrer Einstellungen und Wertorientierungen geredet haben. Gemeint war vielmehr, daß die Wähler der Grünen Einstellungen herausbildeten, die ihnen eine positive Bewertung der bestehenden Gesellschaft selbst dann erleichtert hätten, wenn die Grünen keine so große Rolle in dieser Gesellschaft spielen würden.

Als Beleg dafür, daß eine solche Entwicklung tatsächlich existiert, läßt sich zunächst die Entwicklung der gesellschaftlichen Wertorientierungen der Wählerinnen und Wähler der Grünen anführen. Wie bereits ausführlich dargestellt, kann in dem Aufkommen der neuen Werte eine der Hauptursachen für die Entstehung und erfolgreiche Etablierung der grünen Partei gesehen werden. Dies zeigte sich nicht zuletzt auch daran, daß 1998 74 Prozent der Wähler der Grünen postmaterialistische Wertorientierungen besaßen. Allerdings haben sich innerhalb der Wählerschaft der Grünen in den letzten Jahren deutliche Veränderungen ergeben. Der Anteil der reinen Postmaterialisten unter den Wählern der Grünen hat sich seit 1983 von knapp 60 auf 30 Prozent verringert, während gleichzeitig der Anteil der Mischtypen von 30 Prozent auf 50 Prozent angestiegen ist. Der Anteil der reinen Materialisten hat gleichzeitig von 6 auf 20 Prozent zugenommen. Insgesamt orientieren sich damit 70 Prozent der grünen Wähler auch oder gar vorrangig an den alten materialistischen Werten, während dieser Anteil 1983 nur gut 40 Prozent betrug.

Diese Veränderungen in den gesellschaftlichen Wertorientierungen der Grünen-Wähler bedeuten konkret, daß diese nicht länger nur an den «weichen» politischen Themen der Neuen Politik interessiert sind, sondern sich in zunehmendem

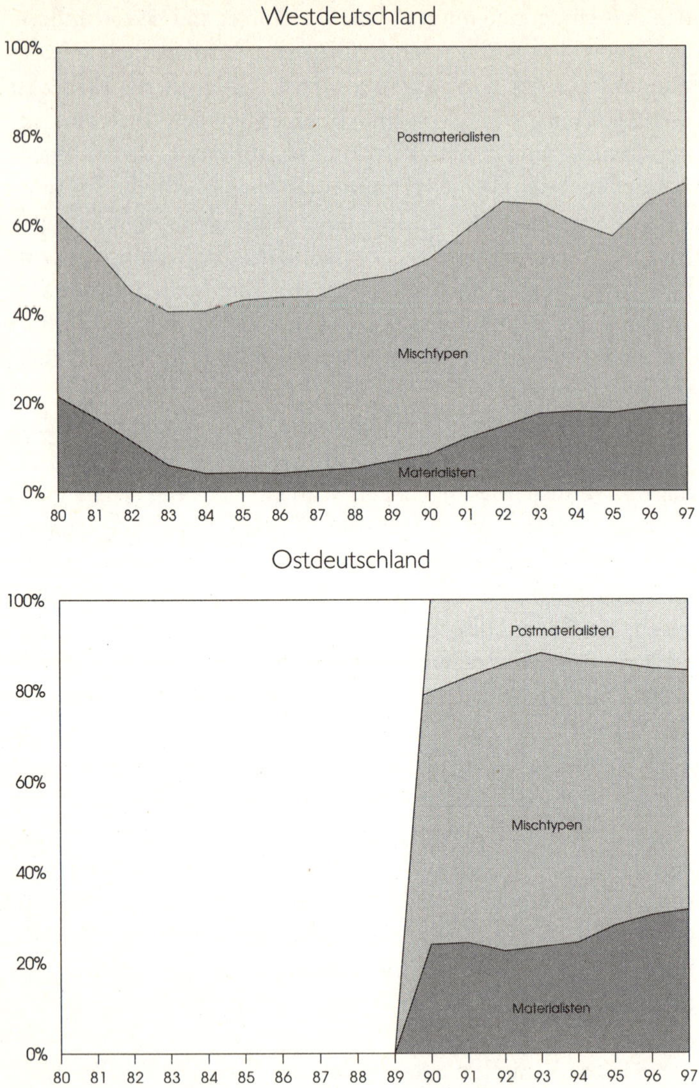

Datenbasis: Eurobarameter der Kommission der Europäischen Union

Abb. 29: Die Zusammensetzung der Wähler der Grünen nach ihrer gesellschaftspolitischen Wertorientierung zwischen 1980 und 1997

Maße auch für die harten Themen der Alten Politik zu interessieren beginnen: Arbeitsmarkt, Wirtschaftswachstum, Steuern und innere Sicherheit seien als Beispiele genannt. Diese Themen sind für sie im Lebenverlauf mit der zunehmenden Übernahme beruflicher und familiärer Verantwortung wichtiger geworden. Indem sie die Beurteilung der real existierenden gesellschaftlichen Verhältnisse nicht länger nur ausschließlich anhand der idealistischen Meßlatte der Neuen Politik vornehmen, steigt aber auch die Chance, daß sie zu einer positiveren Bewertung der bundesdeutschen Demokratie gelangen.

Doch die Interessen der Grünen-Wähler haben sich nicht bloß auf neue Politikfelder ausgeweitet, vielmehr kam es auch auf den ureigensten Feldern grüner Politik zu gravierenden Einstellungsänderungen. Dies kann an einem der politischen Kernthemen der Grünen exemplarisch dargestellt werden, der Kernenergie. Die Forderung nach einem sofortigen Ausstieg aus der zivilen Nutzung der Kernenergie gehörte in den Anfangsjahren der grünen Partei zu ihren zentralen identitätsstiftenden politischen Forderungen. Angesichts der Tatsache, daß es sich bei der Anti-Atomkraftbewegung um eine der wichtigsten Gruppen handelte, aus der die Grünen ursprünglich hervorgegangen waren, kann dies auch nicht weiter verwundern. Im Laufe der Jahre, insbesondere aber im Zuge der Beteiligung der Grünen an der Regierungsmacht in verschiedenen Bundesländern und schließlich auch im Bund, mußte die Partei aber lernen, daß diese Forderung in der politischen Realität nicht ohne weiteres durchsetzbar war. Der im Jahr 2000 geschlossene Atomkompromiß, der den Betrieb der existierenden Reaktoren für über dreißig Jahre auf eine sichere Grundlage stellte, liegt insofern meilenweit von dem entfernt, was die Grünen ursprünglich forderten.

Man hätte vor diesem Hintergrund erwarten können, daß der Atomkompromiß den Grünen bei ihren Wählern massiv hätte schaden müssen, gab es doch auch innerhalb der grünen Partei massive Auseinandersetzungen in dieser Frage. Tatsäch-

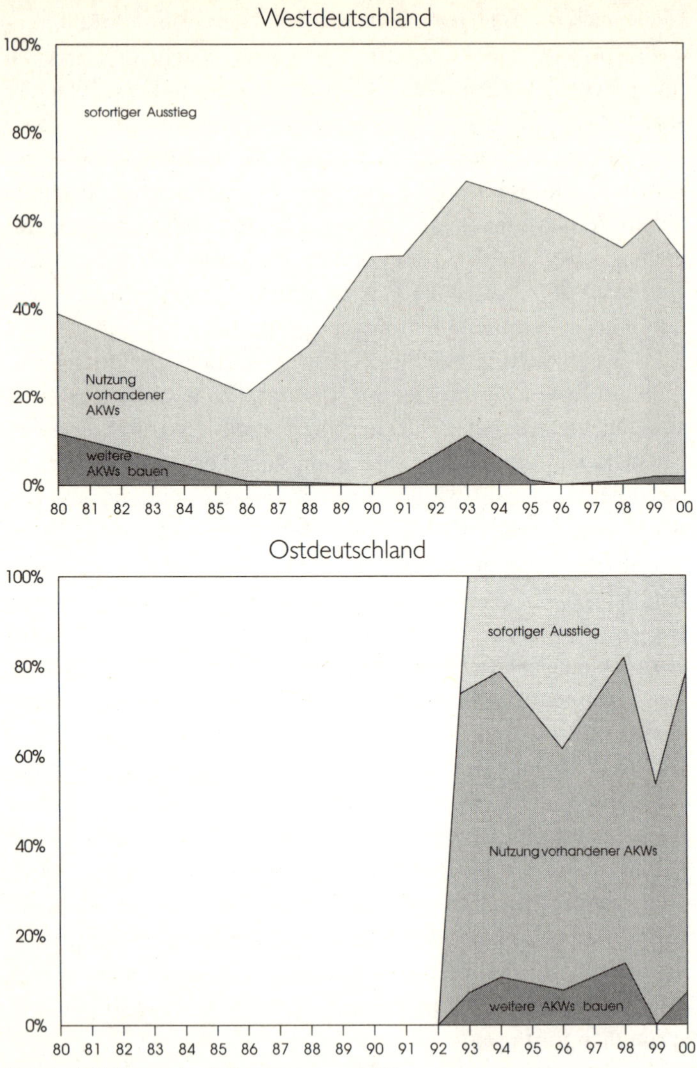

Datenbasis: Politbarometer der Forschungsgruppe Wahlen

Abb. 30: Die Zusammensetzung der Wähler der Grünen nach ihrer Haltung zur friedlichen Nutzung der Kernenergie zwischen 1980 und 2000

lich aber kann gezeigt werden, daß sich unter den Wählern der Grünen bereits zu Beginn der 1990er Jahre eine Mehrheit für die weitere Nutzung der vorhandenen Atomkraftwerke aussprach. Auch wenn diese Mehrheit im Jahr 2000 nur noch eine knappe Mehrheit war, so hatten die Grünen-Wähler den politischen Richtungswechsel ihrer Partei doch gewissermaßen bereits vorweggenommen bzw. durch ihre veränderten Einstellungen erst möglich gemacht.

Der Wandel des ideologischen Profils der grünen Wählerschaft kann aber auch anhand der Veränderung ihrer Lagerung im politischen Wettbewerbsraum verdeutlicht werden. Dieser wird nach Herbert Kitschelt duch die ökonomische Links-Rechts-Achse und die wertbezogene Libertär-Autoritär-Achse aufgespannt. Geeignete Einstellungsvariablen, die sich auf diese beiden Dimensionen beziehen, sind in den uns verfügbaren Umfragen aber nur für wenige Zeitpunkte enthalten. Wie weiter vorne in diesem Buch ausführlich dargestellt, hat Kitschelt allerdings eine Verortung der verschiedenen sozialen Gruppen innerhalb des politischen Wettbewerbsraumes vorgenommen. Unterstellt man, daß Kitschelts Annahmen über die Zusammenhänge zwischen sozialer Lage und politischen Präferenzen zutreffen und diese Beziehungen über den von uns betrachteten Zeitraum hinweg stabil bleiben, bietet sich damit die Möglichkeit, durch die Betrachtung sozialstruktureller Merkmale zumindest in einer groben Näherung die Verortung der grünen Wählerschaft im politischen Wettbewerbsraum nachzuzeichnen. Für jede der von Kitschelt genannten Hauptachsen haben wir dabei zwei Indikatoren ausgewählt. Der Position eines Befragten auf der wirtschaftspolitischen Links-Rechts-Achse nähern wir uns durch die Betrachtung der Merkmale «im privaten Sektor beschäftigt» (vs. Beschäftigung im öffentlichen Sektor) und «selbständig» (vs. abhängig beschäftigt) an. Die Position auf der gesellschaftspolitischen Achse wird durch die beiden Merkmale «weiblich» (vs. männlich) und «hochgebildet» (vs. niedriggebildet) approximiert.

Eine einfache Möglichkeit, diese Merkmale so zu aggregieren, daß eine Verortung der Wählerschaft der Grünen im zweidimensionalen politischen Wettbewerbsraum möglich wird, bilden sogenannte *Affinitätsdifferentiale*. Diese werden ermittelt, indem man zunächst die Wähleranteile der Grünen in den beiden durch die jeweilige Dichotomie gebildeten Gruppen bestimmt, anschließend die Differenz dieser Anteilswerte bildet und diese Differenz am Ergebnis der Grünen in der Gesamtbevölkerung relativiert. Der sich dabei ergebende Wert gibt einen Anhaltspunkt dafür, wie stark die Wahrscheinlichkeit, sich für die Grünen zu entscheiden, von dem jeweils betrachteten Merkmal beeinflußt wird. Aus den zwei Affinitätsdifferentialen, die für jede der von Kitschelt benannten Achsen zur Verfügung stehen, wurde dann der Mittelwert berechnet und die resultierenden Werte in ein Koordinatensystem eingetragen.

In Westdeutschland ist dabei über den Zeitraum 1980 bis 2000 eine klare Entwicklung zu beobachten: Die Wählerschaft der Grünen bewegt sich entlang der wirtschaftspolitischen Links-Rechts-Achse deutlich nach rechts. Befand sich die Wählerschaft der Grünen 1980 in wirtschaftspolitischen Fragen noch deutlich im linken Spektrum, so ist sie im Jahr 2000 dem gemäßigt rechten Spektrum zuzurechnen. Hinsichtlich der Wertachse bleibt die Wählerschaft hingegen stabil im libertären Bereich des politischen Wettbewerbs. In den neuen Bundesländern vollzog sich zeitgleich ein entgegengesetzter Prozeß: Befand sich die Wählerschaft der Grünen noch 1992 genau in der Mitte der wirtschaftspolitischen Links-Rechts-Achse, so rückt sie bis 2000 deutlich nach links. Dies ist sicherlich kein spezifisches Phänomen der grünen Anhängerschaft, sondern reflektiert zu einem nicht unerheblichen Teil die in der ostdeutschen Bevölkerung insgesamt zu beobachtende Reaktivierung sozialistischer und sozialstaatlicher Ordnungspräferenzen, die durch die Enttäuschung der hochfliegenden ökonomischen Erwartungen an die deutsche Einheit hervorgerufen wurde. Bezüglich

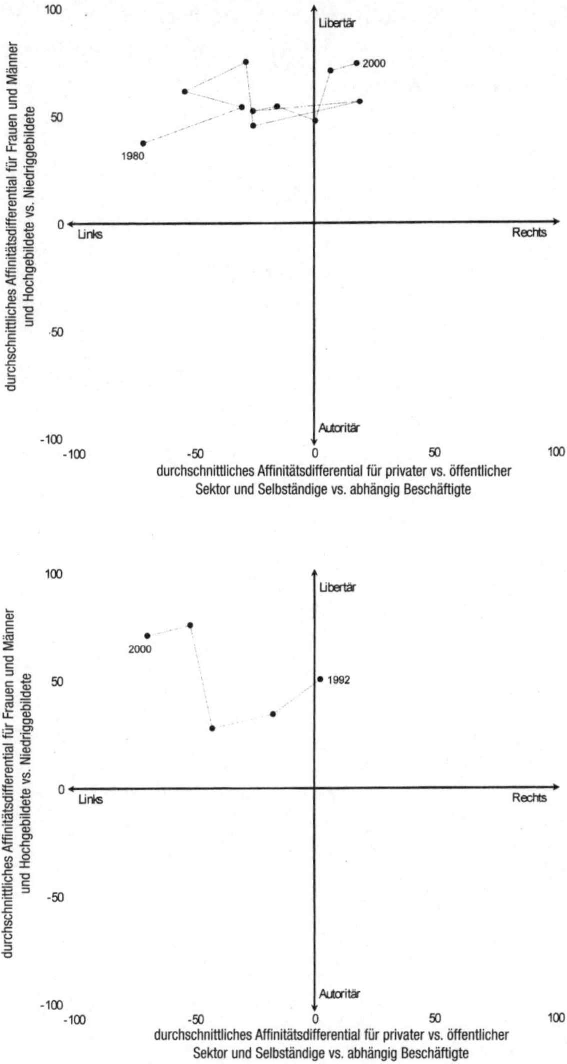

Datenbasis: ALLBUS 1980–2000

Abb. 31: Die Wähler der Grünen im politischen Wettbewerbsraum zwischen 1980 und 2000

der Wertachse des politischen Wettbwerbs bewegt sich die Wählerschaft der Grünen im Osten ebenso wie im Westen stabil im libertären Bereich.

Profil:

Joschka Fischer und die Grünen

«Wer mich als Außenminister will, muß Joschka Fischer den Grünen wählen, muß die Grünen wählen». Dieser Satz bildete so oder leicht variiert das Ende der Reden von Joschka Fischer im Bundestagswahlkampf 2002. Auch in den Fernseh- und Kinospots der Grünen durfte Fischer diese Logik vortragen. «Zweitstimme ist Joschkastimme» lautete der begleitende Slogan der grünen Partei. Es schien, als hätten sich die Grünen im Vorfeld der Bundestagswahl 2002 in ihrer Außendarstellung weitgehend auf den Bundesaußenminister reduziert. Doch wer ist dieser Joschka Fischer eigentlich, der mittlerweile offensichtlich die Kernidentität der Grünen ausmacht? Wie hat er es geschafft, zur (un)umstrittenen Führungsfigur der Grünen zu werden? Was macht seine enorme Popularität in der Bevölkerung aus? Um diese Fragen beantworten zu können, tauchen wir zunächst ein in die wechselvolle Biographie des Bundesaußenministers und Vizekanzlers Joschka Fischer.

Als Joschka Fischer am 30. Juli 1981 im Alter von 33 Jahren Mitglied der Grünen wurde, konnte er bereits auf eine bewegte Biographie zurückblicken: Am 12. April 1948 als Joseph Martin Fischer im schwäbischen Gerabronn geboren, aufgewachsen im kleinbürgerlich-katholischen Heimatvertriebenen-Milieu, mit 17 Jahren aufgrund schlechter Zensuren ohne Abschluß vom Gymnasium abgegangen, eine abgebrochene Lehre als Fotograf, ein Aushilfsjob beim Arbeitsamt, eine kurze Episode als Pflastermaler in Marseille, im Alter von 19 Jahren Hochzeit mit seiner ersten Frau Edeltraud im schottischen Gretna Green, eine Tätigkeit als Aushilfsbriefträger bei der Deutschen Post, eine Verurteilung zu einer sechswöchigen Haftstrafe ohne Bewährung wegen Verletzung der Bannmeile in Zusammenhang mit der Teilnahme an einer Demonstration gegen den Vietnam-Krieg, die er aber aufgrund einer von der Bundesregierung beschlossenen allgemeinen Amnestie nicht absitzen mußte, sowie eine sechstägige Ordnungshaft in Stuttgart-Stammheim wegen ungebührlichen Verhaltens vor Gericht – das waren bis Ostern 1968, als Fischer 20jährig mit seiner ersten Frau nach Frankfurt zog, die wichtigsten Daten im Leben des späteren Bundesaußenministers.

In Frankfurt verdiente Fischer – so wissen die diversen Biographien über ihn zu berichten – sein Geld zunächst durch den Diebstahl und anschließenden Weiterverkauf von Büchern, als Übersetzer von Edel-Pornos und später mit einem Büchertisch in der Mensa der Frankfurter Universität. Nachdem Fischer bereits in seiner schwäbischen Heimat mit der Studentenbewegung in Kontakt gekommen war – oft war er in Stuttgart in der Szenekneipe «Club Voltaire» zu Gast – fand Fischer auch in Frankfurt sehr schnell Kontakt zur dortigen Studentenbewegung. War er doch nicht zuletzt deshalb nach Frankfurt gezogen, um bei Oskar Negt, Theodor W. Adorno und Jürgen Habermas, den Theoretikern der Studentenbewegung, Vorlesungen zu hören. Und so machte sich der Nicht-Abiturient Fischer mit Eifer daran, sich den Frankfurter Studenten intellektuell als ebenbürtig zu erweisen. Sein Status als Nicht-Student, sein bewegter Lebenslauf und seine aggressive Rhetorik verschafften ihm in der Studentenszene schnell eine Art Exoten-Status. Sehr früh kam er mit Daniel Cohn-Bendit in Kontakt, den 1968 aus Frankreich ausgewiesenen Führer der französischen Studentenbewegung, in dessen Wohngemeinschaft er 1973 ziehen sollte.

Als Fischer 1968 nach Frankfurt kam, hatte die Studentenbewegung ihren Höhepunkt allerdings bereits erreicht und begann nach der Verabschiedung der Notstandsgesetze Ende Mai 1968 sehr schnell an Bedeutung zu verlieren. Ihr Niedergang zwang die Frankfurter Szene in der Folgezeit dazu, sich Gedanken über eine strategische Neuausrichtung ihrer Aktivitäten zu machen. Man kam zu der Überzeugung, daß der Mißerfolg der Studentenbewegung nicht zuletzt darin begründet lag, daß sie die erwerbstätigen Massen, also die einfachen Arbeiter, nie hatte wirklich erreichen können, eine «Revolution» aber nur unter Beteiligung und Mitwirkung eben dieser Massen zu bewerkstelligen sei. Ende 1969 gründete eine Gruppe um Daniel Cohn-Bendit und Joschka Fischer daher die sogenannte «Betriebsprojektgruppe», die sich ein Jahr später in «Revolutionärer Kampf» (RK) umbenennen sollte. Zum Revolutionären Kampf gehörten neben Cohn-Bendit und Fischer außerdem Tom Koenigs, Georg Dick, Jonny Klinke, Matthias Beltz, Ralf Scheffler und Klaus Trebes, die fürderhin auch als die «Fischer Gang» bzw. «Fisherman's Friends» bezeichnet werden sollten. Von den K-Gruppen, die eine ähnliche Strategie verfolgten, grenzte man sich dadurch ab, daß man sich als undogmatisch und nicht-hierarchisch definierte und keiner Parteidoktrin unterwerfen wollte. Man bezeichnete sich selbst als «Spontaneisten», kurz «Spontis». 1971 begannen einige Mitglieder des Revolutionären Kampfs als einfache Fließbandarbeiter bei Opel in Rüsselsheim zu arbeiten, mit dem Ziel, die Arbeiter zu Streik und Aufruhr zu «agitieren». Auch Joschka Fischer ging bei Opel ans Band, wurde aber bereits im Herbst 1971 fristlos gekündigt, nachdem er – obgleich nach einem Arbeitsunfall krankgeschrieben – auf einer Betriebsversammlung zum Streik aufgerufen hatte. Insgesamt verlief die Betriebsarbeit des Revolutionären Kampfs aber wenig erfolgreich. Das Proletariat zeigte sich den revolutionären Avancen seiner selbsternannten Avantgarde weitgehend abhold. Der Revolutionäre Kampf geriet in eine Krise, da seine Mitglieder an der Sinnhaftigkeit ihres Tuns zunehmend zu zweifeln begannen.

Der Frankfurter «Häuserkampf» eröffnete den in ihrer revolutionären Basisarbeit gescheiterten Kämpfern aber sehr schnell ein neues Betätigungsfeld. Den Ausgangspunkt der Hausbesetzungen bildete die von einigen Investoren geplante Umwandlung des zwischen dem Universitätsgelände und der Innenstadt gelegenen bürgerlichen Wohnviertels Westend in ein Areal von Verwaltungsgebäuden und Hochhäusern. Um dieses Ziel zu erreichen, erwarben die Investoren Mietshäuser, vertrieben die Mieter und ließen die Häuser anschließend leer stehen und verfallen, in der Hoffnung, von der Stadt eine Abrißgenehmigung zu erhalten, um Bürogebäude errichten zu können. Der Widerstand gegen diese Praxis formierte sich zunächst in der bürgerlich geprägten «Arbeitsgemeinschaft Westend» (AGW), die in erster Linie um die «Partizipation am Machbaren» bemüht war. Als es am 19. September 1970 zur ersten Hausbesetzung in Frankfurt kam – das Haus Eppsteiner Straße Nr. 47 wurde von einer Gruppe aus Studenten und ausländischen Arbeitern besetzt –, traf dies auf große Sympathien in der Bevölkerung und wurde auch von der AGW unterstützt. Nachdem zwei weitere Häuser im Frankfurter Westend besetzt worden waren, erließ der damalige Frankfurter Oberbürgermeister Möller eine Verfügung, nach der die Besetzung weiterer Häuser künftig von der Polizei zu unterbinden und bereits besetzte Häuser auf Antrag der Besitzer von der Polizei zu räumen seien, was zunächst aber nicht geschah. Als am 29. September 1971 dann eine Villa im Grüneburgweg Nr. 113 besetzt wurde, bestand deren Besitzer auf der sofortigen Räumung. Diese wurde noch am selben Tag vollzogen, wobei es sowohl auf Seiten der Besetzer als auch auf Seiten der Polizei zu Verletzten kam. Oberbürgermeister Möller sprach unter dem Eindruck dieser Ereignisse ein Räumungsmoratorium aus.

Der Revolutionäre Kampf verlagerte zu dieser Zeit seine Aktivitäten fast vollständig auf das neue, erfolgversprechendere weil massenwirksamere Betätigungsfeld der Hausbesetzungen. Wie Joschka Fischer im Jahr 2001 während seiner Zeugenvernehmung im Prozeß gegen den ehemaligen RAF-Terroristen Hans-Joachim Klein ausführte, gab es für das Engagement des Revolutionären Kampfs in der Hausbesetzerszene aber auch sehr eigennützige Argumente: «Wir wollten das richtige Leben im falschen führen, und zwar nicht irgendwann, nicht das Versprechen auf den Tag nach der Revolution, sondern ein Gegenmilieu, eine Gegenwelt organisieren. Das setzte voraus, das man Wohnungen hat, große Wohnungen, daß man dort wirklich die andere Gesellschaft entstehen lassen konnte». Und so besetzte der Revolutionäre Kampf am 2. Oktober 1971 aus einer friedlichen Demonstration heraus den Häuserblock Bockenheimer Landstraße Nr. 111 in der Nähe der Frankfurter Universität, der sich in den Folgejahren zum Hauptquartier des Frankfurter «Häuserrates» entwickelte, dem zentralen Koordinationsgremium der Hausbesetzerszene. In dieser Zeit bildete sich aus dem Revolutionären Kampf die sogenannte «Putzgruppe» heraus, deren Mitglieder sich selbst zuweilen auch als «Politrocker» bezeichneten und die im Szene-Jargon «Proletarische Union für Terror und Zerstörung» hieß. Joschka Fischer führte den Spitznamen «Verteidigungsminister». Bei den Politrockern handelte es sich um eine militante, gewaltbereite Gruppe, die in den Auseinandersetzungen mit der Frankfurter Polizei in vorderster Linie die besetzten Häuser verteidigte. Dabei hielt man sich lange Zeit an das in vielen Diskussionen entwickelte «Frankfurter Militanzniveau», das körperliche Gewalt bis zum Werfen von Steinen vorsah, den Einsatz von Molotow-Cocktails aber entschieden ablehnte. Sonntags fuhr die Putzgruppe regelmäßig zum Training in den Taunus, um ihre Schlachtstrategien dort in regelrechten Manövern zu erproben.

Im März 1973 lief das vom Frankfurter Magistrat gewährte Räumungsmoratorium aus und die Polizei erhielt den Auftrag, die besetzten Häuser zu räumen. Als erstes Objekt sollte am 28. März 1973 der Häuserblock Kettenhofweg Nr. 51

geräumt werden. Dort trafen die Polizisten allerdings auf unerwartet starken Widerstand von Seiten der Putzgruppe. Die Räumung gelang erst nach einer Woche erbitterter Auseinandersetzungen. Auch in den Tagen nach der schließlich erfolgreichen Räumung kam es zu Scharmützeln zwischen militanten Hausbesetzern und der Polizei. Im Rahmen dieser Auseinandersetzungen entstanden einige Fotos, die 28 Jahre später im Januar 2001 den jetzigen Bundesaußenminister in arge Bedrängnis bringen sollten. Sie zeigen einen schwarz behelmten Joschka Fischer, der gemeinsam mit anderen Kämpfern der Putzgruppe auf einen zunächst noch stehenden, dann am Boden liegenden Polizisten einschlägt. Im Februar 1974 wurde dann schließlich auch der vom Revolutionären Kampf besetzte Häuserkomplex Bockenheimer Landstraße Nr. 111 nach erbitterten gewalttätigen Auseinandersetzungen geräumt. Im März 1974 trat Fischer erstmals öffentlich als Sprecher des Revolutionären Kampfs auf. Auf dem sogenannten «Tribunal gegen Folter», das sich mit vermeintlichen gewalttätigen Übergriffen der Frankfurter Polizei im Rahmen des Häuserkampfs beschäftigte, verteidigte er das Vorgehen seiner Gruppe. Nachdem der Häuserkampf aufgrund des zunehmend härteren und konsequenteren Vorgehens der Frankfurter Polizei aber immer weniger Erfolg versprach, verlagerten sich die Aktivitäten der Frankfurter Spontis auf andere Betätigungsfelder. So organisierte man beispielsweise im Mai 1974 eine – wieder gewalttätige – Demonstration gegen geplante Fahrpreiserhöhungen des Frankfurter Verkehrsverbunds (FVV).

Im September 1975 schließlich gewannen die Aktivitäten der Putzgruppe eine neue Qualität. Nachdem das faschistische Franco-Regime in Spanien eine Reihe von Oppositionellen zum Tode verurteilt hatte, erfolgte am 19. September 1975 ein Angriff auf das spanische Generalkonsulat in Frankfurt. Bei dieser Aktion wurden erstmals Molotow-Cocktails eingesetzt; zwei Polizeifahrzeuge gerieten in Brand. Überhaupt ähnelte dieser Angriff eher einer paramilitärischen Aktion denn einer politischen Demonstration. Noch weiter eskalierte die Situation ein dreiviertel Jahr später am Tag nach dem Selbstmord von Ulrike Meinhof in Stuttgart-Stammheim. Am 10. Mai 1976 kam es in Frankfurt unter Beteiligung der Putzgruppe zu einer gewalttätigen Demonstration, bei der wiederum Molotow-Cocktails eingesetzt wurden. Fischer höchstselbst – so schreibt sein Biograph Christian Schmidt – soll sich am Abend des 9. Mai 1976 bei der Vorbereitung der Demonstration im Stadtteilzentrum Bockenheim explizit für den Einsatz von Molotow-Cocktails ausgesprochen haben. Andere Biographen berichten, er habe die Diskussion mit einem «Sei's drum» beendet und damit zumindest sein Einverständnis signalisiert. Doch diesmal wurde ein 23jähriger Polizeibeamter lebensgefährlich verletzt und kam nur knapp mit dem Leben davon. Vier Tage später wurde Joschka Fischer zusammen mit einigen Mitstreitern wegen des Verdachts des versuchten Mordes, der schweren Körperverletzung, der schweren Sachbeschädigung sowie der Zugehörigkeit zu einer kriminellen Vereinigung verhaftet. Zwar wurde Fischer nach zwei Tagen wieder auf freien Fuß gesetzt, doch markierte dieses Datum einen Bruch sowohl in seiner persönlichen Biographie als auch in der weiteren Entwicklung der Frankfurter Sponti-Szene. Die Putzgruppe löste sich unmittelbar nach diesen Geschehnissen auf. Pfingsten 76 rief Fischer auf einem sog. «Antirepressionskongreß» die Mitglieder der RAF dazu auf, den bewaffneten Kampf aufzugeben – nicht ohne aber hinzuzufügen, daß sie die «Steine wieder aufnehmen» sollten.

Die Mitglieder der Putzgruppe verlagerten ihre Aktivitäten in der Folgezeit auf für sie völlig neuartige Felder. So wurden mit der Musikkneipe «Batschkapp», dem «Strandcafé» und der «Karl-Marx-Buchhandlung» eine Reihe alternativer, zu Beginn auch selbstverwalteter Betriebe gegründet. Im Oktober 1976 erschien die Nullnummer des von Daniel Cohn-Bendit gegründeten Szene-Magazins «PflasterStrand», das sich in den Folgejahren zu einer Art Sprachrohr der Frankfurter Spontis entwickeln sollte. Joschka Fischer höchstselbst machte den

Taxischein und sollte in den Jahren 1976 bis 1981 ein Taxi durch das nächtliche Frankfurt steuern, nachdem ihm die Aufnahme in das Kollektiv der «Karl-Marx-Buchhandlung» zunächst verwehrt worden war, da ihn ein weibliches Mitglied des Kollektivs als zu «machohaft» empfand. Ende der siebziger Jahre verschaffte ihm Daniel Cohn-Bendit dann aber doch noch das Entrée in die Karl-Marx-Buchandlung. Fischer begann im Keller der Buchhandlung ein Antiquariat aufzubauen, in das er – gewissermaßen als Startkapital – seine eigenen umfangreichen Buchbestände einbrachte. Die Franfurter Sponti-Szene insgesamt aber fiel in eine Art «Sinnkrise». Fischer schrieb während dieser Zeit im PflasterStrand: «Die Perspektivlosigkeit, das Rumhängen, das Nicht-wissen-was-Tun wird immer unerträglicher. Die Luft im Getto ist zum Ersticken. Und die Wirklichkeit hat sich durch unseren Rückzug auf uns selbst auch nicht verändert». Und an anderer Stelle: «So sind wir – gewiß, die einen mehr, die anderen weniger, und ich fühl mich besonders stark so – allesamt zu Veteranen geworden, denen es zur Zeit ziemlich dreckig geht, und die glauben, an der Wirklichkeit ersticken oder ausflippen zu müssen». Joschka Fischer, der sich mittlerweile von seiner ersten Ehefrau ab- und der jungen rothaarigen Inge vom Kommunistischen Bund Westdeutschlands (KBW) zugewandt hatte, die später seine zweite Ehefrau werden sollte, wird 1979 zum ersten Mal Vater. Es scheint einen Moment, als ob Fischer plante zu privatisieren.

Die raschen Erfolge der Grünen Ende der siebziger Jahre aber weckten sehr schnell das Interesse der Frankfurter Spontis, die ihre Chance witterten, politisch wieder aktiv werden zu können. Daniel Cohn-Bendit wurde in der Grünen Liste Hessen (GLH) aktiv und 1978 gelang es ihm, den Listenplatz 7 bei der Wahl zum Hessischen Landtag zu ergattern. Allerdings zog er diese Kandidatur sehr schnell wieder zurück, als er merkte, daß er innerhalb der Frankfurter Sponti-Szene keine Unterstützung für dieses Vorhaben erwarten konnte. Fischer selbst schrieb: «Wir Anarchisten, Spontis und Verweigerer sollen plötzlich alles vergessen und wählen oder gar gewählt werden?». Und weiter: «Seien wir doch ehrlich: wer von uns interessiert sich denn für Wassernotstände im Vogelsberg, für Stadtautobahnen in Frankfurt, für Atomkraftwerke irgendwo, weil er sich persönlich betroffen fühlt?». Erst 1980 änderte sich dann das strategische Kalkül der Frankfurter Spontis, sie gründeten die sog. «Sponti-Wählerinitiative für die Grünen», die sich regelmäßig in den Redaktionsräumen des PflasterStrand traf. Joschka Fischer wurde Ende Juli 1981 Mitglied der Grünen, ohne sich aber in der Partei zu engagieren. Bei der hessischen Landtagswahl vom 26. September 1982 versuchten die Spontis noch nicht, Listenplätze bei den Grünen zu ergattern. Einzig ein Aufruf «Nicht-Grüne für die Grünen» erschien im PflasterStrand.

Gleichwohl änderte sich nach der Hessischen Landtagswahl die Situation für Joschka Fischer grundlegend. Wolfgang Kraushaar (2001: 176) beschreibt die Situation in seiner Fischer-Biographie wie folgt: «Der Kairos ist für ihn der 27. September 1982. Nachdem er den ganzen Sommer über kaum einmal in der Wählerinitiative aufgetaucht ist, steht er an diesem Montagabend bereits ungeduldig wartend vor den noch ungeöffneten Redaktionsräumen. Mit einem Mal glaubt er die Situation erkannt zu haben. Von diesem Abend an entfaltet er zielgerichtet wie bei einer militärischen Offensive seine Aktivitäten, die ihn – ein inaktives Mitglied der Grünen – innerhalb eines Zeitraums von weniger als einem halben Jahr bis in den Bundestag führen». Was war geschehen? Am 17. September 1982 war in Bonn die sozialliberale Koalition durch Bundeskanzler Helmut Schmidt aufgekündigt worden. Bei der hessischen Landtagswahl vom 26. September erreichten die SPD 42,8 und die Grünen 8,0 Prozent der Stimmen, während die FDP an der 5-Prozent-Hürde scheiterte. Noch am Wahlabend sprach der damalige SPD-Vorsitzende Willy Brandt in der «Bonner Runde» von der Möglichkeit einer «Mehrheit diesseits der Union». Vor dem Hintergrund dieser Ereignisse kam Bewegung in die

Frankfurter Sponti-Szene. Ihre führenden Köpfe witterten die Chance, bei den von der CDU angestrebten Neuwahlen als Abgeordnete in den Deutschen Bundestag einziehen zu können. Die Frankfurter Spontis begannen daraufhin ihre Bataillone zu sammeln und traten beginnend im Oktober 1982 in großer Zahl den Hessischen Grünen bei. Unter dem Etikett «Arbeitskreis Realpolitik» betrieben sie fortan die Bundestagskandidatur «ihres» Joschka.

Auf der Landesversammlung der hessischen Grünen, die vom 21.–23. Januar 1983 in Kassel stattfand, wurde Fischer dann auch tatsächlich auf Platz 3 der hessischen Landesliste zur Bundestagswahl 1983 gewählt. Und nachdem die Grünen am 6. März 1983 erstmals bei einer Bundestagswahl die 5-Prozent-Hürde überschritten hatten, zog Fischer Ende März 1983 als Abgeordneter in den Deutschen Bundestag ein – nur ein halbes Jahr, nachdem er zum ersten Mal an einer grünen Parteiversammlung teilgenommen hatte. Er wurde dort parlamentarischer Geschäftsführer der grünen Bundestagsfraktion und gewann durch eine Reihe aufsehenerregender Redebeiträge im Plenum des Deutschen Bundestages schnell an Bekanntheit. Seinen Ruf als glänzender Debattenredner begründete er mit einer beißend-ironischen Rede zur Affäre um die Demissionierung des vermeintlich homosexuellen Bundeswehrgenerals Günter Kießling durch den damaligen Bundesverteidigungsminister Manfred Wörner, die in einer Generalabrechnung mit der Regierung Kohl gipfelte: «Ach, hätte man uns doch gleich gesagt, was diese Koalition der Mitte unter geistig-moralischer Erneuerung versteht. Wer von uns hätte sich jemals dieses pfälzische Gesamtkunstwerk vorzustellen vermocht, welches in barocker Opulenz so langsam versumpft». Unvergessen auch sein Zwischenruf «Mit Verlaub, Herr Präsident, Sie sind ein Arschloch», den er dem Bundestagsvizepräsidenten Richard Stücklen entgegenschleuderte, nachdem dieser der grünen Abgeordneten Christa Nickels während einer Bundestagsdebatte das Mikrofon abgeschaltet hatte. Joschka Fischer entwickelte sich so neben dem früheren RAF-Anwalt Otto Schily und Petra Kelly, der Galionsfigur der Friedensbewegung, zum bekanntesten und profiliertesten Abgeordneten der Grünen im Deutschen Bundestag. Nach zwei Jahren, im März 1985, mußte Fischer im Zuge der Rotation sein Mandat allerdings bereits wieder an einen Nachrücker abgeben. Daß er dies als ungerecht und als Demütigung empfand, daran ließ er in der Folgezeit keinen Zweifel. Er war viel in Bonner Kneipen zu finden und wenn er dort auf grüne Nachrücker traf, wurde es für diese ungemütlich, begann Fischer sie doch zu beschimpfen und ihnen ihre politischen Fehler vorzuhalten.

Doch allzu lang sollte die Leidenszeit des Joschka Fischer nicht dauern. Als Ende 1985 in Hessen die erste rot-grüne Koalition in der Geschichte der Bundesrepublik Deutschland geschlossen wurde, fand sich Joschka Fischer im Amt des hessischen Umweltministers wieder. Am 12. Dezember 1985 wurde er im Landtag zu Wiesbaden vereidigt. Wahrscheinlich zehrt Fischer noch heute von dem Nimbus und der öffentlichen Aufmerksamkeit, die ihm als erster grüner Minister der Welt seinerzeit zugewachsen waren. Dies gilt ungeachtet der Tatsache, daß Fischers erste Amtszeit als hessischer Umweltminister wohl eher von symbolischer Strahlkraft war – ihre substantiellen Politikergebnisse zumindest werden von Fachleuten rückblickend eher als bescheiden beurteilt. Doch dies war eigentlich auch nicht anders zu erwarten, mußte Fischer doch ohne jede Verwaltungs- und Regierungserfahrung gleichsam aus dem Nichts ein neues Ministerium aufbauen. Gleichzeitig mußte er den von der SPD gelegten Fußangeln ausweichen, hatte es sich der Koalitionspartner doch offensichtlich zum Ziel gesetzt, die Grünen im Rahmen dieser ersten rot-grünen Koalition öffentlichkeitswirksam der Regierungsunfähigkeit zu überführen und dadurch bei ihren Wählern zu entzaubern. Erschwerend kam hinzu, daß sich Fischer noch nicht einmal auf den Rückhalt seiner eigenen Partei verlassen konnte. So äußerte der von den Fundis dominierte Bundesvorstand der Grünen öffentlich massive Kritik an Fischer und seiner Amtsführung. Die Reaktorkatastrophe von Tschernobyl schließlich, die sich nur vier Monate nach dem Amtsantritt Fischers ereignete, engte seinen Handlungsspielraum in Fragen der Atompolitik drastisch ein. Und so scheiterte die erste rot-grüne Regierungskoalition in Deutschland denn auch nach nur 14 Monaten an Differenzen zwischen den Koalitionspartnern über den Umgang mit der Hanauer Plutoniumfabrik ALKEM. Fischer bekam am 9. Februar 1987 von Ministerpräsident Holger Börner seine Entlassungsurkunde überreicht.

Das hessische Landesparlament wurde kurz nach dem Bruch der rot-grünen Koalition aufgelöst und gleichzeitig für den 5. April 1987 vorgezogene Landtagswahlen anberaumt. Die Grünen konnten sich bei diesen Wahlen auf immerhin 9,4 Prozent der Stimmen verbessern, doch stürzte die SPD um 6 Prozentpunkte auf 40,2 Prozent ab. Die rot-grüne Mehrheit war damit dahin. Die hessische Landesregierung wurde fortan von CDU und FDP gebildet, Walter Wallmann für die nächsten vier Jahre zum hessischen Ministerpräsidenten gewählt. Joschka Fischer richtete es sich als Vorsitzender der grünen Fraktion auf den Abgeordnetenbänken des Hessischen Landtags ein. Auf diesem Platz mußte er 1990 das Wahldebakel der Grünen bei der ersten gesamtdeutschen Bundestagswahl mit ansehen, das den Anfang vom Ende der grünen Partei einzuläuten schien. Doch den hessischen Grünen gelang unter seiner Führung nur knapp zwei Monate später die Kehrtwende: Im Januar 1991 konnten sie 8,8 Prozent der Wählerstimmen auf sich ziehen und gemeinsam mit der SPD die Regierungsmacht in Hessen wieder zurückerobern. Im April 1991 wurde Fischer erneut zum Hessischen Umweltminister ernannt. Diesmal übernahm er aber außerdem auch das Amt des Ministers für Bundesrats- und Europaangelegenheiten sowie das Amt des stellvertretenden hessischen Ministerpräsidenten. Ihm unterstand damit auch die hessische Landesvertretung in Bonn, die er dazu nutzte, seine Präsenz in der Bundeshauptstadt wieder zu verstärken. Überhaupt war Fischers Bedeutung seit dem Ausscheiden der Grünen aus dem Deutschen Bundestag enorm angestiegen. Er war nun der anerkanntermaßen wichtigste grüne Politiker. Das Fehlen eines grünen Machtzentrums, das zuvor von der grünen Bundestagsfraktion gebildet worden war, rückte ihn zunehmend auch bundespolitisch in den Vordergrund. Und so kündigte Fischer im November 1992 durchaus folgerichtig an, sich zukünftig wieder verstärkt der Bundespolitik zuwenden zu wollen. Er werde sich daher bei der Bundestagswahl 1994 um ein Mandat im Deutschen Bundestag bewerben.

Als es den Grünen im September 1994 dann tatsächlich gelang, wieder in den Deutschen Bundestag einzuziehen, legte Fischer am 6. Oktober 1994 alle Ämter in Hessen wieder und wurde Sprecher der grünen Fraktion im Bundestag. Fischer hatte damit eines seiner großen Ziele erreicht, war ihm doch die hessische Landespolitik für einen Politiker seines Kalibers zunehmend zu eng geworden. Nun endlich konnte er sich in Gestalt von Bundeskanzler Helmut Kohl wieder mit einem Gegner messen, der ihm angemessen war. Und bei aller politischer Gegnerschaft näherten sich die beiden auch aneinander an: Joschka Fischers Leibesfülle drohte zu dieser Zeit langsam Kohlsche Dimensionen zu erreichen, man tauschte auf den Hinterbänken des Parlaments sitzend auch schon einmal Rezepte für Karamelpudding aus und fand zuweilen auch positive Worte füreinander. Der Vorsitzende der größten Oppositionsfraktion, Rudolf Scharping, konnte da im Vergleich zu diesen beiden politischen Schwergewichten nur eine untergeordnete Rolle spielen.

Fischer wähnte sich auf dem Höhepunkt seiner Macht und seines Glücks. Bis es im August 1996 zu einem entscheidenden Einschnitt in seinem Leben kam. Claudia, seine dritte Frau, die er während seiner ersten Zugehörigkeit zum Deutschen Bundestag kennengelernt und im Dezember 1987 geheiratet hatte, trennt sich von ihm. Fischer fiel in ein tiefes Loch, ordnete sein Leben neu und begann zu laufen, um seine Lebenskrise zu überwinden. Wog er anfänglich noch 112 Kilogramm, so gelang es ihm in knapp einem halben Jahr auf 85 und später gar auf 75 Kilogramm abzunehmen. Er wandelte sich von der «grünen Tonne» (Fischer-Selbstspott) zum «grünen Marathonmann». Fischer zelebrierte seine Lebenskrise und deren erfolgreiche Bewältigung öffentlich in den Medien. In seinem 1999 erschienenen Buch «Mein langer Lauf zu mir selbst» führt Fischer dazu rückblickend aus: «Meine körperliche Veränderung wurde (...) zum öffentlichen Thema (...) und ich versuchte erst gar nicht, diesem Medieninteresse auszuweichen». Und weiter: «Wieso sollte ich eigentlich mein asketisch-läuferisches Talent unter den Scheffel stellen? War doch bisher nicht meine Art gewesen. Eben. Zumal der Politiker als solcher ja auch und nicht zuletzt von, durch und mit den Medien lebt».

Doch die rein körperliche Veränderung, geboren aus privater Seelenpein, war nicht die einzige Veränderung, die mit Joschka Fischer während dieser Zeit vor sich ging. Bereits Mitte der neunziger Jahre hatte er begonnen, seine Haltung zu Auslandseinsätzen der Bundeswehr grundlegend zu überdenken. Anlaß waren die Geschehnisse in Srebrenica am 12. Juli 1995. Bosnische Serben hatten die Stadt überfallen und die dort lebenden muslimischen Männer deportiert und getötet. Und dies, obwohl Srebrenica in einer UN-Schutzzone lag und Blauhelmsoldaten vor Ort stationiert waren. Fischer verabschiedete sich in der Folgezeit vom radikalen Pazifismus seiner Partei und begann – wohl nicht zuletzt auch mit Blick auf das von ihm seit 1992 angestrebte Amt des Bundesaußenministers – dafür zu werben, daß die Grünen die Beteiligung der Bundeswehr an friedenserzwingenden und friedenssichernden Auslandseinsätzen nicht länger prinzipiell ablehnen sollten. Womöglich war es die zeitliche Parallelität der privaten und der politischen Metamorphose, die Fischer in den Augen der Bevölkerung so glaubwürdig erscheinen ließ. Da schien es sich einer nicht einfach zu machen mit sich und seiner politischen Verantwortung, schien unter einer schweren Bürde zu leiden und sie gleichwohl zu schultern. Das weckte Sympathien und schuf Vertrauen.

Als die Grünen im März 1998 auf ihrer Bundesversammlung in Magdeburg gleichwohl eine eindeutige Absage an eine Bundeswehrintervention in Bosnien in das Wahlprogramm zur Bundestagswahl am 27. September 1998 aufnahmen, warf Fischer seine ganze Person in die Waagschale. Er erklärte, daß er nunmehr dafür sorgen wolle, daß diese Beschlüsse den Grünen beim Wähler nicht schadeten. Und so inszenierte er in den Folgemonaten eine Art Ein-Personen-Wahlkampf, fuhr im gemieteten Reisebus quer durch Deutschland und machte an der Partei vorbei Wahlkampf für die Grünen und seine ganz persönlichen Vorstellungen von einer realistischen Außen- und Sicherheitspolitik. Rückblickend brüstete er sich damit, er habe «den ersten Volkswahlkampf eines Grünen» geführt. Und es sollte – wohl nicht zuletzt auch wegen Fischers hohem persönlichen Einsatzes – im Endeffekt tatsächlich reichen. Rot-Grün gewann trotz des eher bescheidenen Abschneidens der Grünen bei der Bundestagswahl 1998 die Mehrheit der Mandate im Deutschen Bundestag und konnte die Regierung bilden.

Ende Oktober 1998 war Joschka Fischer damit schließlich endgültig am Ziel seiner politischen Träume angelangt: Im Amt des Bundesaußenministers und Vizekanzlers. Doch die Freude sollte nicht lange vorhalten. Bereits etwas mehr als drei Monate nach seinem Amtsantritt begannen am 6. Februar 1999 in Rambouillet die Friedensverhandlungen für den Kosovo, die kurz darauf scheiterten und im Ergebnis zur NATO-Intervention im Kosovo führten. Am 24. März 1999 begannen die Bombenangriffe der NATO auf Jugoslawien. Zum ersten Mal seit dem Zweiten Weltkrieg waren deutsche Soldaten wieder in Kriegshandlungen verwickelt – und das ohne ein Mandat der UNO. Wie nicht anders zu erwarten war, stürzte die grüne Partei in eine tiefe Krise. Christian Ströbele initiierte eine «Grüne Antikriegsinitiative» und forderte ein sofortiges Ende des «NATO-Angriffkriegs». Auf einem grünen Sonderparteitag im

Mai 1999 in Bielefeld setzt sich der Leitantrag des Bundesvorstands durch, der eine befristete Feuerpause im Kosovo forderte, während der Gegenantrag der Kriegsgegner, der eine sofortige und bedingungslose Einstellung der NATO-Bombardements gefordert hatte, mit 444 gegen 318 Stimmen abgelehnt wurde. Fischer hatte zuvor im Rahmen seiner Rede erklärt, daß wenn der Parteitag den Antrag der Kriegsgegner verabschiede, er diesen nicht umsetzen würde. Eine Formulierung, die breiten Interpretationsspielraum ließ: Würde Fischer in diesem Fall als Außenminister zurücktreten, würde er gar aus der grünen Partei austreten oder würde er «nur» den Parteitagsbeschluß mißachten und ansonsten weitermachen wie bisher? Wie auch immer seine Äußerung letztlich gemeint gewesen sein mag, Fischer hatte sich in aller Deutlichkeit gegen seine Partei gestellt und dieser mit persönlichen Konsequenzen gedroht – und seinen Willen letztlich durchgesetzt. Erst nach dem Ende des Kosovo-Krieges Anfang Juni 1999 kehrte für Joschka Fischer in seinem neuen Amt als Bundesaußenminister so etwas wie alltägliche Routine ein. Fischer, der noch während der Kampfhandlungen im Kosovo am 17. April 1999 seine vierte Frau Nicola Leske geehelicht hatte, wandte sich nun verstärkt dem Thema Europa zu. Aufsehen erregte er im Mai 2000 mit einer Rede an der Berliner Humboldt-Universität, in der er zwei Tage vor der Landtagswahl in Nordrhein-Westfalen seine Vision für die Zukunft der Europäischen Integration der Öffentlichkeit präsentierte.

Im Januar 2001 wurde Fischer dann völlig unerwartet von seiner eigenen Geschichte eingeholt. Im Magazin STERN erschienen die oben bereits erwähnten Fotos, die im Jahr 1973 bei der Schlacht um den Kettenhofweg entstanden waren und Joschka Fischer in Straßenkämpferpose beim Verprügeln eines Polizisten zeigen. Der Anlaß dafür, daß Fischers Vergangenheit nach so langer Zeit wieder in das Zentrum der öffentlichen Aufmerksamkeit rückte, war der Prozeß gegen den ehemaligen RAF-Terroristen Hans-Joachim Klein, bei dem Joschka Fischer als Zeuge aussagen sollte, da Klein Anfang der siebziger Jahre ebenfalls Mitglied der Frankfurter Putzgruppe gewesen war. Fischer schien die Situation zunächst grundlegend falsch einzuschätzen. Unmittelbar neben den Fotos veröffentlichte der STERN unter dem Titel «Ja, ich war militant» ein Interview mit Fischer, in dem dieser mit seiner Vergangenheit eher kokettierte, als daß er sie problematisierte. Nein, unangenehm sei ihm seine Vergangenheit nicht – so äußerte er da –, das sei seine Biographie, er habe da nichts zu bereuen: «Wir wurden verdroschen, aber wir haben auch kräftig hingelangt». Auf die Frage, ob er nur geprügelt oder auch Steine geschmissen habe, antwortete Fischer: «Das fragen sie doch einmal bei ihnen in der Redaktion herum. Fragen Sie auch ruhig mal im Deutschen Bundestag. Was mich betrifft: Ich bin ein schlechter Werfer. Zu kurze Hebel».

Die Reaktionen auf die Fotos und das Interview Fischers waren für diesen vernichtend. Die Selbstgerechtigkeit, mit der Fischer die militante Phase seines Lebensweges verteidigte, stieß der Öffentlichkeit übel auf. Kritische Journalisten und Oppositionspolitiker stürzten sich genußvoll auf die tatsächlichen oder vermeintlichen dunklen Flecken in Fischers Biographie. Auch der bereits 1998 von seinem Biographen Christian Schmidt erhobene Vorwurf, Fischer sei für den Einsatz von Molotow-Cocktails bei der Demonstration am Tag nach dem Selbstmord von Ulrike Meinhof verantwortlich, wurde nun wieder öffentlich diskutiert. Diskutiert wurden außerdem die Teilnahme Fischers an einem PLO-Kongreß in Algier, die dieser zuvor gegenüber dem Nachrichtenmagazin Der Spiegel bestritten hatte, sowie die Frage, ob Fischer während seiner Frankfurter Zeit mit der Terroristin Margit Schiller in Kontakt gekommen sei oder nicht. Es darf getrost vermutet werden, daß jeder andere Politiker als Joschka Fischer diese Krise nicht überstanden und sein Amt verloren hätte. Fischer aber konnte aufgrund seiner enormen Popularität diese insgesamt vier Monate währende Krise politisch überleben, dies auch deshalb, weil letztlich keine neuen ihn belastenden Fakten an die Öffentlichkeit kamen.

Nach den Terroranschlägen auf das World Trade Center im September 2001 stand für Fischer und die Grünen dann aber wieder das Thema Krieg auf der Tagesordnung. Die Vereinigten Staaten von Amerika hatten unmittelbar nach den Anschlägen einen umfassenden Krieg gegen den Terror ausgerufen und die deutsche Bundesregierung sicherte ihnen die «uneingeschränkte Solidarität» Deutschlands zu. Nachdem am 7. Oktober der militärische Gegenschlag der Vereinigten Staaten in Afghanistan begonnen hatte, wuchsen innerhalb der grünen Partei allerdings sehr schnell die Zweifel. Nur zwei Wochen nach dem Beginn der militärischen Operation der Amerikaner forderte die Parteisprecherin Claudia Roth eine Feuerpause. Und als Mitte November 2001 der Bundestag über eine deutsche Beteiligung am Anti-Terror-Krieg zu entscheiden hatte, scherten auch einige grüne Bundestagsabgeordnete aus der uneingeschränkten Solidarität aus und wollten ihre Zustimmung verweigern. Nachdem Bundeskanzler Schröder zwischenzeitlich erklärt hatte, daß er keine rot-grüne Mehrheit im Bundestag brauche, da die Opposition seinen Plänen ja ohnehin zustimmen würde, stieg die Zahl der Kriegsgegner bei den Grünen – aber auch in der SPD-Fraktion – sprunghaft an. Als Schröder merkte, daß ihm die Situation aus dem Ruder zu laufen drohte, riß er schließlich das Steuer herum und erzwang vermittels einer Kopplung der Abstimmung über den Bundeswehreinsatz in Afghanistan an die Vertrauensfrage eine eigene rot-grüne Mehrheit im Bundestag. Die acht Abgeordneten der Grünen, die ursprünglich angekündigt hatten, gegen den Bundeswehreinsatz stimmen zu wollen, einigten sich schließlich darauf, daß nur vier von ihnen mit «Nein» stimmen sollten, gerade so viele also, daß der Kanzler, die Koalition und die grüne Partei die Vertrauensfrage politisch überleben konnten. Auf dem Parteitag der Grünen, der eine Woche nach der Vertrauensfrage in Rostock stattfand, akzeptierte schließlich auch die grüne Partei die Bereitstellung deutscher Streitkräfte für den Krieg gegen den Terror. Wiederum hatte Joschka Fischer auf dem Parteitag sein ganzes Gewicht in die Waagschale werfen müssen und in einer hochgradig emotionalen Rede die grünen Delegierten gebeten, ihn nicht «alleine zu lassen» und dem Bundeswehreinsatz in Afghanistan zuzustimmen. Und wieder einmal hatte sich Fischer durchsetzen können. Der Parteitag stimmte der Entsendung der Bundeswehrsoldaten letztlich zu. Fischer aber ließ durchblicken, daß er noch nie so dicht vor einem Austritt aus der grünen Partei gestanden habe. Wenn auf dem Rostocker Parteitag der Grünen die notwendige Mehrheit für die Außenpolitik der Bundesregierung nicht zustande gekommen wäre, dann hätte Fischer nach eigenem Bekunden die Partei definitiv und mit sofortiger Wirkung verlassen. Die Abschiedsrede hatte er angeblich schon im Kopf.

Betrachtet man die Sympathien, die Joschka Fischer über die Jahre hinweg von den Wählern der Grünen und der Bevölkerung entgegengebracht wurden, so zeigt sich eine erstaunliche Entwicklung (vgl. Abbildung 32): In den Jahren 1985 bis 1987, also zu der Zeit, während der Fischer zum ersten Mal Umweltminister in Hessen war, wurde er von den Anhängern der Grünen mit einem Skalenwert von ungefähr +3 bis +3,5 sehr positiv bewertet, während er von der Bevölkerung nur mit einem Skalenwert zwischen –2 und –1 bedacht wurde. In den Jahren 1988 bis 1994 liegen dann keine Sympathiewerte für Fischer mehr vor. Als die Erhebung dieser Daten 1995 – nach seinem erneuten Einzug in den deutschen Bundestag – wieder aufgenommen wurde, lag Fischer unter den Anhängern der Grünen bei einem Sympathiewert zwischen +2 und +3, während er in der Bevölkerung nun bereits im positiven Bereich lag, mit einem Skalenwert zwischen +0,5 und +1. Vor der Bundestagswahl 1998 stieg die Sympathie der Wähler der Grünen für Joschka Fischer deutlich an, was aller Wahrscheinlichkeit nach auf den enormen persönlichen Einsatz von Fischer im Vorfeld der Bundestagswahl zurückgeführt werden kann. In der Bevöl-

Westdeutschland

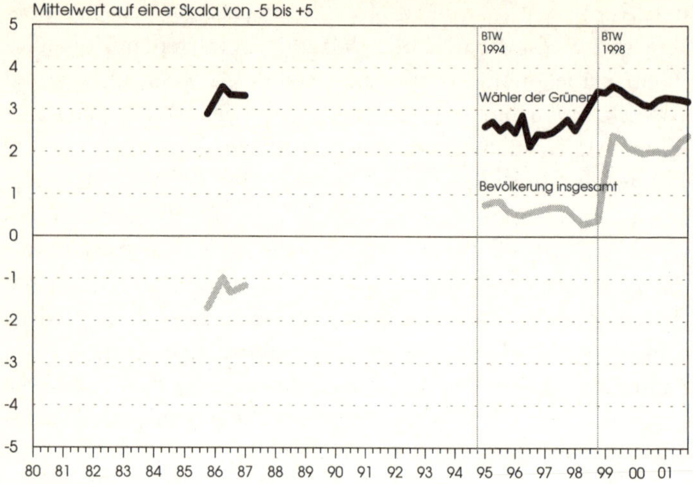

Ostdeutschland

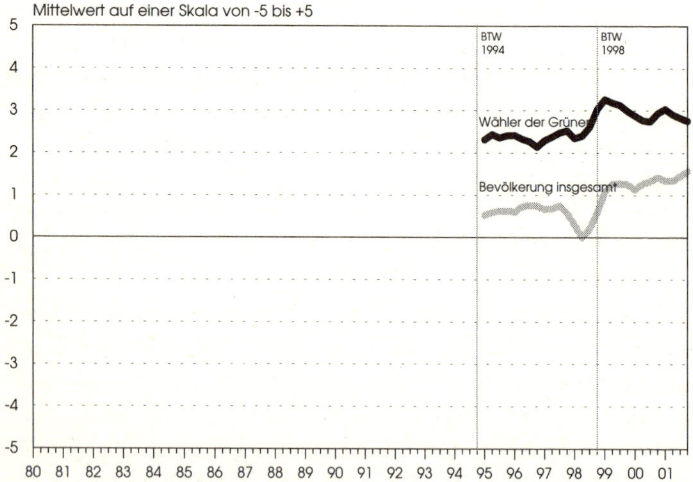

Datenbasis: Politbarometer der Forschungsgruppe Wahlen

Abb. 32: Die Entwicklung der Sympathie für Joschka Fischer unter den Wählern der Grünen und in der Bevölkerung

kerung insgesamt hingegen stieg die Sympathie für Fischer schlagartig an, nachdem er Bundesaußenminister geworden war. Der Sympathiewert erhöhte sich von ungefähr +0,5 auf +2 deutlich. Auch die zum Jahresbeginn 2001 einsetzende Diskussion über seine militante Vergangenheit führte nicht dazu, daß die Sympathie für Joschka Fischer in der Bevölkerung nennenswert nachgelassen hätte.

Vor dem Hintergrund dieses enormen Popularitätszuwachses, den Joschka Fischer während seiner Jahre im Amt des Bundesaußenministers erfuhr und der ihn zum beliebtesten deutschen Politiker machte, wurde er im Januar 2002 von den Grünen offiziell zum Spitzenkandidaten der Partei für die Bundestagswahl vom 22. September 2002 proklamiert. Diese Entscheidung stellte in verschiedener Hinsicht einen Bruch mit ehemals geheiligten Prinzipien der grünen Partei dar: Zum einen hatten die Grünen bislang über die vom Bundeswahlgesetz zwingend vorgesehene Nominierung von Kandidaten für die Landeslisten hinaus keine formelle Ernennung eines Spitzenkandidaten vorgenommen. Zwar hatte Fischer bereits vor der Bundestagswahl des Jahres 1998 im Wahlkampf der Grünen eine prominente Rolle gespielt, doch war er damals nicht offiziell zum Spitzenkandidaten ausgerufen worden und hatte seinen Wahlkampf außerdem mehr oder weniger privat organisiert und (durch Spenden) auch finanziert. Darüber hinaus hatten die Grünen mit dieser Entscheidung von dem Modell der «Doppelspitze» Abstand genommen, das für alle herausragenden Führungspositionen der Grünen eine «Tandemlösung» mit jeweils mindestens einer Frau vorsah. Und wenn es im Bundestagswahlkampf 2002 schon keine Doppelspitze geben sollte, dann hätte es die Tradition der Grünen eigentlich erfordert, eine Frau als Spitzenkandidatin der Partei zu nominieren, da gemäß des Frauenstatuts der Partei auf den Nominierungslisten der Grünen immer eine Frau die erste Position einnehmen muß – warum sollte der Spitzenkandidat dann ein Mann sein?

Den schwerwiegendsten Traditionsbruch, der mit der Nominierung Fischers zum Spitzenkandidaten verbunden war, muß man allerdings in der Tatsache sehen, daß die Grünen mit dieser Entscheidung zum ersten Mal in ihrer Geschichte eine offensive Wahlstrategie der Personalisierung von Politik verfolgten. Eine solche Strategie hatten die Grünen bislang vehement abgelehnt, da sie von den eigentlichen Inhalten der politischen Auseinandersetzung ablenke und den Wahlkampf zu einer Art Schönheitswettbewerb der verschiedenen zur Wahl stehenden Kandidaten verkommen lasse. Die Begründung für diesen Tabubruch war zudem eine äußerst pragmatische: Man wollte durch die Nominierung Fischers zum Spitzenkandidaten der Partei zum einen deutlich machen, daß es – wie von der Öffentlichkeit zuweilen vermutet – keinen Graben zwischen Fischer und seiner Partei gebe. Dadurch hoffte man von den guten Umfragewerten Fischers profitieren zu können. Der Vorstandssprecher der Grünen Fritz Kuhn formulierte dies wie folgt: «Wir wollen zum ersten Mal Fischers Popularität in Prozentpunkte für die Grünen umsetzen. Es ist einfach so, daß Personen in der Politik die entscheidende Rolle spielen. Viele Leute kriegen von Politik doch nicht mehr mit als: Der Scharping war gaga, der Struck ist nicht gaga». Jürgen Trittin schließlich erklärte, es sei sinnvoll, Fischer als Repräsentanten der «Machtfrage» gesondert in den Mittelpunkt des Wahlkampfs zu stellen.

Die notwendige Voraussetzung eines personalisierten Wahlkampfs aber besteht in einem sichtbaren Kandidaten mit einem klaren Image, der sich von den Spitzenkandidaten der konkurrierenden Parteien durch einige positive Imagefacetten abhebt und seiner Partei dadurch beim Wähler Vorteile zu verschaffen vermag. Im folgenden werden wir daher zunächst untersuchen, inwieweit Joschka Fischer diese Bedingungen im Vorfeld der Bundestagswahl 2002 tatsächlich erfüllte. Wir greifen hierfür auf eine im April 2002 durchgeführte Umfrage des Berliner Meinungsforschungsinstituts forsa zurück. In ihrem Rahmen wurde sowohl für Joschka Fischer als auch für Gerhard Schröder, Edmund Stoiber und Guido Westerwelle die Wahrnehmung und Bewertung einer ganze Reihe ihrer politischen und persönlichen Eigenschaften durch die Bevölkerung untersucht.

Eine Strategie der Personalisierung des Wahlkampfs kann nur dann erfolgreich sein, wenn der Kandidat, der in den Mittelpunkt des Wahlkampfs gestellt werden soll, über ein Mindestmaß an Sichtbarkeit verfügt. Versteht man unter der Sichtbarkeit eines Kandidaten dessen Bekanntheitsgrad, so lassen sich zwischen Fischer, Schröder, Stoiber und Westerwelle kaum Unterschiede ausmachen: Ihr Bekanntheitsgrad liegt jeweils nahe bei 100 Prozent. Der Bekanntheitsgrad ist allerdings nur ein sehr grober Indikator für die Sichtbarkeit eines Politikers. So ist beispielsweise nicht auszuschließen, daß viele Befragte zwar den Namen eines Politikers kennen, sonst aber keine weitergehenden Auskünfte über ihn geben können. Die Sichtbarkeit eines Politikers muß folglich eher daran festgemacht werden, inwieweit die Bevölkerung ein einigermaßen vollständiges und zugleich differenziertes Bild von seinen Eigenschaften besitzt. Die *Vollständigkeit* und *Differenziertheit* der Wahrnehmung eines Politikers wird dabei im folgenden durch den Anteil derjenigen Befragten erfaßt, die sich in der Lage sehen, ein Urteil zu seinen verschiedenen Eigenschaften abzugeben. Abbildung 33 zufolge ist der Informationsgrad zu den vier Politikern über fast die gesamte Bandbreite der abgefragten Eigenschaften sehr hoch. Ob es sich um unmittelbar politikrelevante Eigenschaften handelt, wie etwa die wahrgenommene Eignung für das Amt des Bundeskanzlers oder eines Bundesministers, oder aber um eher unpolitische Qualitäten wie die persönliche Ausstrahlung – der Prozentsatz derjenigen, die ein Urteil abgeben können, liegt stets um die 90 Prozent und häufig noch darüber. Aus dem allgemeinen Muster fallen die beiden Eigenschaften des «guten Charakters» und des «geordneten Privatlebens» ein wenig heraus. Diese beiden persönlichen Qualitäten entziehen sich offensichtlich der Kenntnis vieler Wahlberechtigter

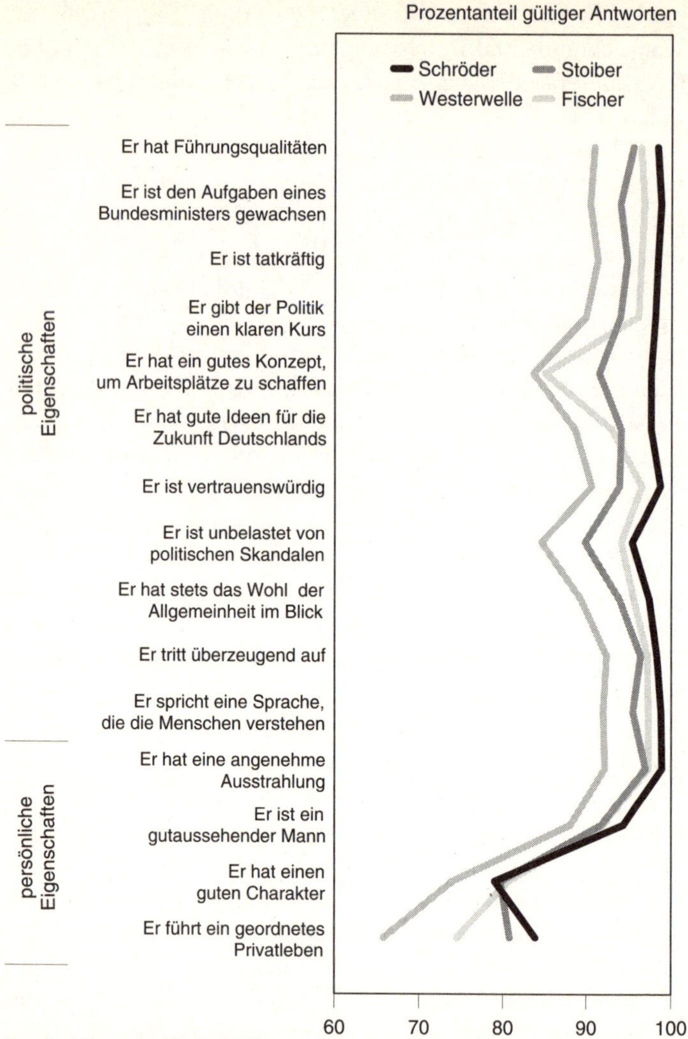

Datenbasis: forsa OmniTel April 2002

Abb. 33: Die Vollständigkeit der Wahrnehmung der persönlichen und politischen Eigenschaften von Gerhard Schröder, Edmund Stoiber, Guido Westerwelle und Joschka Fischer durch die Bevölkerung

weit eher als das Gros der politischen Eigenschaften. Im Vergleich zwischen den vier Politikern zeigen sich über alle Eigenschaften hinweg nur relativ geringe Unterschiede. Der durchweg höchste Informationsgrad findet sich plausiblerweise im Zusammenhang mit dem amtierenden Bundeskanzler Gerhard Schröder. Nur geringfügig niedrigere Prozentsätze gültiger Angaben sind allerdings bei Joschka Fischer zu verzeichnen, dessen Eigenschaften von den Wahlberechtigten gar noch etwas vollständiger eingeschätzt werden können als diejenigen des Kanzlerkandidaten der Union, Edmund Stoiber. Der insgesamt niedrigste Informationsgrad findet sich bezüglich des FDP-Vorsitzenden Guido Westerwelle, obgleich auch bei ihm in der Regel mindestens 80 Prozent der Befragten eine Zuschreibung von Eigenschaften vornehmen können.

Wie ist es nun aber um die positiven Imagefacetten der vier Kandidaten bestellt? Hinsichtlich welcher Eigenschaften werden sie also besser bewertet als ihre Konkurrenten? Bei Schröder ist dies sein gutes Aussehen und seine angenehme Ausstrahlung, bei Stoiber das geordnete Privatleben, die Führungsqualitäten sowie die Fähigkeit, Arbeitsplätze zu schaffen (vgl. Tabelle 1). Guido Westerwelle hingegen besitzt nur eine einzige positive Imagefacette, deren Bedeutung allerdings nicht unterschätzt werden darf, galt er vor der Bundestagswahl vom 22. September 2002 doch am ehesten als von politischen Skandalen unbelastet, also als unverbraucht. Die meisten positiven Imagefacetten wurden allerdings Joschka Fischer zugeschrieben. Er gilt als tatkräftig, überzeugend, seinen Aufgaben als Minister gewachsen, sprachbegabt, vertrauenswürdig, am Allgemeinwohl interessiert sowie als jemand, der der Politik einen klaren Kurs gibt und gute Ideen für die Zukunft Deutschlands hat. Hinsichtlich seiner Führungsqualitäten liegt er in der Wahrnehmung der Bevölkerung außerdem nur äußerst knapp hinter Edmund Stoiber, aber noch deutlich vor Gerhard Schröder.

Der Vollständigkeit halber sollen im Falle Joschka Fischers an dieser Stelle aber auch noch seine negativen Imagefacetten diskutiert werden, also diejenigen Eigenschaften, bezüglich derer er schlechter beurteilt wurde als die Spitzenkandidaten der anderen Parteien. Derartige negative Imagefacetten lassen sich dabei zunächst im Bereich unpolitischer Eigenschaften finden. So wird Fischer am seltensten von allen vier Spitzenkandidaten attestiert, daß er ein geordnetes Privatleben führe. Die durch die Medien gestreuten Gerüchte um eine vermeintliche Trennung von seiner vierten Ehefrau Nicola Leske mögen hier ihre Wirkung entfaltet haben. Darüber hinaus wird Fischer die Eigenschaft, ein gutaussehender Mann zu sein, weniger häufig zugeschrieben als Schröder, Westerwelle oder Stoiber.

Mögen diese negativen Imagefacetten Fischers für seinen politischen Erfolg noch von eher untergeordneter Bedeutung sein, so ist dies bei der Wahrnehmung seiner Unbelastetheit von politischen Skandalen anders: Nur 33 Prozent der Befragten gaben vor der Bundestagswahl 2002 an, Fischer sei von politischen Skandalen unbelastet. Bei den Spitzenkandidaten von SPD, Union und FDP lag dieser Anteil hingegen jeweils mindestens bei 50 Prozent. Die öffentlichen Diskussionen über seine Aktivitäten während seiner Frankfurter Sponti-Zeit haften Fischer folglich an, ohne sich aber bislang in seiner Gesamtbewertung sichtbar niederzuschlagen. Doch dies könnte im Falle neuer Enthüllungen durchaus geschehen und das Image Joschka Fischers dadurch massiv und nachhaltig beschädigt werden. Daß Fischer nur von 25 Prozent der Bevölkerung ein gutes Konzept zu Bekämpfung der Arbeitslosigkeit zugeschrieben wird, erscheint im Vergleich dazu fast als nachrangiges Problem.

	Schröder	Stoiber	Westerwelle	Fischer
Er hat Führungsqualitäten	62	**68**	50	67
Er ist den Aufgaben eines Bundeskanzlers gewachsen	57	52		
Er ist den Aufgaben eines Bundesministers gewachsen			46	**73**
Er ist tatkräftig	50	67	56	**75**
Er gibt der Politik einen klaren Kurs	32	52	40	**56**
Er hat ein gutes Konzept, um Arbeitsplätze zu schaffen	17	**39**	31	25
Er hat gute Ideen für die Zukunft Deutschlands	39	50	45	**53**
Er ist vertrauenswürdig	44	45	44	**60**
Er ist unbelastet von politischen Skandalen	54	50	**63**	33
Er hat stets das Wohl der Allgemeinheit im Blick	39	42	38	**57**
Er tritt überzeugend auf	69	59	56	**74**
Er spricht eine Sprache, die die Menschen verstehen	68	49	49	**69**
Er hat eine angenehme Ausstrahlung	**64**	44	48	55
Er ist ein gutaussehender Mann	**46**	32	38	24
Er hat einen guten Charakter	51	47	48	**53**
Er führt ein geordnetes Privatleben	55	**81**	59	37

Datenbasis: forsa OmniTel April 2002
Anmerkung: Der höchste Anteilswert ist für jede untersuchte Eigenschaft fett hervorgehoben.

Tab. 1: Die Bewertung von Gerhard Schröder, Edmund Stoiber, Guido Westerwelle und Joschka Fischer im Vergleich (Zustimmung zu den verschiedenen Eigenschaften in Prozent)

Ergebnis:

Die Bundestagswahl vom 22. September 2002

Die Bundestagswahl vom 22. September 2002 war für die Grünen zweifellos eine Schicksalswahl. Würde die Partei nach vier Jahren an der Macht und den damit verbundenen Kompromissen, Kurskorrekturen und Zumutungen noch einmal das Vertrauen der Wähler in dem für den Machterhalt notwendigen Umfang auf sich ziehen können? Würde die Serie von Wahlniederlagen, die mit dem Eintritt in die rot-grüne Bundesregierung im Jahr 1998 ihren Anfang genommen hatte, endlich durchbrochen werden können? Würde sich der Prozeß des «Ergrauens der Grünen» fortsetzen, würde also ihre Wählerschaft wieder ein Stück älter werden? Würde sich die Entscheidung für eine Strategie der personalisierten Wahlkampfführung im Wahlergebnis positiv niederschlagen? All diese Fragen können heute auf der Grundlage empirischer Daten rückblickend beantwortet werden.

Das wichtigste Ergebnis der Bundestagswahl 2002 bestand zweifellos in der Bestätigung der rot-grünen Bundesregierung unter Gerhard Schröder. Ermöglicht wurde der Machterhalt dabei durch das gute Abschneiden der Grünen. Diese konnten ihr gesamtdeutsches Wahlergebnis von 6,7 auf 8,6 Prozent der Zweitstimmen deutlich verbessern. Gleichzeitig fiel die SPD von 40,9 auf 38,5 Prozent zurück. Die Stimmenverluste der Sozialdemokratie wurden von den Stimmengewinnen der Grünen also nahezu kompensiert, so daß Rot-Grün insgesamt betrachtet nur 0,5 Prozentpunkte verlor und damit an der Macht bleiben konnte. Betrachtet man das Wahlergebnis der Grünen getrennt nach West- und Ostdeutschland, so zeigt sich, daß die Grünen in den alten Bundesländern mit 9,4 Prozent der Stimmen einen genau doppelt so hohen Stimmenanteil erzielen konnten als in den neuen Bundesländern (vgl. Abbildung 34). Das West-Ost-Gefälle in der Wahlbereitschaft zugunsten der Grünen fiel dabei aber weniger deutlich aus, als es die Ergebnisse der vorangegangenen Landtagswahlen in den ostdeutschen Flächenstaaten hätten vermuten lassen. Die Grünen konnten in den neuen Bundesländern immerhin 4,7 Prozent der Stimmen auf sich ziehen und wären damit nur knapp an einer imaginären ostdeutschen 5-Prozent-Hürde gescheitert. Darüber hinaus konnten die Grünen im Vergleich zur Bundestagswahl 1998 ihr Wahlergebnis in den neuen Bundesländern um 0,6 Prozentpunkte verbessern. Zwar fiel dieser Zuwachs deutlich bescheidener aus als der entsprechende Zuwachs in den alten Bundesländern, wo die Grünen immerhin 2,1 Prozentpunkte zulegen konnten, doch ist er für die Grünen gleichwohl von enormer Bedeutung: Das erste Mal seit der deutschen Wiedervereinigung ist es den Grünen damit in den neuen Bundesländern bei einer Wahl gelungen, ihr Wahlergebnis im Vergleich zur jeweiligen Vorwahl zu verbessern.

Die Grünen sind damit aber noch lange nicht auf dem Weg zur einer gesamtdeutschen Partei. Die geringfügigen Zuwächse der Grünen im Osten sind vielmehr mit großer Wahrscheinlichkeit auf die Flutkatastrophe zurückzuführen, die unmittelbar vor der Wahl die Aufmerksamkeit der Wähler in den neuen Ländern auf eines der Kernthemen grüner Politik gelenkt hatte, die Umweltpolitik. Eine Besonderheit des Wählermarktes in Ostdeutschland besteht nun aber in einer deutlich geringeren Verbreitung affektiver Parteibindungen. Daraus resultiert eine größere Empfänglichkeit der ostdeutschen Wähler für kurzfristig-situative Einflüsse, da der stabilisierende Effekt langfristig angelegter politischer Orientierun-

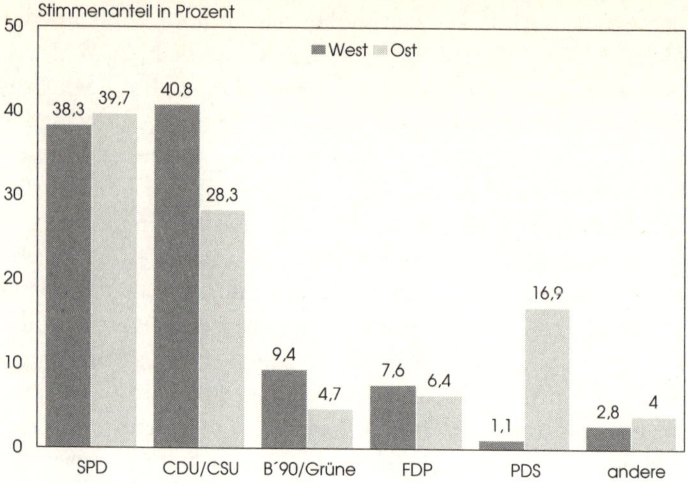

Quelle: Bundeswahlleiter

Abb. 34: Das Ergebnis der Bundestagswahl 2002 in West- und Ostdeutschland

gen nur schwach ausfällt. Die mit der Flutkatastrophe offenkundig gewordene Notwendigkeit einer nachhaltigen Umweltpolitik wird den Wählerrückhalt der Grünen in Ostdeutschland folglich kurzzeitig gesteigert haben. Ob sie aber eine nachhaltige Verschiebung der Wählerpräferenzen bewirkt hat, muß eher angezweifelt werden.

In Abbildung 35 sind die Stimmenanteile abgetragen, die Bündnis 90/Die Grünen in West- und Ostdeutschland jeweils in den verschiedenen Altersgruppen erzielen konnten. Dabei zeigt sich ein Befund, der mit den Ergebnissen unserer weiter oben berichteten langfristigen Analysen sehr gut in Einklang zu bringen ist. Dort hatten wir für Westdeutschland die Existenz eines von einem lebenszyklischen Muster überlagerten Generationeneffekts behauptet. Und tatsächlich finden die Grünen in Westdeutschland mit 12 Prozent die größte Unterstützung in der Gruppe der 35- bis 45jährigen. Unter den 25- bis 35jährigen erzielten sie 10,4 und unter den 18- bis 25jährigen 9,5 Prozent

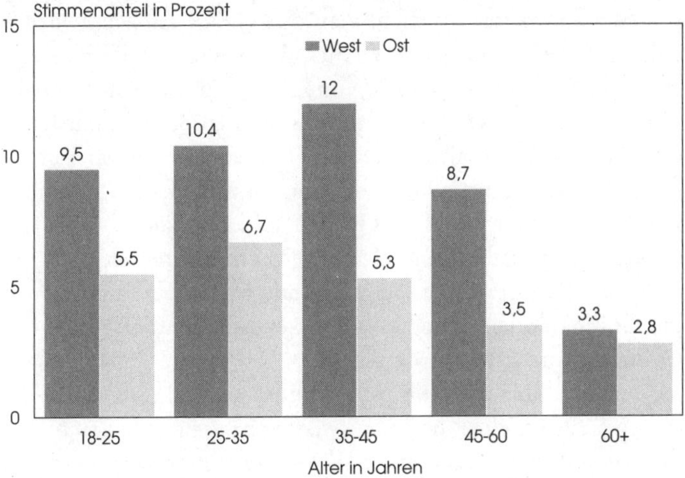

Quelle: Repräsentative Wahlstatistik/Statistisches Bundesamt

Abb. 35: Die Stimmenanteile der Grünen in den verschiedenen Altersgruppen bei der Bundestagswahl 2002 in West- und Ostdeutschland

der Stimmen. In der Altersgruppe der 45- bis 60jährigen lag der Stimmenanteil der Grünen bei der Bundestagswahl 2002 allerdings bereits annähernd so hoch wie in der Gruppe der Jungwähler, nämlich bei 8,7 Prozent. In den neuen Bundesländern hingegen ist die Existenz eines Generationeneffekts schon aus theoretischen Gründen nicht plausibel, da die ostdeutschen Bürgerinnen und Bürger die Studentenbewegung und die Neuen Sozialen Bewegungen nicht erlebt haben und deshalb durch diese auch nicht geprägt werden konnten. Und tatsächlich zeigt sich in den Neuen Bundesländern ein Muster, das am ehesten mit der von uns behaupteten lebenszyklischen Dynamik in Einklang zu bringen ist, wobei die Grünen in Ostdeutschland mit 6,7 Prozent ihr bestes Ergebnis in der Altersgruppe der 25- bis 35jährigen erzielen konnten.

Woher kamen nun aber die Stimmenzuwächse der Grünen, die ihnen das beste Bundestagswahlergebnis ihrer Geschichte bescherten? Bezieht man diese Frage zunächst wieder auf die Altersstruktur der Wähler, dann zeigen beispielsweise die Analysen des Berliner Meinungsforschungsinstituts Infratest dimap, daß die Grünen ihren stärksten Stimmenzuwachs unter den 45- bis 59jährigen erzielen konnten, wo sie um immerhin 4 Prozentpunkte zulegten. Den zweithöchsten Stimmenzuwachs konnten sie in der Gruppe der Personen im Alter von mindestens 60 Jahren erzielen. Hier verbesserten sie sich um 2 Prozentpunkte. Auch diese Befunde bestätigen noch einmal die Gültigkeit der Generationenthese, nach der die Wähler der Grünen immer älter werden sollten.

Betrachtet man die parteipolitische Herkunft der Grünen-Wähler bei der Bundestagswahl 2002, dann zeigt sich, daß die grüne Partei einen Großteil ihres Stimmenzuwachses offensichtlich ihrem Koalitionspartner, der SPD, zu verdanken hatte (vgl. Abbildung 36). Immerhin 40 Prozent der Wählerinnen und Wähler der Grünen hatten noch bei der Bundestagswahl 1998 mit ihrer Zweitstimme die SPD gewählt. Doch wie kann diese Wählerwanderung innerhalb des rot-grünen Lagers erklärt werden? Waren die Wechselwähler mit der Politik der SPD und ihres Kanzlers unzufrieden und änderten sie deshalb ihre Wahlentscheidung? Wohl eher nicht. Wie Abbildung 37 zeigt, besaß immerhin ein Drittel der Wähler der Grünen eine Parteineigung zugunsten der SPD. Diese Wähler sind also gewissermaßen Fleisch vom Fleische der Sozialdemokratie. Sie haben den Grünen bei der Bundestagswahl 2002 ihre Zweitstimme «geliehen», um damit dem Koalitionspartner der von ihnen eigentlich präferierten Partei das politische Überleben und der rot-grünen Koalition insgesamt die Macht zu sichern.

Die Stimmenzuwächse, die die Grünen bei der Bundestagswahl 2002 erzielen konnten, können folglich auch nicht angemessen im Sinne dauerhafter Substanzgewinne der Partei interpretiert werden. Vielmehr stellen sie zu einem nicht unerheblichen Teil Leihstimmen von SPD-Anhängern dar, die mit ihrer Erststimme den Kandidaten der SPD und mit der

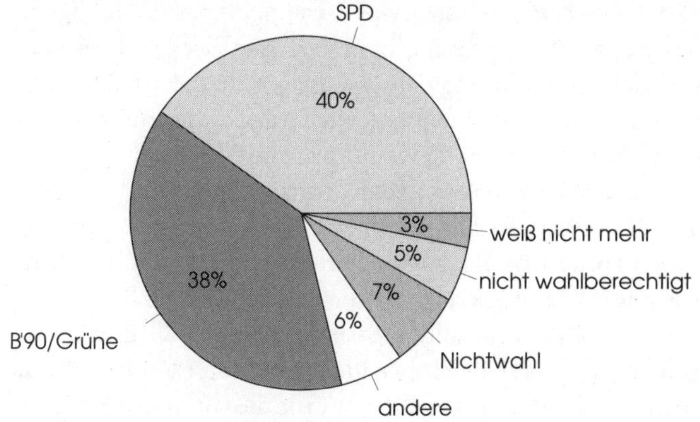

Quelle: forsa OmniNet Wahlstudie 2002

Abb. 36: Das Wahlverhalten der Wähler von Bündnis 90/Die Grünen bei der Bundestagswahl 1998

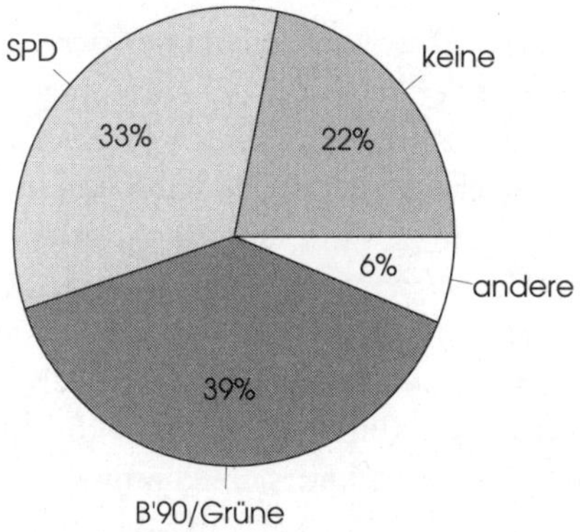

Quelle: forsa OmniNet Wahlstudie 2002

Abb. 37: Die Parteibindung der Wähler von Bündnis 90/Die Grünen

Zweitstimme die Grünen wählten, um der von ihnen präferierten rot-grünen Koalition die maximale Unterstützung zuteil werden zu lassen. Wie Abbildung 38 zeigt, haben bei der Bundestagswahl 2002 60 Prozent der Zweitstimmenwähler der Grünen mit ihrer Erststimme für die SPD gestimmt. Dieser Anteil hatte bei der Bundestagswahl 1998 noch bei 52 und bei der Bundestagwahl 1994 gar nur bei 37 Prozent gelegen. Diese steigende Zahl von Splittingwählern, die mit ihrer Erststimme die SPD und mit ihrer Zweitstimme die Grünen wählen, reflektiert zumindest teilweise die Leihstimmen von SPD-Anhängern für die grüne Partei. Diese Zahlen deuten aber insbesondere darauf hin, daß dieser koalitionsinterne Stimmenaustausch seit 1994 deutlich an Bedeutung gewonnen hat. Mit dem Eintritt in die rot-grüne Bundesregierung im Jahr 1998 und deren Bestätigung durch den Wähler im Jahr 2002 haben sich die Grünen also – was ihren Wählerrückhalt betrifft – zumindest teilweise in die Abhängigkeit der SPD begeben. Würde die rot-grüne Koalition zerbrechen, dann hätten die Anhänger der Sozialdemokraten keinen Grund mehr, die Grünen aus taktischen Überlegungen heraus zu wählen, der Wählerrückhalt der Grünen würde folglich sinken.

Eine Analyse des Wahlergebnisses der Grünen bei der Bundestagswahl 2002 bliebe aber unvollständig, würde sie nicht auch die Rolle des Spitzenkandidaten Joschka Fischer in den Blick nehmen. Womöglich hatte der ein oder andere SPD-Anhänger ja die Grünen gewählt, um ganz konkret dem Erfolgsduo Schröder/Fischer zu einer weiteren Amtsperiode zu verhelfen. Vielleicht hatten aber auch Wähler, die sonst weder der SPD noch den Grünen zuneigen, sich von der Person Fischer überzeugen lassen und durch ihre Stimme für die Grünen ihre Unterstützung für den Bundesaußenminister zum Ausdruck bringen wollen. Wie groß war also der Anteil Joschka Fischers am Wahlerfolg der Grünen? Solche Fragen lassen sich mit den Mitteln der Empirischen Wahlforschung gewöhnlich nur schwer beantworten, da die verschiedenen Einflußfaktoren der Wahlentscheidung untereinander dicht verwoben sind. So werden beispielsweise grüne Parteianhänger Joschka Fischer schon allein deshalb gut bewerten, weil er ein Grüner ist. Im nachhinein dann aber zu entscheiden, was nun eine Stimmabgabe zugunsten der Grünen maßgeblich bewirkt hat, die Parteibindung

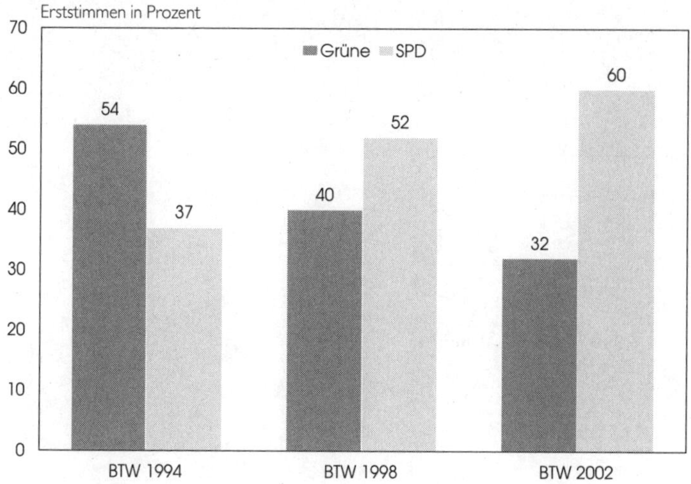

Quelle: Infratest dimap 2002: 74

Abb. 38: Die Erststimmen der Zweitstimmenwähler von Bündnis 90/Die Grünen bei den Bundestagswahlen 1994, 1998 und 2002

oder die Bewertung des Spitzenkandidaten Fischer, fällt nicht leicht.

Eine naheliegende Lösung dieses Problems besteht darin, die Wähler direkt nach ihren Motiven zu befragen. Und so hat das Meinungsforschungsinstitut Infratest dimap bei der Bundestagswahl 2002 die Wählerinnen und Wähler danach gefragt, was denn letztlich für ihre Wahlentscheidung den Ausschlag gegeben habe: Der Spitzenkandidat der Partei, ihre Lösungsvorschläge zu Sachfragen oder aber die langfristige Parteibindung. In Abbildung 39 ist für die Wähler der verschiedenen Parteien jeweils der Anteil derjenigen Wähler abgetragen, für die der Spitzenkandidat den Ausschlag für ihre Wahlentscheidung zugunsten der betreffenden Partei gegeben hat. Am höchsten ist dieser Anteil unter den Wählern der SPD. 42 Prozent von ihnen geben an, Gerhard Schröder sei für ihre Wahlentscheidung zugunsten der SPD wichtiger gewesen als Sachfragen oder eine etwaige Parteibindung. Unter den Wählern der Grünen beträgt

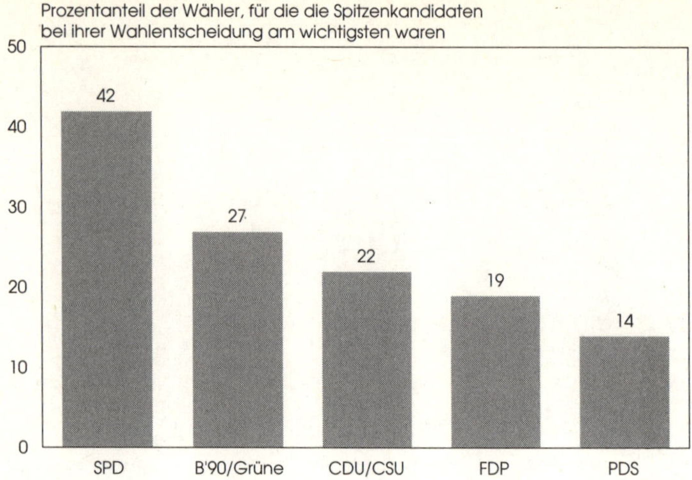

Quelle: Infratest dimap 2002: 83

Abb. 39: Die Wichtigkeit des Spitzenkandidaten für die Wähler der verschiedenen Parteien bei der Bundestagswahl 2002

der Anteil, der sich in seiner Wahlentscheidung maßgeblich am Spitzenkandidaten orientierte, immerhin noch 27 Prozent und liegt damit höher als unter den Wählern der CDU/CSU. Dies ist insofern erstaunlich, als sich Joschka Fischer nicht als Kandidat für das Amt des Bundeskanzlers betrachtete, sondern weitere vier Jahre Bundesaußenminister bleiben wollte. Gleichwohl war er für die Wahlentscheidung zugunsten der Grünen bedeutender als Edmund Stoiber für eine Wahlentscheidung zugunsten der CDU/CSU. Als Fazit bleibt damit festzuhalten, daß die Strategie der Grünen, den Wahlkampf auf Fischer zuzuspitzen, durchaus erfolgreich war. Für ein gutes Viertel der grünen Wähler war Joschka Fischer für ihre Stimmabgabe ausschlaggebend.

Ausblick:

Die Grünen in der Krise

Nur kurz nach dem bislang besten Wahlergebnis der Grünen bei einer Bundestagswahl von einer Krise der grünen Partei zu sprechen, scheint gewagt. Doch das gute Abschneiden am 22. September 2002 läßt allzu leicht in Vergessenheit geraten, daß die Grünen noch Anfang 2002 nach einer Serie von Niederlagen bei Landtagswahlen von den allermeisten Beobachtern in Wissenschaft und Journalismus in einer tiefen Krise gesehen wurden. Auch der politische Gegner begann bereits zu frohlocken. «Das schöne Grün wird zu Heu», spottete beispielsweise der baden-württembergische Ministerpräsident Erwin Teufel, Guido Westerwelle verkündete, die Grünen hätten sich politisch «überlebt», und die FDP definierte sich wieder selbstbewußt als die «dritte Kraft» des bundesrepublikanischen Parteiensystems. Selbst die SPD dachte halblaut über Alternativen zur rot-grünen Koalition auf der Bundesebene nach. Doch selbst diese Formschwäche der Grünen zu Beginn des Wahljahres 2002 relativiert sich angesichts der Tatsache, daß die tatsächliche oder vermeintliche Krise der Grünen letztlich so alt ist wie die Grünen selbst. Während kaum einer Phase ihrer über zwanzigjährigen Geschichte wurde der Partei von der Wissenschaft und den Medien *keine* krisenhafte Befindlichkeit attestiert. Insofern könnte man die Krise als Dauerzustand der Grünen betrachten und sich nicht weiter mit ihr auseinandersetzen. Der grüne Patient wäre gewissermaßen chronisch kränkelnd, aber eben nicht in akuter Lebensgefahr.

Indem man aber die Krise als die dominante Existenzform der Grünen definiert, verliert man aus den Augen, daß sich die Ursachen dieser Krise über die Zeit hinweg sehr unterschiedlich darstellten und die Existenz der Grünen in sehr unterschiedlicher Weise bedrohten. So erwuchs die Krise der Grünen in den Anfangsjahren der Partei zunächst aus der Tatsache, daß sich unter ihrem Dach weltanschaulich sehr heterogene Gruppierungen zusammengefunden hatten. Vom bürgerlich-wertkonservativen, «lodengrünen» Lebensschützer bis hin zum moskauhörigen Kommunisten reichte die Spannweite der handelnden Akteure. Dies mußte unweigerlich zu zermürbenden Machtkämpfen innerhalb der Partei führen. Hinzu kam die Selbstdefinition der Grünen als «Anti-Parteien-Partei». Eigentlich wollte man nicht so recht Partei sein und sich erst recht nicht den Spielregeln der parlamentarischen Demokratie beugen. Auf alle Fälle aber wollte man die Entstehung einer innerparteilichen Elite verhindern. Mit Hilfe des imperativen Mandats, der Rotation sowie der Trennung von Amt und Mandat versuchte man die innerparteiliche Macht breiter zu verteilen, schwächte damit letztlich aber vor allem die Effizienz der Parteiarbeit. Die Grünen waren zu dieser Zeit eher eine Gruppe politischer Dilettanten denn eine professionelle und vor allen Dingen schlagkräftige politische Partei.

Doch all diese krisenhaften Erscheinungen innerhalb der grünen Partei schlugen sich in den Anfangsjahren nicht in schlechten Wahlergebnissen nieder – im Gegenteil. Bei fast jeder Wahl konnten die Grünen ihren Stimmenanteil erhöhen. Sie schienen die Wahlerfolge nachgerade abonniert zu haben – bis sie bei der Bundestagswahl des Jahres 1990 den Wiedereinzug in den Deutschen Bundestag verpaßten. Diese Niederlage kam insofern überraschend, als kurz zuvor führende Ökosozialisten und Radikalökologen die Partei verlassen hatten und sich die Grünen damit unwiderruflich auf dem Weg zu einer reformpolitischen, pragmatischen Kraft zu befinden schienen. Über die Gründe für die Niederlage bei der Bundestagswahl 1990 ist vieles gesagt und geschrieben worden. Als wichtigste Lektion aus dieser Niederlage konnten die Grünen aber lernen, daß ihr Wählerpotential kein gewissermaßen naturgesetzlich wachsendes ist, sondern daß sie bei jeder Wahl neu um ihre Wähler kämpfen müssen. Auch mußten sie lernen, daß die Grundregeln des politischen Marketings selbst von den Grünen nicht außer Kraft gesetzt werden können und ein Wahlkampf, der das in den Augen der Bevölkerung wichtigste politische Thema nicht angemessen aufgreift, letztlich nicht von Erfolg gekrönt sein kann.

Mit der deutschen Einheit erwuchs den Grünen darüber hinaus aber ein neues Problem, nämlich die Notwendigkeit der Etablierung als gesamtdeutsche Partei. Die Vereinigung mit den im Bündnis 90 zusammengeschlossenen ostdeutschen Bürgerrechtsgruppen schien dabei zunächst ein durchaus erfolgversprechender Weg zu sein. Sehr schnell aber zeigte sich, daß die neugegründete Partei Bündnis 90/Die Grünen trotz ihrer im Parteinamen ostentativ vorangestellten Ost-Komponente auf ein Dasein als Regionalpartei des Westens beschränkt bleiben würde. Die Bürgerrechtsbewegung, die bereits im Jahr der deutschen Einheit massiv an Bedeutung und Ansehen verloren hatte, wurde in den Neuen Bundesländern nach der deutschen Einheit weitgehend an den Rand gedrängt und brauchte ihren Vertrauenskredit bei den Bürgern rasch auf. Die westdeutschen Grünen aber waren den ostdeutschen Bürgerinnen und Bürgern von Anfang an fremd und unverständlich geblieben. Sie wirkten auf sie wie die Relikte einer versunkenen Alternativkultur des Westens, die sie nicht verstehen konnten und wollten, weil ihnen die historische Erfahrung der Studentenbewegung und der Neuen Sozialen Bewegungen abging.

In den alten Bundesländern zeigte sich zu dieser Zeit erstmals ein Phänomen, das überaus treffend mit dem Bild vom «Ergrauen der Grünen» beschrieben werden kann: Die Wählerinnen und Wähler der Grünen wurden im Durchschnitt immer älter. Die Kerngemeinde der West-Grünen sind heute die vierzig- bis fünfzigjährigen Akademiker, die die Studenten-, Umwelt- und Friedensbewegung noch am eigenen Leib miterlebt haben und durch diese in ihren politischen Anschauungen und Überzeugungen maßgeblich geprägt wurden. Nicht wenige von ihnen haben in alternativen Betrieben, selbstverwalteten Projekten oder einer grünen Parteikarriere Arbeit und Lebenssinn gefunden, andere arbeiten im öffentlichen Dienst in sozialen, sozialpflegerischen, erzieherischen oder wissenschaftlichen Berufen. Die nachwachsenden Generationen hingegen haben die für die Grünen identitätsstiftenden historischen Ereignisse nicht miterlebt. Die links-alternative Lebenswelt ist ihnen fremd, und sie betrachten manche grüne Symbolfigur eher mit Skepsis und Unverständnis. Die Jungwähler, die lange Zeit als das naturgegebene Wählerpotential der Grünen galten, wandten sich dementsprechend in zunehmendem Maße von den Grünen ab.

Aber auch auf ihr traditionelles Milieu können die Grünen nicht mehr uneingeschränkt setzen. Spätestens die Beteiligung der Grünen an der Bundesregierung nach der Bundestagswahl des Jahres 1998 hat vielen ihrer bisherigen Stammwähler vor Augen geführt, daß die politischen Einflußmöglichkeiten der Grünen durchaus beschränkt sind. Waren die Grünen in früheren Zeiten vor allem immer dann stark, wenn es darum ging, programmatische Maximalforderungen ohne Rücksicht auf deren praktisch-politische Durchsetzbarkeit zu formulieren, so mußten die Grünen nunmehr entdecken, daß für eine Partei in einer Koalitionsregierung das Wesen der Politik in der Kunst des Machbaren besteht. Im Laufe ihrer Regierungszugehörigkeit verabschiedeten sich die Grünen daher von vielen Forderungen, die früher den Kernbestand ihrer Identität ausmachten. Die Forderung nach dem Ausstieg aus der Kernenergie mutierte zu einer faktischen Anerkennung und Festschreibung des Status Quo, die Forderung nach zivilen Konfliktlösungen mutierte zur Zustimmung der Grünen zu den Bundeswehreinsätzen im Kosovo und in Afghanistan und die einst beschworene Verkehrswende blieb ebenfalls weitgehend aus. Spätestens seit der von Kanzler Schröder mittels der Vertrauensfrage erzwungenen Zustimmung der Grünen zum Bundeswehreinsatz in Afghanistan erscheint die FDP vielen Wählern rückblickend als nachgerade prinzipienfest, während die Grünen um der Beteiligung an der Macht willen scheinbar allen früheren Idealen abgeschworen haben. Friedrich Merz darf gar in Bundestagsdebatten spotten, es sei schlicht nicht mit anzusehen, wie sich die grünen Parlamentarier, Staatssekretäre und Minister an die Auspuffe ihrer Dienstwagen klammerten.

Die Nominierung Fischers zum grünen Spitzenkandidaten bei der Bundestagswahl 2002 stellte vor diesem Hintergrund eine Strategie zur Überwindung der Krise der Grünen und zur Sicherung ihres parlamentarischen Überlebens dar. Angesichts des unklaren inhaltlichen Profils, angesichts der Vielzahl von Kompromissen und Niederlagen im Rahmen der rot-grünen Bundesregierung, angesichts der zunehmenden Enttäuschung vieler ehemaliger Stammwähler der Grünen über ihre Partei und angesichts des teilweise unglücklich agierenden sonstigen politischen Personals der Grünen wurde nun der populäre, fast schon über den Grünen und den Parteien insgesamt schwebende Fischer auf das Schild und die Plakatwände gehoben, um die mangelnde Attraktivität des grünen Projekts zu übertünchen. Doch diese Strategie ist nicht ohne Risiken. Sie könnte bisherige Stammwähler, die in der Kandidatur Fischers womöglich in erster Linie eine Preisgabe urgrüner Prinzipien sehen, weiter von den Grünen entfremden, da die Partei aus ihrer Sicht den Teufel der inhaltlichen Profillosigkeit mit dem Beelzebub der Personalisierung auszutreiben versucht. Darüber hinaus ist auch in der Person Fischers selbst ein Risikofaktor zu sehen: In seiner Biographie spiegeln sich die gesellschaftlichen Entwicklungen, die zur Entstehung der Grünen geführt haben, zwar in fast schon exemplarischer Art und Weise wider, doch ist Fischer den negativen Zerfallsprodukten der Studentenbewegung im Laufe seines Lebens zum Teil gefährlich nahe gekommen. Seine Biographie macht ihn folglich angreifbar und verletzlich, wie spätestens die Diskussion um die «Prügelfotos» aus dem Januar 2001 zeigte. Die starke Stellung Fischers macht die grüne Partei darüber hinaus erpreßbar. So drohte Fischer im Zusammenhang mit der Diskussion um die deutsche Beteiligung an friedensichernden Maßnahmen der Bundeswehr mit seinem Rücktritt als Bundesaußenminister, später gar mit seinem Parteiaustritt. Da die Grünen für Fischer nie mehr gewesen zu sein scheinen als ein Vehikel, das ihm aus einer schier ausweglosen biographischen und beruflichen Sackgasse heraus Karrierechancen eröffnete, ist dieses Erpressungspotential für die Grünen doppelt gefährlich. Die mit seiner Nominierung zum Spitzenkandidaten erfolgte Symbiose der Grünen mit Joschka Fischer ist insofern folglich mindestens eigentümlich, sie könnte sich womöglich gar als verhängnisvoll erweisen.

Vor dem Hintergrund all dieser grundlegenden Probleme könnte das gute Abschneiden bei der Bundestagswahl 2002 die Krise der Grünen folglich eher verstärken, als daß es ihr Ende markiert: Enthebt es doch die Partei der Notwendigkeit, sich ihrer Probleme unmittelbar und direkt zuwenden zu müssen, da sie es ja noch einmal – und dazu nicht schlecht – «geschafft» hat. Darüber hinaus kann aber auch das grüne Wahlergebnis selbst als krisenhaft bewertet werden. Unsere Analyse des Wahlergebnisses deutet nämlich darauf hin, daß die Stimmenzuwächse, die die Grünen bei der Bundestagswahl 2002 erzielen konnten, nicht notwendigerweise im Sinne dauerhafter Substanzgewinne der Partei interpretiert werden können. Vielmehr stellen die Stimmengewinne der Grünen zu einem nicht unerheblichen Teil Leihstimmen von SPD-Anhängern dar, die mit ihrer Erststimme den Kandidaten der SPD und mit der Zweitstimme die Grünen wählten, um der von ihnen präferierten rot-grünen Koalition die maximale Unterstützung zuteil werden zu lassen. Die Voraussetzung dafür, solche Leihstimmen auch weiterhin zu erhalten, besteht aber in der Regierungsbeteiligung der Grünen. Ein etwaiger Verlust der Regierungsmacht würde folglich für die Grünen auf dem Wählermarkt fatale Folgen haben. Dies wiederum erhöht die Wahrscheinlichkeit, daß die Grünen in Zukunft um jeden Preis an der Macht festhalten werden.

Was bleibt am Ende dieses Buchs nun aber als Fazit? Die Metapher vom langen Weg der Grünen, die den Ausgangspunkt unserer Überlegungen bildete, hat sich in dreierlei Hinsicht als zutreffend erwiesen. Sowohl die Partei als auch ihre Wähler als auch ihr Spitzenmann Joschka Fischer können auf einen langen und wechselvollen Weg zurückblicken. Die Partei hat sich in ihren innerparteilichen Organisationsstrukturen weitgehend an ihre politischen Konkurrenten angeglichen, vom idealistischen Konzept der Basisdemokratie ist kaum etwas übrig geblieben. Mit dem politischen System der Bundesrepublik und der Sozialen Marktwirtschaft hat sich die Partei programmatisch längst ausgesöhnt. Vergleichbares gilt auch für die Wähler der Grünen. Diese haben sich in der bundesdeutschen Gesellschaft erfolgreich etabliert und gehören mittlerweile in der Tendenz eher zu den arrivierten Bevölkerungsschichten. Auf ihre politischen Einstellungen und Ziele hatte dies einen eher mäßigenden Einfluß. Joschka Fischer schließlich kann auf einen Lebensweg zurückblicken, der ihn innerhalb eines Vierteljahrhunderts vom Rand der Gesellschaft in deren Machtzentrum geführt hat. Wie tiefgreifend dieser Wandel war, läßt sich nicht nur an der Veränderung seines äußeren Erscheinungsbilds ablesen, sondern auch an mancher ideologischen Volte, die Fischer im Laufe seines Lebens geschlagen hat.

Die Grünen, ihre Wähler und «ihr» Joschka Fischer mögen ihren langen Weg jeweils auf getrennten Pfaden zurückgelegt haben. Gleichwohl haben sie dabei nie den Sichtkontakt verloren und sich ständig wechselseitig Orientierung und Sicherheit gegeben. Das Altern und die damit verbundene sukzessive gesellschaftliche und berufliche Etablierung ihrer Wähler bildeten die Voraussetzung für den programmatischen Wandel der grünen Partei. Umgekehrt wären die Wähler ohne diesen Wandel dauerhaft kaum bei den Grünen zu halten gewesen. Manch eine von der grünen Partei vorgenommene programmatische Kurskorrektur mag darüber hinaus einen entsprechenden Einstellungswandel bei Teilen ihrer Anhänger und Wähler erst angestoßen haben. Die Entscheidung zugunsten friedenssichernder Einsätze der Bundeswehr mag beispielsweise einen solchen Fall dargestellt haben. Joschka Fischer schließlich lebte den Wandel der Grünen in fast exemplarischer Weise vor und bot sich der Partei und ihren Wählern dadurch als Projektionsfläche und Identifikationsfigur an. «Seht her», mag manch grüner Wähler insgeheim gedacht haben, als Fischer 1998 Bundesaußenminister wurde und fortan auch im dunklen Dreireiher eine gute Figur machte, «einer von uns hat es an die Spitze geschafft und er macht seinen Job gut». Da mag so mancher Irrweg der jeweils eigenen Lebensgeschichte nachträglich plötzlich eine ganz andere Bedeutung als Teil eines großen historischen Projekts gewonnen haben. Gleichzeitig wurde so mancher im Laufe des eigenen Lebens vollzogener Anpassungsleistung angesichts der Metamorphosen eines Joschka Fischer umfassende Absolution zu teil. Joschka Fischer wurde zum Symbol des eigenen gesellschaftlichen Aufstiegs.

Am vorläufigen Ende ihres gemeinsamen Weges sind die Grünen, ihre Wähler und Joschka Fischer deutlich grauer geworden, haben an Anziehungskraft und Charme verloren. Innerhalb von nur etwas mehr als 20 Jahren haben sie tiefgreifende Veränderungsprozesse durchlebt und sich in der Gesellschaft und im politischen System der Bundesrepublik Deutschland erfolgreich etabliert. Gleichzeitig aber, so scheint es uns, hat sie ihr gemeinsamer Weg in eine strategische Sackgasse geführt. So ist es den Grünen beispielsweise nicht gelungen, ihr Wählerpotential nennenswert über die während der Zeit der Neuen Sozialen Bewegungen prägend sozialisierten Westdeutschen hinaus auszuweiten. Teile dieses Kernwählerpotentials sowie ein nicht unerheblicher Teil der noch verbliebenen Jungwähler sind den Grünen darüber hinaus nach der Regierungsbeteiligung im Bund weggebrochen. In den fünf neuen Bundesländern sind die Grünen als eigenständige politische Kraft quasi nicht mehr existent. Die Entscheidung zugunsten einer konsequenten Personalisierung des Wahlkampfes im Vorfeld der Bundestagswahl 2002 hat die Abhängigkeit der Grünen von Joschka Fischer noch weiter verstärkt, sie befinden sich in einer Art babylonischer Gefangenschaft. Ohne Fischer ist das weitere Überleben der Partei durchaus fraglich. Das Ergebnis der Bundestagswahl 2002 schließlich deutet darauf hin, daß die Grünen von einem nennenswerten Teil der Wähler nicht um ihrer selbst willen, sondern aufgrund ihrer Zugehörigkeit zur rot-grünen Bundesregierung gewählt wurden. Manch SPD-Anhänger «lieh» seine Zweitstimme den Grünen mit dem Ziel, der SPD den Koalitionspartner zu erhalten. Ohne die Beteiligung an der Regierungsmacht wäre der Wählerrückhalt der Grünen also deutlich geringer ausgefallen. Eine Rückkehr in die Opposition würden die Grünen bei der nächsten Bundestagswahl folglich nur schwer überleben, was ihre Handlungsspielräume einschränkt und ihre Position innerhalb der rot-grünen Regierungskoalition nachhaltig schwächt.

Ungeachtet all dieser fundamentalen Probleme, die aus unserer Sicht das mittel- und langfristige Überleben der Grünen durchaus fraglich werden lassen, kann man sich zuweilen aber des Eindrucks nicht erwehren, als habe sich bei den Grünen mittlerweile eine Art selbstgefälliger Saturiertheit breit gemacht. Den Gipfelpunkt stellte dabei sicherlich die Affäre um Rezzo Schlauch und Cem Özdemir dar. Ein grüner Fraktionssprecher, der mit dienstlich erflogenen Bonusmeilen erster Klasse nach Thailand in den Urlaub fliegt und dies nachträglich zu vertuschen versucht, sowie ein innenpolitischer Sprecher der grünen Bundestagsfraktion, der wie selbstverständlich von einem Polit-Lobbyisten zweifelhaften Rufs ein zinsgünstiges

Privatdarlehen annimmt – von der privaten Nutzung seiner dienstlichen Bonusmeilen ganz zu schweigen. Nichts hätte deutlicher machen können, daß die Grünen sich an den Fleischtöpfen der Macht mittlerweile wohnlich eingerichtet haben. Man ist folglich fast geneigt, sich dem ehemaligen Bundesaußenminister Klaus Kinkel anzuschließen, der die Entwicklung der Grünen einst mit den Worten kommentierte: «Die Diskussion mit Vegetariern wird anders, sobald sie eine Wurstfabrik geerbt haben». Anders – so möchte man hinzufügen – wird sie dadurch vielleicht schon, interessanter, anregender und inspirierender aber mit Sicherheit nicht.

Literaturverzeichnis:

Abramson, Paul R./*Inglehart*, Ronald, 1995: Value Change in Global Perspective. Ann Arbor: The University of Michigan Press.

Alber, Jens, 1985: Modernisierung, neue Spannungslinien und die politischen Chancen der Grünen. In: Politische Vierteljahresschrift, 26, S. 211–226.

Baker, Kendall L./*Dalton*, Russel J./*Hildebrandt*, Kai, 1981: Germany Transformed. Political Culture and the New Politics. Cambridge: Harvard University Press.

Borowsky, Peter, 1983: Deutschland 1963–1969. Hannover: Fackelträger.

Bürklin, Wilhelm, 1981: Die Grünen und die «Neue Politik». Abschied vom Dreiparteiensystem? In: Politische Vierteljahresschrift, 22, S. 358–382.

Bürklin, Wilhelm, 1984a: Grüne Politik: Ideologische Zyklen, Wähler und Parteiensystem. Opladen: Westdeutscher Verlag.

Bürklin, Wilhelm, 1985a: The German Greens: The Post-Industrial Non-Established and the Party System. In: International Political Science Review, 6, S. 463–481.

Bürklin, Wilhelm, 1985b: The Split between the Established and the Non-Established Left in Germany. In: European Journal of Political Research, 13, S. 283–293.

Bürklin, Wilhelm, 1987: Governing Left Parties Frustrating the Radical Non-Established Left: The Rise and Inevitable Decline of the Greens. In: European Sociological Review, 3, S. 109–126.

Bürklin, Wilhelm, 1988: A Politico-Economic Model instead of a Sour Grapes Logic: A Reply to Herbert Kitschelt's Critique. In: European Sociological Review 4, S. 161–166.

Bürklin, Wilhelm/*Dalton*, Russel J., 1994: Das Ergrauen der Grünen. In: *Klingemann*, Hans-Dieter/*Kaase*, Max (Hrsg.): Wahlen und Wähler. Analysen aus Anlaß der Bundestagswahl 1990. Opladen: Westdeutscher Verlag, S. 264–302.

Bürklin, Wilhelm/*Klein*, Markus/*Ruß*, Achim, 1994: Dimensionen des Wertewandels. Eine empirische Längsschnittanalyse zur Dimensionalität und der Wandlungsdynamik gesellschaftlicher Wertorientierungen. In: Politische Vierteljahresschrift, 35, S. 579–606.

Bürklin, Wilhelm/*Klein*, Markus/*Ruß*, Achim, 1996: Postmaterieller oder anthropozentrischer Wertewandel? Eine Erwiderung auf Ronald Inglehart und Hans-Dieter Klingemann. In: Politische Vierteljahresschrift, 37, S. 517–536.

Chandler, William M./*Siaroff*, Alan, 1986: Postindustrial Politics in Germany and The Origins of the Greens. In: Comparative Politics, S. 303–325.

Cornelsen, Dirk, 1986: Ankläger im Hohen Haus. Die Grünen im Bundestag. Essen: Klartext.

Ditfurth, Jutta, 2000: Das waren die Grünen. Abschied von einer Hoffnung. München: Econ Ullstein List.

Dormann, Franz, 1992: Die Grünen. Repräsentationspartei der Neuen Linken. Bonn: Unveröffentlichte Dissertation.

Dräger, Klaus/*Hülsberg*, Werner, 1986: Aus für Grün? Die grüne Anpassungskrise zwischen Anpassung und Systemopposition. Frankfurt: isp-Verlag.

Fischer, Joschka, 1987: Regieren geht über Studieren. Ein politisches Tagebuch. Frankfurt: Athenäum.

Fischer, Joschka, 1999: Mein langer Lauf zu mir selbst. Köln: Kiepenheuer & Witsch.

Fogt, Helmut, 1982: Politische Generationen. Empirische Bedeutung und theoretisches Modell. Opladen: Westdeutscher Verlag.

Fücks, Ralf (Hrsg.), 1991: Sind die Grünen noch zu retten? Anstöße von Ulrich Beck, Monika Griefahn, Petra Kelly, Otto Schily, Michaele Schreyer, Antje Vollmer u. a. Reinbeck bei Hamburg: Rowohlt.

Fülle, Henning, 1992: Himmel auf Erden. Entstehung, Struktur und Arbeitsweisen der grün-nahen politischen Stiftungen. Dortmund: Stiftungsverband Regenbogen e. V.

Geis, Matthias/*Ulrich*, Bernd, 2002: Der Unvollendete. Das Leben des Joschka Fischer. Berlin: Alexander Fest Verlag.

Heidtmann, Ina, 1995: Die öko-alternative Bewegung «Die Grünen» – gesellschafts- und bildungspolitische Perspektiven. Aachen: Shaker

Hoffmann, Jürgen, 1995: Das Bündnis 90/Die Grünen nach der Bundestagswahl 1994. In: *Hirscher*, Gerhard (Hrsg.): Parteiendemokratie zwischen Kontinuität und Wandel. Die deutschen Parteien nach den Wahlen 1994. München: Hanns-Seidel-Stiftung, S. 266–313.

Hoffmann, Jürgen, 1998: Die doppelte Vereinigung. Vorgeschichte, Verlauf und Auswirkungen des Zusammenschlusses von Grünen und Bündnis 90. Opladen: Leske + Budrich.

Hulsberg, Werner, 1988: The German Greens: A Social and Political Profile. London: Verso.

Infratest dimap, 2002: Wahlreport. Wahl zum 15. Deutschen Bundestag. 22. September 2002. Berlin: Eigenverlag.

Inglehart, Ronald, 1971: The Silent Revolution in Europe: Intergenerational Change in Post-Industrial Societies. In: American Political Science Review, 65, S. 991–1017.

Inglehart, Ronald, 1977: The Silent Revolution. Changing Values and Political Styles Among Western Publics. Princeton, NJ: Princeton University Press.

Inglehart, Ronald, 1989: Kultureller Umbruch. Wertewandel in der westlichen Welt. Frankfurt: Campus.

Inglehart, Ronald/*Klingemann*, Hans-Dieter, 1996: Dimensionen des Wertewandels. Theoretische und methodische Reflexionen anläßlich einer neuerlichen Kritik. In: Politische Vierteljahresschrift, 37, S. 319–340.

Johnsen, Björn, 1988: Von der Fundamentalopposition zur Regierungsbeteiligung. Die Entwicklung der Grünen in Hessen 1982–1985. Marburg: SP-Verlag.

Kahl-Lüdtke, Ina, 1992: Entstehungsvoraussetzungen, Möglichkeiten und Grenzen grüner Politik in der Bundesrepublik Deutschland. Münster, Hamburg: Lit (Soziologie Bd. 20).

Kallscheuer, Otto, 1986: Grüne Zeiten – verpaßte Chancen? In: *Kallscheuer*, Otto (Hrsg.): Die Grünen – Letzte Wahl. Vorgaben in Sachen Zukunftsbewältigung. Berlin: Rotbuch Verlag.

Kitschelt, Herbert, 1988: The Life Expectancy of Left-libertarian Parties. Does structural transformation or economic decline explain party innovation? A response to Wilhelm Bürklin. In: European Sociological Review, 4, S. 155–160.

Kitschelt, Herbert, 1994: The Transformation of European Social Democracy. New York: Cambridge University Press.

Kitschelt, Herbert, in collaboration with Anthony J. McGann, 1995: The Radical Right in Western Europe. A Comparative Analysis. Ann Arbor: The University of Michigan Press.

Klein, Markus, 1995: Wieviel Platz bleibt im Prokrustesbett? Wertewandel in der Bundesrepublik Deutschland zwischen 1973 und 1992 gemessen anhand des Inglehart-Index. In: Kölner Zeitschrift für Soziologie und Sozialpsychologie, 47, S. 207–230.

Klein, Markus/*Arzheimer*, Kai, 1997: Grau in Grau. Die Grünen und ihre

Wähler nach eineinhalb Jahrzehnten. In: Kölner Zeitschrift für Soziologie und Sozialpsychologie, 49, S. 650–673.
Klein, Markus/*Arzheimer*, Kai, 1998: Ist der Apfel faul, wenn die Birne riecht? Eine Erwiderung auf den Aufsatz «Zur Attraktivität der *Grünen* bei älteren Wählern» von Ulrich Kohler. In: Kölner Zeitschrift für Soziologie und Sozialpsychologie, 50, S. 742–749.
Kleinert, Hubert, 1992: Vom Protest zur Regierungspartei. Die Geschichte der Grünen. Frankfurt: Eichborn.
Knitter, Harald, 1998: Basaisdemokratie und Medienelite. Die Parteiprominenz der Grünen in der Presse. Münster: Lit.
Kohler, Ulrich, 1998 a: Zur Attraktivität der *Grünen* bei älteren Wählern. In: Kölner Zeitschrift für Soziologie und Sozialpsychologie, 50, S. 536–559.
Kohler, Ulrich, 1998: Zur Unterscheidung von Parteiindentifikation, Wahlabsicht und Wahlverhalten. Antwort auf Markus Klein und Kai Arzheimer. In: Kölner Zeitschrift für Soziologie und Sozialpsychologie, 50, S. 750–754.
Kraushaar, Wolfgang, 2001: Fischer in Frankfurt. Karriere eines Außenseiters. Hamburg: Hamburg Edition.
Krause-Burger, Sibylle, 2000: Joschka Fischer. Der Marsch durch die Illusionen. Reinbek bei Hamburg: Rowohlt.
Krieger, Verena, 1991: Was bleibt von den Grünen? Hamburg: Konkret Literatur Verlag.
Küchler, Manfred, 1990: Ökologie statt Ökonomie: Wählerpräferenzen im Wandel? In: *Kaase*, Max/*Klingemann*, Hans-Dieter (Hrsg.): Wahlen und Wähler. Analysen aus Anlaß der Bundestagswahl 1987. Opladen: Westdeutscher Verlag, S. 419–444.
Lipset, Seymour Martin/*Rokkan*, Stein, 1967: Cleavage Structures, Party Systems, and Voter Alignments: An Introduction. In: Dies. (Hrsg.): Party Systems and Voter Alignments: Cross-National Perspectives. New York: The Free Press, S. 1–64.
Mettke, Jörg R., 1982: Die Grünen. Regierungspartner von morgen? Reinbek bei Hamburg: Rowohlt.
Müller-Rommel, Ferdinand, 1985 a: Social Movements and the Greens: New Internal Politics in Germany. In: European Journal of Political Research, 13, S. 53–67.
Müller-Rommel, Ferdinand, 1985: The Greens in Western Europe. Similar But Different. In: International Political Science Review, 6, S. 483–499.
Müller-Rommel, Ferdinand, 1989: The German Greens in the 1980s: Short-term Cyclical Protest or Indicator of Transformation? Political Studies, 37, S. 537–545.

Müller-Rommel, Ferdinand/*Poguntke*, Thomas, 1990: Die Grünen. In: *Mintzel*, Alf/*Oberreuter*, Heinrich (Hrsg.): Parteien in der Bundesrepublik Deutschland. Bonn: Bundeszentrale für politische Bildung (= Schriftenreihe Band 282), S. 276–310.

Müller-Rommel, Ferdinand, 1992: Erfolgsbedingungen grüner Parteien in Westeuropa. In: Politische Vierteljahresschrift, 33, S. 189–218.

Müller-Rommel, Ferdinand 1993: Grüne Parteien in Westeuropa. Entwicklungsphasen und Erfolgsbedingungen. Opladen: Westdeutscher Verlag.

Murphy, Detlef/*Roth*, Roland, 1987: In viele Richtungen zugleich. Die Grünen – ein Artefakt der Fünf-Prozent-Klausel? In: *Roth*, Roland/ *Rucht*, Dieter (Hrsg.): Neue Soziale Bewegungen in der Bundesrepublik Deutschland. Frankfurt: Campus, S. 303–324.

Papadikis, Elim, 1984: The Green Movement in West Germany. New York: St. Martin's Press.

Poguntke, Thomas, 1993 a: Alternative Politics. The German Green Party. Edinburgh: Edinburgh University Press.

Poguntke, Thomas, 1993 b: Der Stand der Forschung zu den Grünen: Zwischen Ideologie und Empirie. In: *Niedermayer*, Oskar/*Stöss*, Richard (Hrsg.): Stand und Perspektiven der Parteienforschung. Opladen: Westdeutscher Verlag, S. 187–210.

Prantl, Heribert, 1999: Rot-Grün. Eine erste Bilanz. Hamburg: Hoffmann und Campe.

Probst, Lothar (Hrsg.), 1994: Kursbestimmung: Bündnis 90/Grüne. Eckpunkte künftiger Politik. Mit Beiträgen u. a. von Marianne Birthler, Joschka Fischer, Ralf fücks, Jo Müller, Wolfgang Templin, Wolfgang Ullmann, Bernd Ulrich und Elisabeth Weber. Köln: Bund-Verlag.

Radcke, Antje, 2001: Das Ideal und die Macht. Das Dilemma der Grünen. Berlin: Henschel.

Raschke, Joachim, 1993 a: Die Grünen. Wie sie wurden, was sie sind. Köln: Bund-Verlag.

Raschke, Joachim, 1993 b: Krise der Grünen. Bilanz und Neubeginn. Marburg: Schüren.

Raschke, Joachim, 2001: Die Zukunft der Grünen. Frankfurt: Campus.

Raschke, Joachim/*Schmitt-Beck*, Rüdiger, 1994: Die Grünen. Stabilisierung nur durch den Niedergang der Etablierten? In: *Bürklin*, Wilhelm/ *Roth*, Dieter (Hrsg.): Das Superwahljahr. Deutschland vor unkalkulierbaren Regierungsmehrheiten? Köln: Bund-Verlag, S. 160–184.

Salomon, Dieter, 1992: Grüne Theorie und grau Wirklichkeit. Die Grünen und die Basisdemokratie. Freiburg i. Br.: Arnold-Bergsträsser-Institut.

Scharf, Thomas, 1994: The German Greens. Challenging the Consensus. Oxford/Providence: Berg.

Schmidt, Christian, 1999. Wir sind die Wahnsinnigen. Joschka Fischer und seine Frankfurter Gang. München, Düsseldorf: Econ.

Schmitt-Beck, Rüdiger, 1993: Vor dem Wahljahr 1994. Wählerpotentiale von BÜNDNIS 90/Die Grünen in West- und Ostdeutschland. Vortrag beim Bundesvorstand BÜNDNIS 90/Die Grünen am 17. Sept. 1993.

Schwarzer, Alice, 2001: Eine tödliche Liebe. Petra Kelly und Gert Bastian. Köln: Kiepenheuer & Witsch.

Schwelien, Michael, 2001: Joschka Fischer. Eine Karriere. Hamburg: Hoffmann und Campe.

Stein, Tine/*Ulrich*, Bernd, 1991: Die Kohorte frißt ihr Kind. In: *Fücks*, Ralf (Hrsg.): Sind die Grünen noch zu retten? Reinbek bei Hamburg: Rowohlt, S. 33–43.

Thaa, Winfried/*Salomon*, Dieter/*Gräber*, Gerhard (Hrsg.), 1994: Grüne an der Macht. Widerstände und Chancen grün-alternativer Regierungsbeteiligungen. Köln: Bund-Verlag.

Tiefenbach, Paul, 1998: Die Grünen. Verstaatlichung einer Partei. Köln: PapyRossa-Verlag.

Veen, Hans-Joachim, 1988: Die Grünen als Milieupartei, in: Hans Maier u. a. (Hrsg.): Politik, Philosophie, Praxis. Festschrift für Wilhelm Hennis zum 65. Geburtstag. Stuttgart: Klett-Cotta Verlag, S. 454–476.

Veen, Hans-Joachim/*Hoffmann*, Jürgen, 1992: Die Grünen zu Beginn der neunziger Jahre. Profil und Defizite einer fast etablierten Partei. Bonn, Berlin: Bouvier.

Welte, Hans-Peter, 1994: Die Parlamentarisierung der Grünen im Landtag von Baden-Württemberg. Frankfurt am Main u. a.: Peter Lang.

Wiesenthal, Helmut, 1993: Realism in Green Politics: Social Movements and Ecological Reform in Germany. Manchester, New York: Manchester University Press.

Wiesenthal, Helmut, 2000: Profilkrise und Funktionswandel. Bündnis 90/Die Grünen auf dem Weg zu einem neuen Selbstverständnis. In: Aus Politik und Zeitgeschichte. Beilage zur Wochenzeitung Das Parlament, 5, S. 22–29.

Buchanzeigen

Politikwissenschaft bei C. H. Beck